「現代大藏經」
Modern Buddhist Tripitaka *T.M.*
第 23 輯 : 雜集部叢書-第 1 : 禪宗
Mix Series # V23-M01-02-AC

国际书号 ISBN: 1-45378506X

Chan of CEO-2

企业禪

當代禪商及企業家的宏觀常識

編撰 : 強梵暢

Commentator : Victor Chiang

國際佛教大藏經編译中心 編译
International Buddhist Translation Center
佛教大藏經基金会 出版
Published by Buddhist Tripitaka Foundation
2555 Huntington Dr., # D, San Marino , California 91108 USA
http://picasaweb.google.com/tripitakacenter

自歸依法 當願眾生 深入經藏 智慧如海

Modern Buddhist Tripitaka

現代大藏經

佛教世界化・佛法國際化
佛經簡易化・佛津大眾化・佛論普及化
中國江蘇常州菩薩戒弟子強梵暢恭編

中华国学再造领导力
企业家高级研修班 讲义

CHAN OF CEO

企 业 禅

第六章

策 略 观

第一讲 理无碍

编讲人：强梵暢

Edited by Victor Chiang

中国北京大学宗教学系 兼任研究员

Research Fellow
Department of Religious Studies
Peking University , Beijing , China

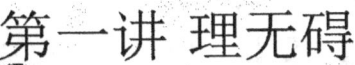

CCEO-A6-B1-01

第六章 策略观 总纲目

第一讲 理无碍	第二讲 事无碍	第三讲 理事无碍	第四讲 事事无碍
斗智原理	顺反原理	诡变原理	神秘原理
高远原理	全知原理	用机原理	对动原理
先制原理	虚实原理	奇正原理	时机原理
主动原理	阴阳原理	变通原理	对小原理
因应原理	矛盾原理	用敌原理	其他原理

第六章策略观第

◆ *1、斗智原理*

（1）斗智不斗力（2）谋定而后动（3）好谋而有成（4）不战而致胜（5）谋略有高下（6）胜败皆不伤（7）决胜千里外（8）致胜于无形

（9）善因应变化（10）谋事而成事

◆ *2、高远原理*

（1）深谋而远虑（2）深谋而不知（3）就事而深谋（4）因事而损益（5）杜害而防弊（6）谋略贵远通（7）雄图而大计（8）先定大形势

（9）翻转大趋势（10）一略应万略

◆ *3、先制原理*

（1）制敌不随敌（2）策略贵先胜（3）先知须聪明（4）临机而制胜（5）创机而制胜（6）审势避妄失（7）戒先而取后（8）乘机而制之

（9）料敌也料己（10）周全转天下

◆ *4、主动原理*

（1）主动而制敌（2）制胜之微权（3）引敌之主发（4）转敌之形势（5）详计以术致（6）守反以为用（7）翻被动为主（8）奇兵之必胜

（9）对敌之五方（10）进退皆为主

◆ *5、因应原理*

（1）天道因则大（2）胜物而不伤（3）因讲而定计（4）乘机而制胜（5）因敌而变化（6）临危而制胜（7）千变之兵法（8）因势而利导

（9）活法应天机（10）因应之要诀

第六章：策略观 Strategy Vision
第一讲：理无碍 Theory Stage（学习次第）　1、斗智原理

(1) 斗智不斗力

天石：「以智料天下，以谋制天下，以略转天下，以术定天下。」例：项羽与汉高祖

(2) 谋定而后动

天石：「谋事于未萌，理事于未形，成事于无迹。」例：诸葛亮出隆中，先定天下三分之局。

(3) 好谋而有成

天玄子：「人可以谋人，可以谋事，亦可以谋天，亦可以谋地。」例：范蠡善用谋辅助勾践灭吴，以之经商而三成巨富。

(4) 不战而致胜

天石：「不战而胜为上策，让人各自为战为中策，我亦入战为下策。」孙子：「上兵伐谋，其次伐交，其下攻城。」

(5) 谋略有高下

天石：「能以弱胜强，以小胜大为上略；以强胜强，以大胜大为中略；以强胜弱，以大胜小为下略；强不能胜弱，大不能胜小，为下下略。」

第六章：策略观 Strategy Vision
第一讲：理无碍 Theory Stage（学习次第）　1、斗智原理

(6) 胜败皆不伤
谋略必须是「胜败皆不伤」，不可「两败俱伤」、「胜败皆亡」

(7) 决胜千里外
汉高祖：「运筹帷幄之中，决胜千里之外」

(8) 致胜于无形
天石：「政治谋略之道，其积也渐而不骤，其形也微而不著，其结局隐而不显。」
故须全神全力去讲求致胜于无形之道。

(9) 善因应变化
天石：「功无常主，善无常师。」

(10) 谋事而成事
天石：「成事在天，谋事在人。」「我命由我不由天。」

第六章：策略观 Strategy Vision
第一讲：理无碍 Theory Stage（学习次第）　2、高远原理

（1）深谋而远虑
　　刘子：「凡举大事，谋定而后动，略决而后行。古重深谋远虑，所以算无遗策，动则必成」

（2）深谋而不知
　　天玄子：「远略之才，则常能计事于未有，理事于未形，决策于不见，立功于不 不知。」

（3）就事而深谋
　　天石：「深事深谋，浅事浅谋，远事远谋，近事近谋，大事大谋，小事小谋，要皆以深远高明为上。」

（4）因革而损益
　　天石：「凡事有利必有害，有得必有失，不可见利不见害，见得不见失。」

（5）杜害而防弊
　　老子：「福兮祸所倚，祸兮福所伏。」
　　汤铭：「苟日新，日日新，又日新。」

第六章：策略观 Strategy Vision
第一讲：理无碍 Theory Stage（学习次第） 2、高远原理

(6) 谋略贵远通

　　草庐：「务远略者，虽无一时可喜之功，而有制胜万全之道。不以小胜而喜，不以小败为忧，不以小利而趋，不以小害而避。」

(7) 雄图而大计

　　天石：「总期能于大处远处着眼，而于小处近处着手。」「无远谋大计，头痛医头，脚痛医脚，非为世之雄也。」

(8) 先定大形势

　　天石：「宜好谋而有成，宜先为强弱之形，先定成败之势。」「因时利导，因势立功，得机决策。」

(9) 翻转大趋势

　　天石：「转强弱之形，翻成败之势，易彼我之数，翻友敌之变。」

(10) 一略应万略

　　天石：「以一略应万略，以不变应万变，则其略无穷，其变无穷。」「能自作主宰，转敌不为敌转，致敌而不为敌制。」

第六章：策略观 Strategy Vision

第一讲：理无碍 Theory Stage（学习次第）　3、先制原理

(1) 制敌不随敌

鬼谷子：「道贵制人，不贵制于人，制人者握权，制于人者失命。」

(2) 策略贵先胜

天玄子：「策谋定略，得天下之先者胜，随天下之后者败。能动天下者胜，动于天下者败。」

(3) 先知须聪明

天石：「欲 得先制之利，须有先知之聪，先见之明。」「能知人之所未及知，见人之所未及见，方能谋人之不及谋，为人之不及为。」

(4) 临机而制胜

古云：「势之维系处为机，事之转变处为机，物之紧切处为机，时之凑合处为机」「有目前是机，转瞬非机者；有乘之即为机，失之即无机者。」是为「寻机、乘机与用机。」

(5) 创机而先制

君经：「理君国之大事，均天下之大计，贵乎先制。先制之要，贵乎乘机。无机可乘，贵乎立机。」（创造时机）

第六章：策略观 Strategy Vision

第一讲：理无碍 Theory Stage（学习次第） 3、先制原理

(6) 审势避妄先

天石：「惟策谋定略，须知利害安危存亡，其机常相为倚伏。」「故知其利必知其害。」「尤须明敌我之势，权敌我之谋，量敌我之力，料敌我之情」

(7) 戒先而取后

老子：「不敢为天下先。」「人皆取先，己独取后。」

(8) 乘机而制之

天石：「观天下之变，待天下之动，可乘而制之。」

(9) 料敌也料己

天石：「即须料敌，又须料我。即须料敌之中变，又须料友之中变。」「即须策敌，又须策我；即须策我之策敌，又须策敌之策我」

(10) 周全转天下

天石：「如能以实动敌之虚，以长致敌之短，并筹策周全，变化始终，皆能制先，则转天下便如盘中走丸。」

第六章：策略观 Strategy Vision

第一讲：理无碍 Theory Stage（学习次第）　**4、主动原理**

(1) 主动而制敌

　　孙子：「善动敌者，形之，敌必从之；予之，敌必取之。以利动之，以卒待之」

(2) 制敌之微权

　　天石：「在谋略上欲为主动，务能明天下之势，度敌我之情，因利害之理，料虚实之形」

(3) 引敌之主发

　　兵经新论：「一切由我主发，使敌追随我之创意，而被迫处于被动应战。」「我欲彼如是，彼不得不如是；我欲彼不如是，彼不得不如是。」

(4) 转敌之形势

　　孙子：「敌逸能劳之，饱能饿之，安能动之。」

(5) 详计以术致

　　天石：「善为主动之谋者，敌强能弱之，敌治能乱之，敌明能误之，敌智能愚之，敌专能分之，敌备能疏之。」

第六章：策略观 Strategy Vision

第一讲：理无碍 Theory Stage（学习次第） 4、主动原理

(6) 守反以为用

老子：「以客为主，以退为进。」

(7) 翻被动为主

天石：「当天下人之所恶，便以后为上，以让为上，以退为上。」「再因而应之，随敌变化，以翻被动为主动，翻后退为前进，使敌居所恶，而我得天下人之心与力而用之，方可收最后胜利之功。」

(8) 奇兵之必胜

胡林翼：「兵事亦有后一着者，愈持久愈神妙，愈老到愈坚定。待敌变计，乃起而乘之，此可为奇兵而拊其背，必胜之道也。」

(9) 对敌之五方

天石：「分敌之术。若军事致敌，则敌必事事防我，可劳敌；若时时致敌，使敌必时时防我，可耗敌；我不动而佯为之动，可误敌；我无事而佯为之事，可愚敌」

(10) 进退皆为主

天石：「致人而不致于人，动人而不动于人，则无论主客先后，攻守进退，皆为主动」

第六章：策略观 Strategy Vision

第一讲：理无碍 Theory Stage（学习次第） 5、因应原理

（1）天道因则大

老子：「善者因之，其次引导之。」慎子内篇：「天道因则大，化则细。因也者，因人之情也。人莫不自为也，化而使之为我，则莫可得而用矣。」

（2）胜物而不伤

庄子：「至人之用心若镜，不将不迎，应而不藏，故能胜物而不伤。」

（3）因机而定计

鬼谷子：「凡谋有道，必得其所因，以求其情。」

（4）乘机而致胜

何守法：「故知兵者，必先自备其不虞，然后能乘人之不备。乘疑可间，乘劳可攻，乘饥可困，乘分可图，乘虚可惊，乘乱可取，乘其未至可挠，乘其未发可制，乘其既胜可劫，乘其既败可退。故兵贵乘人，不贵人所乘也。」

（5）因敌而变化

孙子：「能因敌变化而取胜者，谓之神。」天石：「敌强骄之使忽；敌亲离之使疏；敌明误之则乖；敌智蔽之使愚；敌弱恐之使惧；敌乱乘之使服；敌疲扰之使困；敌贪予之使屈。」

第六章：策略观 Strategy Vision

第一讲：理无碍 Theory Stage（学习次第）　5、因应原理

(6) 临危而制胜

　　诸葛亮：「奇应莫测，动应多端，转祸为福，临危制胜。」

(7) 千变之兵法

　　天玄子：「世无千苦不变之治道，亦无千古不变之兵法。」

「若拘于道则死于道，泥于法则死于法。」

(8) 因势而利导

　　草庐：「凡兵定有一势，惟因其势而利导之者为得算。盖敌势万变不齐，善战者，惟随势以应，而我无定局...」

(9) 活法应天机

　　天玄子：「因应之术，纯系活法天机，全为神机妙用。」

「须能见于无形，行于无迹，方能得其神用。」

(10) 因应之要诀

　　天玄子：「敌强我弱，敌胜我败，须能因而困以忍之。时未至，机未熟，须能因而静以待之。一俟时至机熟势成，须能因而速以乘之。」

中华国学再造领导力
企业家高级研修班 讲义

CHAN OF CEO

第六章

策 略 观

第二讲 事无碍

编讲人：强梵暢
Edited by Victor Chiang
中国北京大学宗教学系 兼任研究员
Research Fellow
Department of Religious Studies
Peking University , Beijing , China

CCEO-A6-B2-01

清華大學 领导力培训项目网
Tsinghua University Training of Leadership

第六章 策略观 总纲目

第一讲	第二讲	第三讲	第四讲
理无碍	事无碍	理事无碍	事事无碍

斗智原理	顺反原理	诡变原理	神秘原理
高远原理	全知原理	用机原理	对动原理
先制原理	虚实原理	奇正原理	时机原理
主动原理	阴阳原理	变通原理	对小原理
因应原理	矛盾原理	用敌原理	其他原理

第六章策略观

第

碍

◆ *6、顺反原理*

（1）顺因而反行（2）随机而顺反（3）反因而顺之（4）顺反为左道（5）顺加其败分（6）顺反以治民（7）顺反以驭人（8）顺反以对敌

（9）顺反以成己（10）无事取天下

◆ *7、全知原理*

（1）定谋须全知（2）谋万全之道（3）料战于战先（4）善谋以先料（5）盲动而不成（6）善攻以先料（7）先知以为胜（8）明敌以谋攻

（9）全知以谋敌（10）商战亦如是

◆ *8、虚实原理*

（1）审度判虚实（2）实有取虚无（3）避实而击虚（4）审敌之虚实（5）虚实而变化（6）虚实之形用（7）虚实之致用（8）敌我之虚实

（9）虚实之主控（10）虚实之我用

◆ *9、阴阳原理*

（1）民可使由之（2）圣人之道阴（3）阴道之运用（4）用兵之阴道（5）误敌之阴道（6）事功须阴道（7）群众不可信（8）事攻之方略

（9）天地之阴阳（10）圣人谋于阴

◆ *10、矛盾原理*

（1）万物之相对（2）天下之至变（3）制事须明变（4）把握三矛盾（5）矛盾之运用（6）合纵对连横（7）非纵即连横（8）天下皆相对

（9）事杂于利害（10）悬权而定策

第六章：策略观 Strategy Vision
第二讲：事无碍 Practical Stage（实践次第）　6、顺反原理

（1）顺因而反行

　　周书：「将欲败之，必姑辅之；将欲取之，必姑予之。」

（2）随机而顺反

　　老子：「将欲歙之，必固张之；将欲弱之，必固强之；将欲废之，必固兴之；将欲取之，必固与之。是谓微明，柔弱胜刚强。鱼不可脱于渊，国之利器不可以示人」

（3）反因而顺之

　　孙子：「兵者，诡道也。故能而示之不能，用而示之不用；近而示之远，远而示之近。」

（4）顺反为左道

　　揭于宣：「兵之变者无如左，左者以逆为顺，以害为利，反行所谋左其事。以具资人左其形，越取迂远左其径。易而不攻，得而不守，利而不进，侮而不遏，纵而不留。」「适可而左，则适左而得，若左其所左，则失矣！」

（5）顺加其败分

　　孙子：「利而诱之，乱而取之，实而备之，强而避之，怒而挠之，卑而骄之，佚而劳之，亲而离之。」

（6）顺反以治世

　　吕尚：「军国之要，察众心施百务。危者安之，惧者欢之，叛者还之，怨者原之，诉者察之，卑者贵之，强者抑之，敌者残之。」

（7）顺反以驭人

　　吕尚：「贪者丰之，欲者使之，畏者隐之，谋者近之，谗者覆之，毁者复之，反者废之，横者挫之，满者损之，归者招之，服者活之，降者脱之」

（8）顺反以对敌

　　吕尚：「敌强下之，敌佚去之，敌陵待之，敌暴绥之，敌悖义之，敌睦携之。顺举挫之，因势破之，放言过之，四纲罗之。」

（9）顺反以成己

　　老子：「生而不有，为而不持，功成而不居。夫惟不居，是以不去。」

（10）无事取天下

　　老子：「以正治国，以奇用兵，以无事取天下。」「是以圣人无为故无败，无执故无失。」「天下万物生于有，有生于无。」

第六章：策略观 Strategy Vision
第二讲：事无碍 Practical Stage（实践次第）　7、全知原理

（1）定谋须全知

　　天玄子：「谋略之要，务先求全知」「知天知地，知敌知我，知时知势，知阴知阳，知友知变，知往知来，知显知隐」「我知敌详而尽，敌知我寡而微」

（2）谋万全之道

　　天石：「谋天下者先须明天下，料天下者先须知天下。先使我立于不败之地，而后求必胜之策；再本必胜之术，纵横于天下。因应变化，谋万全之道，方可无虑」

（3）料敌于战先

　　孙子：「知己知彼，百战百胜；不知彼而知己，一胜一负；不知己不知彼，每战必败。」

（4）善谋以先料

　　天玄子：「善谋者，料人以谋人，料事以谋事。并料军以谋军，料战以谋战。再料时以谋时，料机以谋机，料变以谋变。算无遗策，意无不中，而谋无不胜也」

（5）盲动而不成

　　天石：「而徒恃力以盲动于天下，或不能自作主宰，只是恃力以为盲目应敌之动，均为百无一成之理也！」

(6) 善攻以先料

管子：「善攻者，料众以攻众，料食以攻食，料备以攻备。以众攻众，众存不攻；　以食攻食，食存不攻；以备攻备，备存不攻。释实而攻虚，释坚而攻脆，释难而攻易」

(7) 先知以为胜

知者、明了敌人情况及其变化之谓。知敌的重要，孙子兵法说：相守数年，以争一日之胜，而爱爵禄百金，不知敌之情者，不仁之至也，非主之佐也，非人之将也，非胜之主也。故事片明君贤将，所以动而胜人，成功出于众者，先知也。

(8) 明敌以谋攻

天石：「天时地利，其要必出于计数。计必定于内，然后兵出乎境，计未定而出兵，是则战之自毁也。故不明敌之攻不能加，不明敌之积不能约，不明敌之将不先军；不明敌之军不先阵。是故以众击寡，以治击乱，以能击不能，故百战百胜也。」

(9) 全知以谋攻

天石：「我能全知敌我之情，全明天下之势。非仅自谋而谋敌，且可因彼谋为我谋，翻必着为我着。因敌以击敌，因友以击敌，因天下以击敌。」

(10) 商战亦如是

天石：「我欲用友，务求全知于友，用上、用下、用敌，亦复如是，方可谋事必中，举事必成。若徒恃其在我者以为用，则未有能成者矣

（1）审度判虚实

「谋天下事，主须审知天下情势，详察天下虚实，而为计谋策略之准绳，并为攻守进退之权衡。能审虚实之情，为虚实之形，变虚实之势而以为用」

（2）实有取虚无

鬼谷子：「以实取虚，以有取无，若以镒称铢。」

（3）避实而击虚

孙子：「兵之形，避实而击虚。」「进而不可御者，冲其虚也。」

（4）审敌之虚实

管子：「攻瑕则坚者瑕，攻坚则瑕者坚。」
吴子：「用兵须审敌虚实而趋其危也。」

（5）虚实而变化

「善用兵者，贵能得虚实之道。使我常实而敌常虚，再审知敌之虚实，而部署我之虚实，并以我之虚实，而致敌之虚实，更以虚实为变。」

第六章：策略观 Strategy Vision
第二讲：事无碍 Practical Stage（实践次第）　8、虚实原理

(6) 虚实之形用

天石：「在彼者，虚实之形也；在己者，虚实之用也。形可知而用不可知，其神之谓乎？」

(7) 虚实之致用

李靖：「敌实则我必以正，敌虚则我必以奇，此西汉之所以致楚也。」

(8) 敌我之虚实

太宗：「吾正以击之，使敌势常虚；吾奇以击之，使敌势常实，此东汉之所以致更始也。」

(9) 虚实之主控

「善谋者，主在为我之虚实，而致敌之虚实。为我之虚实，在我而不在敌；致敌之虚实，亦在乎我而不在敌。」

(10) 虚实之我用

「为我之虚实，务使我常实，即有所虚亦不可当敌之实；致敌之虚实，务使敌常虚，即有所实亦不可对我之虚。此为变化虚实之妙用也。」

第六章：策略观 Strategy Vision
第二讲：事无碍 Practical Stage（实践次第）　9、阴阳原理

(1) 民可使由之
孙子：「民可使由之，不可使知之。」

(2) 圣人之道阴
鬼谷子：「圣人之道阴，愚人之道阳。」「先王之道阴。」

(3) 阴道之运用
揭子宜：「阴者，幻而不测之道。有用阳而人不测其阳，则阳而阴矣；有用阴而人
不测其阴，则阴而阴矣。善兵者，或假阳以行阴,或运阴以济阳，总不外于出奇握机」

(4) 用兵之阴道
淮南子：「故用兵之道，示之以柔，而迎之以刚；示之以弱，而乘之以强；
为之以歙，而应之以张；将欲西而示之以东。先忤而后合,前冥而后明。若鬼之无迹，
若水之无创。」

(5) 误敌之阴道
揭子宜：「克敌之要，非徒以力制，乃以术误之也。或因我误法以误之，或因其自
误而误之。误其恃，误其利，误其拙，误其智，亦误其变。虚挑实取，彼悟而我使误，
彼误而我能悟。故善用兵者，误人而不为人误。」

第六章：策略观 Strategy Vision

第二讲：事无碍 Practical Stage（实践次第）　9、阴阳原理

(6) 事功须阴道

「隋炀敌之开运河，群情反对。然其有功于南北文化及物资交流，有功于民族社会」

(7) 群众不可信

希特勒：「多数只能看出愚蠢甚或错误政策。合一百愚夫，不能成一天才，故英武神明之决断，不能得之于一百懦汉。」

(8) 事功之方略

拿破仑：「历史上伟人之完成其事业也，是用一种勇忍无怜恤之决断，以用尽其所用方略为止。」

(9) 天地之阴阳

天玄子：「天地之道，阴阳而已。阴道杀之，阳道成之。自胜用阳，胜人用阴；自谋用阳，谋人用阴；自成自保天下用阳，取人或争天下用阴。此用天地阴阳之道也」

(10) 圣人谋于阴

鬼谷子：「圣人谋之于阴，故曰神；成之于阳，故曰明。」此用阴所以济阳，因阳所以玉阴之道也。

第六章：策略观 Strategy Vision
第二讲：事无碍 Practical Stage（实践次第）　10、矛盾原理

(1) 万物之相对

天石：「宇宙万物，诸相对以生也。故易以阴阳、乾坤、吉凶、男女、动静等，

对立以并举。有一必有二，有二必有万物，循循相生，至于无穷。」

(2) 天下之至变

易系辞：「参伍以变，错综其数。通其变，遂成天地之文；极其数，遂定天下之

象。非天下之至变，其孰能与于此？」

(3) 制事须明变

鬼谷子：「变生事，事生谋，谋生计，计生仪，仪生说，说生进，进生退，退生

制，因以制于事。」

(4) 把握三矛盾

高氏子：「夫一辟一阖，易之神也；一翕一张，老氏之几也。鬼谷之术，往往有得

于阖辟、翕张之外，神而明之。」要之，在其能把握事物人三者间之矛盾性。

(5) 矛盾之运用

天石：「古今全数之事业家，莫不用此原则。惟多行之以成而不自知；知则不能用

而著于书，谋略家也。后之拾而用之，而未得时、扼势、因间，失败者不可胜数。」

第六章：策略观 Strategy Vision
第二讲：事无碍 Practical Stage（实践次第）　10、矛盾原理

（6）合纵对连横

「苏秦以合纵说六国，为从约长，并相六国。张仪以连横破合纵，秦始灭六国以一
统天下。外交战中，可以说完全是纵横原理与矛盾原理之运用。」

（7）非纵即连横

顿子：「天下未尝无事也，非纵即横也。」

（8）天下皆相对

天玄子：「天下无不相对而立，相对而动者也。善用谋者，便可伺隙而入，因
势立功。而要能使人从我者，无非人之利害而已。」

（9）事杂于利害

孙子：「智者之虑，必杂于利害。杂于利，而务可信也；杂于害，而思可解也」

（10）悬权而定策

天石：「悬权者，悬权轻重、缓急、得失、利害、胜败之数也。投之亡地然后
存，陷之死地然后生，一法也。切宜悬权敌我之虚实权势与利害得失，以为运用之微权
，切不可执滞于法，执则不活，滞则不胜矣。」

清华大学

中华国学再造领导力
企业家高级研修班 讲义

CHAN OF CEO

企 业 禅

第六章

策 略 观

第三讲 理事无碍

编讲人：强梵暢
Edited by Victor Chiang
中国北京大学宗教学系 兼任研究员
Research Fellow
Department of Religious Studies
Peking University , Beijing , China

CCEO-A6-B3-01

清华大学 领导力培训项目网
Tsinghua University Training of Leadership

第六章 策略观 总纲目

第一讲 理无碍	第二讲 事无碍	第三讲 理事无碍	第四讲 事事无碍

斗智原理	顺反原理	诡变原理	神秘原理
高远原理	全知原理	用机原理	对动原理
先制原理	虚实原理	奇正原理	时机原理
主动原理	阴阳原理	变通原理	对小原理
因应原理	矛盾原理	用敌原理	其他原理

第六章策略观　第三讲理事无碍

◆ *11、诡变原理*

　　（1）圣人善变通（2）圣人贵明变（3）识变而复变（4）孙子之九变（5）奇正之五变（6）转圆之妙用（7）诡变之原则（8）大智之无为

　　（9）唯变之所适（10）谋变之妙用

◆ *12、用机原理*

　　（1）知机而用机（2）圣人不为大（3）用机而成事（4）用机先知机（5）知机于谨为（6）用机于无形（7）备患于未形（8）孙子之五间

　　（9）谨机而慎机（10）鬼谷之用机

◆ *13、奇正原理*

　　（1）守常不如变（2）因人而设计（3）活计而活用（4）微妙之奇正（5）反复为全计（6）深谋之三策（7）三计之运用（8）大事有大计

　　（9）太公论伐法（10）用兵如禅悟

◆ *14、变通原理*

　　（1）往来通不穷（2）神明其张合（3）大化于无间（4）存亡之门户（5）用计不胜穷（6）古今其道同（7）守户而善先（8）周密之贵微

　　（9）审定求其实（10）料法其情诚

◆ *15、用敌原理*

　　（1）三用之原则（2）三用之事例（3）用敌而化之（4）以敌而制敌（5）误敌而用敌（6）勾敌以用敌（7）疑敌以用敌（8）乱敌以用敌

　　（9）诱敌以用敌（10）孤敌以用敌

第六章：策略观 Strategy Vision
第三讲：理事无碍 Judgment Stage（证成次第）　11、诡变原理

（1）圣人善通变

易系辞：「易穷则变，变则通，通则久。是以自天佑之，吉无不利。」

（2）圣人贵明变

淮南子：「是故圣人者，能阴能阳，能弱能强，随时而动静，因资而立功，物动而知其反，事萌而察其变，化则为之象，运则为之应，是以终身而无所困。」

（3）识变而复变

揭子宜：「事幻于不定，亦幻于有定。以常行者而变之，复以常变者而变之，变乃无穷。可行则再，再即穷，以其拟变不变也。不可行则变，变即再，以其识变而复变也。万云一气，千波一浪，是此也，非此也。」

（4）孙子之九变

孙子：「谋有所不用,交有所不合,利有所不取,涂有所不由,军有所不击,城有所不攻,地有所不争,君命有所不受,兵法有所不守,此九变之术也。」

（5）奇正之五变

孙子：「声不过五，五声之变，不可胜听也；色不过五，五色之变，不可胜观也；味不过五，五味之变，不可胜尝也；战势不过奇正，奇正之变，不可胜穷也。」

第六章：策略观 Strategy Vision
第三讲：理事无碍 Judgment Stage（证成次第）　11、诡变原理

（6）转圆之妙用
　　鬼谷子：「转圆者，无穷之计也。无穷者，必有圣人之心，以原不测之智；以

不测之智而通心术，而神道混沌为一…故圣人怀此，用转圆而求其合…转圆者，或转

而吉，或转而凶，圣人以道，先知存亡，乃知转圆而从方。」

（7）诡变之原则
　　天石：「以常行者而变之，以常变者而变之，复以不变者而变之，并因敌之变

化而变之，变乃无穷。适可而变，则适变而得矣。」

（8）大智之无为
　　瑶阶公：「破天下之至巧者以至拙，破至伪以至诚，破至奇以至正，制至变以至

不变，制至谋以至不谋，制至争以至不争。是以宜守拙、守诚、守一、守愚、守让。」

（9）唯变之所适
　　天石：「守己莫如诚，守己莫如一，守己莫如愚。故周易教人，亦以唯变所适为

上乘了义。」

（10）谋变之妙用
　　天石：「谋贵圆不贵方，计贵活不贵滞，策虽定贵应变，略先成贵转化。」

第六章：策略观 Strategy Vision
第三讲：理事无碍 Judgment Stage（证成次第）　12、用机原理

(1) 知机而用机

易丰象：「日中则昃，月盈则食；天地盈虚，与时消息，而况于人乎？况于鬼神

乎？」剥象：「消息盈虚，天行也。」

(2) 圣人不为大

老子：「为无为，事无事，味无味。大小多少，报怨以德。图难於其易，为大於

其细。天下难事必作於易。天下大事必作於细。是以圣人终不为大，故能成其大。」

(3) 用机而成事

中庸：「知远之近，知风之自，知微之显，可与入德矣。」　「明者见于无形，智

者虑于未萌。」　「明者见机而作，圣者用机而成。」

(4) 用机先知机

天玄子：「用机之要，贵先能明机。明机方能乘机，乘机方能制机。」易系辞：

「夫易，圣人之所以极深而研机也。唯深也故能通天下之志，唯机也故能成天下之务」

(5) 知机于谨为

鬼谷子：「圣人以先知而捷万物。」新书：「当夫轻始而傲微，则其流必至于大

乱也，是故子民者谨焉。」

(6) 用机于无形

天玄子：「圣人知机，愚人不见机；圣人用机，愚人不用机。...圣哲之士，在能见微知著，在能谋于无形，在能成于无迹。故曰：善用机者，常先知若神。」

(7) 备患于未形

黄石公：「涓涓不塞，将为江河。荧荧不救，炎炎奈何？两叶不去，将用斧柯。」老子：「为之于未有，治之于未乱。」管仲：「备患于未形。」

(8) 孙子之五间

孙子：「故用间有五：有因间，有内间，有反间，有死间，有生间。五间俱起，莫知其道，是谓神纪，人君之宝也。乡间者，因其乡人而用之；内间者，因其官人而用之；反间者，因其敌间而用之；死间者，为诳事于外，令吾闻知之，而传于敌间也；生间者，反报也。」

(9) 谨机而慎机

易系辞：「君子知微知彰，知柔知刚，万夫之望。」

(10) 鬼谷之用机

鬼谷子：「物有自然，事有合离。有近而不可见，有远而可知。近而不可见者，不察其辞也；远而可知者，反往以验来也。...戏始有朕，可抵而塞，可抵而却，可抵息，可抵而匿，可抵而得，此谓抵戏之理也。」

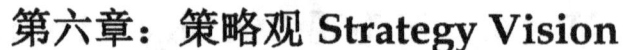
第六章：策略观 Strategy Vision
第三讲：理事无碍 Judgment Stage（证成次第）　13、奇正原理

（1）守常不如变
　　「常不如变，正不如奇。惟实行上，则有时爱人者可侮，智而心缓者可袭也，刚毅
而自用者可事也，懦而喜任者可欺也。」

（2）因人而设计
　　揭子宜：「计有可制愚不可制智，有可制智不可制愚。一以计为计，一以不计为
计也。惟计之周，智愚并制。假智者而愚，即以愚施；愚者而智，即以智投；每遇乎
敌所见，反乎敌所疑，则计蔑不成矣！故计必因人而设。」

（3）活计而活用
　　揭子宜：「行计务实施，运巧必防损，立谋虑中变，命将杜违制。此策阻而彼策
生，一端致而数端起，前未行而后复具，百计迭出，算无遗策。」
　　「计必活而后行」

（4）微妙之奇正
　　「兵无不正，无不奇。运用灵活微妙，正兵也奇，否则奇兵也
正。」谋略亦如是。

（5）反复为全计
　　诸葛亮：「后不豫定，无以待敌；计不先设，无以应卒。」计不可
一，必反之复之
，以至于无穷，方谓全。

(6) 深谋之三策

揭子宜：「古画三策，上为善。有用其中而善者，有出其下而善者，有两从之而善者。智不备于一人，谋必参诸群士。善为事极，谋附于善为谋极。深事深谋，无难而易；浅事浅谋，无过而失也。」

(7) 三计之运用

「三计原理者，谓计不可以孤行，谋不可独制。计均以三：上计、中计、下计。斯则为正，至其变则为奇。如下计上，或中计上，贵能运用也。」

(8) 大事有大计

风后握奇经：「上兵伐谋，其下用师，弃本逐末，圣人不为。」

(9) 太公论伐法

太公：「勇而轻死者可暴也，急而心速者可久也，贪而好利者可赂也，仁而不忍人者可劳也，智而心怯者可窘也，信而喜信人者可诳也，廉洁而不爱人者可侮也，智而心缓者可袭也，刚毅而自用者可事也，懦而喜任人者可欺也。」

(10) 用兵如禅悟

邓廷罗：「兵犹禅也，禅不悟不了，兵不悟不神。惟悟之为用，不可以言传。」悟则圆通无碍，因应咸宜；不悟则沾滞不化，应变无方。

第六章：策略观 Strategy Vision
第三讲：理事无碍 Judgment Stage（证成次第）　　**14、变通原理**

(1) 往来通不穷

易系辞：「阖户谓之坤，辟户谓之乾，一阖一辟谓之变，往来不穷谓之通」

(2) 神明其张合

高似孙：「鬼谷子书，其智谋，其数术，其变谲，其辞谈，盖出于战国诸人之表。夫一闢一阖，易之神也；一翕一张，老氏之几也。鬼谷之术，往往有得于阖闢翕张之外，神而明之。」

(3) 大化于无间

鬼谷子：「捭阖者，道之大化。」一夫乾坤，一阴阳也，一刚柔也，一动静也，而阴阳刚柔动静，均无不可运用捭阖于无其间也。

(4) 存亡之门户

「对人不用捭阖之理，无以尽其情；对物不明捭阖之理，无以尽其用；对事不明捭阖之理，无以极其功；运谋不明捭阖之理，无以宏其智。」

(5) 用计不胜穷

「或捭而反之，或捭而逆之，或阖而顺之。以形捭之，以象动之；以默阖之，以诚结之。或捭之以利，或阖之以害；或捭之以欲，或阖之以利。变化无穷，莫可纪极，捭阖在我，动应在彼，则其为用自不可胜穷也。」

第六章：策略观 Strategy Vision
第三讲：理事无碍 Judgment Stage（证成次第） 14、变通原理

(6) 古今其道同

鬼谷子：「奥若稽古圣人之在天地间也，为众生之先，观阴阳之开阖，以名命物；知存亡之门户，筹策万类之终始，达人心之理，见变化之朕焉！而守司其门户。故圣人之在天下也，自古及今，其道一也。」

(7) 守户而审先

鬼谷子：「变化无穷，各有所归，或阴或阳，或柔或刚，或开或闭，或弛或张。是故圣人一守司其门户，审察其所先后，度权量能，校其伎巧短长。夫贤不肖智愚勇怯仁义有差，乃可捭，乃可阖，乃可进，乃可退，乃可贱，乃可贵，无为以牧之。」

(8) 周密之贵微

鬼谷子：「阖而闭之者，异其诚也。可与不可，审明其计谋，以原其同异。离合有守，先从其志。即欲捭之，贵周；即欲阖之，贵密。周密之贵微，而与道相追。」

(9) 审定求其实

鬼谷子：「审定有无，与其虚实，随其嗜欲以见其志意。微排其言而捭反之，以求其实，贵得其指。阖而捭之以求其利。或开而示之，或阖而闭之。」

(10) 料法其情诚

鬼谷子：「捭之者，料其情也。阖之者，结其诚也，皆见其权衡轻重，乃为之度数，圣人因而为之虑。其不中权衡度数，圣人因而自为之虑。故捭者，或捭而出之，而捭而内之。阖者，或阖而取之，或阖而去之。捭阖者，天地之道。捭阖者，以变动阴阳，四时开闭，以化万物。」

第六章：策略观 Strategy Vision

第三讲：理事无碍 Judgment Stage（证成次第） 15、用敌原理

（1）三用之原则

「用己者不如用友，用友者不如用敌。盖己为不用之用也，若己为一，再加友之一，且使敌少一之用，便己三矣，对敌之一，必能胜之。」

（2）三用之事例

「用己者：项羽、希特勒；用友者：刘邦、刘备；用师者：周文王、周武王、齐恒公；己友兼用者：尧、舜、禹、汤等大圣。」

（3）用敌而化之

「善用敌者，常能转敌为友，而为我所用。不善用敌者，非但不能转敌为友，且常因用谋错误，而转友为敌。用敌原理，即兵经中所说——借之原理。」

（4）以敌而制敌

揭子宜：「古之言借者，外援四裔，内约与国，乞师以求助耳。惟对垒设谋，彼此互角，而有借法，借法乃巧。盖艰于力则借敌之力，难于诛则借敌之刃，乏于财则借敌之财，缺于物则借敌之物，鲜军将则借敌之军将，不可智谋则借敌之智谋。吾欲为者诱敌设，则敌力借矣；吾欲毙者诡敌歼，则敌刃借矣；抚其所有，则为借敌财；劫其所储，则为借敌物；令彼自斗，则为借敌之军将；翻彼着为我着，因彼计成吾计，则为借敌之智谋。」

（5）误敌而用敌

草庐经：「从古兵家之取败，率由一误。误则斯须之错谬，胜负相悬矣。譬而奕者，两敌相当，并称国手，其下人误下一着，敌必乘之，而全局皆失。」

第六章：策略观 Strategy Vision
第三讲：理事无碍 Judgment Stage（证成次第） 15、用敌原理

(6) 勾敌以用敌

揭子宜：「勾敌之信以为通，勾敌之勇以为应，与国勾之为声援，四裔勾之助攻击。胜天下者用天下，未闻己力之独恃也。」

(7) 乱敌以用敌

「惟用敌之为我，不如用敌之自为，我坐观之，则敌与敌必互相攻。」

(8) 疑敌以用敌

「兵以善断而胜，多疑而败。疑敌之术，动而若静，则疑我之休兵而遂驰其防；静而若动，则疑我之兴师而遂敛其守。实而若虚，则疑而不复备；虚而若实，则疑而不敢攻；佯为全攻之势，继以必克之兵，亦佐胜之一端也。」

(9) 诱敌以用敌

「予之敌必取之，取之敌必从之，利之敌必净之，害之敌必却之。」

(10) 孤敌以用敌

「孤敌为一最重要大原则。一防我陷于孤立，一宜离间敌之与国，使敌陷于孤立。敌势一孤，便有可乘。或敌强而孤之，或敌弱而孤之，或敌骄而孤之，或敌误而孤之。或因其内，或因其外，或因其政，或因其交，总以孤之为上策，此千古来不易之经也」

Thldl
领导力开创专家

清华大学

中华国学再造领导力
企业家高级研修班 讲义

CHAN OF CEO

企 业 禅

第六章

策 略 观

第四讲 事事无碍

编讲人：强梵暢
Edited by Victor Chiang
中国北京大学宗教学系 兼任研究员
Research Fellow
Department of Religious Studies
Peking University , Beijing , China

CCEO-A6-B4-01

清华大学 领导力培训项目网
Tsinghua University Training of Leadership

第六章 策略观 总纲目

第一讲 理无碍	第二讲 事无碍	第三讲 理事无碍	第四讲 事事无碍
斗智原理	顺反原理	诡变原理	神秘原理
高远原理	全知原理	用机原理	对动原理
先制原理	虚实原理	奇正原理	时机原理
主动原理	阴阳原理	变通原理	对小原理
因应原理	矛盾原理	用敌原理	其他原理

第六章 策略观 第四讲事事事无碍

■ *16，神秘原理*
（1）玄为众妙门（2）奇谋以静一（3）慎密而不出（4）太公之神势（5）微形神无声（6）神明于隐匿（7）用谋须神密（8）藏迹于无为
（9）不秘为秘地（10）利器不示人

■ *17，对动原理*
（1）太极生两仪（2）对立而存在（3）知对而明因
（4）福祸之倚伏（5）柔弱胜刚强（6）相生而相成
（7）对立与对动（8）不用之为用
（9）君臣之相视（10）求之而反之

■ *18，时机原理*
（1）得时而后行（2）待时而握之（3）时变而为守（4）应时而动之（5）乘势胜待时（6）知机而乘利（7）因时而举事（8）明机而用之
（9）知机而断行（10）三乘之机要

■ *19，其他策略*
（1）动静的策略（2）隐显的策略（3）缓急的策略（4）进退的策略（5）顺逆的策略（6）趋避的策略（7）利害的策略（8）警惕的策略
（9）前后的策略（10）长短的策略

■ *20，其他谋术*
（1）谋术的虚张（2）谋术的敛藏（3）谋术的炫耀（4）谋术的伴动（5）谋术的混充（6）谋术的渗透（7）谋术的诬构（8）谋术的挑拨
（9）谋术的泄密（10）谋术的勾结

第六章：策略观 Strategy Vision
第四讲：事事无碍 Successful Stage（圆满次第） 16、神秘原理

(1) 玄为众妙门

老子：「易穷则变，变则通，通则久。是以自天佑之，吉无不利。」「玄之又玄，众妙之门。」盖密则玄矣，玄则神矣！此乃道之微权也，故曰不可以示人。

(2) 奇谋以静一

诸葛亮：「战欲奇，谋欲密，众欲静，心欲一。」在谋略战中，不但以保持秘密为第一原则，尤须能使其有神秘莫测之奇，使敌莫料，方为上乘保密之道。

(3) 慎密而不出

孔子：「乱之所由生也，则言语以为阶，君不密则失臣，臣不密则失身，几事不密则害成。是以君子慎密而不出也。」

(4) 太公之神势

太公：「凡谋之道，周密为宝。」「鸷鸟击，卑飞敛翼；猛兽将搏，弭耳俯伏；圣人将动，必有愚色。」

(5) 微形神无声

孙子：「微乎微乎，至于无形；神乎神乎，至于无声。」

第六章：策略观 Strategy Vision

第四讲：事事无碍 Successful Stage（圆满次第） 16、神秘原理

（6）神明于隐匿

鬼谷子：「圣人之道，在隐与匿。」「圣人谋之于阴故曰神，成之于阳故曰明」「塞窖匿端，隐貌逃情，而人不知，故成其事而无患。」

（7）用谋须神密

天玄子：「谋政谋兵，谋敌谋友，谋战谋和，谋进谋退，均以几于神秘为上。守之以密，使敌莫知；出之以神，使敌莫测，斯为谋略中之神秘原理也。」

（8）藏迹于无为

淮南子：「聖人不為名尸，不為謀府，不為事任，不為智主。藏無形，行無跡，遊無朕…故聖人揜明於不形，藏跡於無為」「兵贵谋之不测也，形之隐匿也。出于不意，不可以设备也。谋见则穷，形见则制。故善用兵者，上隐之天，下隐之地，中隐之人」

（9）不秘为秘地

揭子宜：「谋成于密败于泄。三军之事，莫重于秘。一人之事，不泄于二人；明日所行，不泄于今日。细而推之，慎不间发。秘于事会，恐泄于语言；秘于语言，恐泄于容貌；秘于容貌，恐泄于神情；秘于神情，恐泄于梦寐。有行而隐其端，有用而绝其口。然可言者，亦不妨先露以示信，推诚有素，不秘所以为秘地也。」

（10）利器不示人

老子：「鱼不可脱于渊，国之利器，不可以示人。」

第六章：策略观 Strategy Vision

第四讲：事事无碍 Successful Stage（圆满次第）　17、对动原理

（1）太极生两仪

周易：「易有太极，是生两仪。」大凡宇宙间事物，有一即有二，有此即有彼，有利即有害，有得即有失，刚柔、动静、吉凶、成败等等现象，诸莫不然。

（2）对立而存在

「盖宇宙间全部事物现象之生灭、成毁、变化，诸有一永恒不变之定律支配其间，即对动之定律，亦即对动之产生，即是由于各种事物之诸互相对立而存在。」

（3）知对而明因

「知其相对，而守其绝对；明其因之果，而为其果之因。凡事无往不复，我之加于人者，人必复之于我；我动则彼应之，我行则彼必随之。此即相对而动应之原理也。」

（4）福祸之倚伏

老子：「福兮祸之所倚，祸兮福之所伏。」故老子垂训后人为天下溪，为天下谷，受天下之垢，守天下之辱。己欲取上先居下，己欲有成先居败，己欲获益先受损，己欲虑前先居后，己欲受福先居恶，惟此只为上智道，而难为中人言。此即对动定律之微机。

（5）柔弱胜刚强

老子：「反者道之动，弱者道之用。」「柔胜刚，弱胜强。」

（6）相生而相成

老子：「天下皆知美之为美，斯恶已；皆知善之为善，斯不善已。有无相生，难易相成，长短相形，高下相倾，音声相和，前后相随。」

（7）对立与对动

「天地能长久存在而不归于毁灭者，因各星球间彼此各互为二力之对立与二力之对动，互相吸引作用，而止于一中点。一与一为二力之对立与对动，一与万仍彼此各为二力之对立与对动。是为宇宙对动原理之成立。」

（8）不用之为用

「为于无为，用于无为，争于无争，胜于无胜。则天下莫可与争功，万世莫可与争名。孰知此者，其神乎？孰能此者，其天乎？」

（9）君臣之相视

孟子：「君之视臣如手足，则臣视君如腹心；君之视臣如犬马，则臣视君如国人；君之视臣如土芥，则臣视君如寇仇。」

（10）求之而反之

「及及于功名者，不能得功名；及及于富贵者，不能得富贵。反之，不企名而名至，不企利而利至者，比比皆是。此乃为之于事之正者，常适得其反；为之于事之反者，常适得其正之理也。」

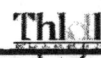

第六章：策略观 Strategy Vision
第四讲：事事无碍 Successful Stage（圆满次第）　18、时机原理

(1) 得时而后行

老子：「君子得其时则驾，不得其时，则蓬累而行。」孔子：「天下有道则见，无道则隐。」「君子博学深谋，修身端行，以俟其时。」

(2) 待时而握之

鬼谷子：「世无可抵则深隐而待时，世有可抵则为之谋。」时不可失，机不可逸，时机一至，必以握之。

(3) 时变而为守

鬼谷子：「圣人不朽，时变时守。」如不能随时世之变异，而讲求适应环境之方略，只固执旧见，则未有不败者。

(4) 应时而动之

范蠡：「从时者，犹救火追亡人也，蹶而趋之，唯恐弗及。」说苑：「时乎时乎，间不及谋，应时之极，间不容息。」盖时机一纵即逝，待时亦不可守株待兔。

(5) 乘势胜待时

孟子：「虽有智慧，不如乘势，虽有镃基，不如待时。」时机在事业之成败上，是一个极重要的条件，选择当，则事半功倍；选择不当，则功败垂成。

第六章：策略观 Strategy Vision
第四讲：事事无碍 Successful Stage（圆满次第）　18、时机原理

（6）知机而乘利

太公：「兵胜之术，密察敌人之机，而速乘其利，复疾击其不意。」
「天道无殃，不可先倡；人道无灾；不可先谋。必见天殃；又见人灾；乃可以谋。」

（7）因时而举事

韩非子：「世异则事异，事异则备变。」国语：「待其来而正之，因时之所宜而止之。」吕氏春秋：「智者之举事，必因时。」

（8）明机而用之

揭子宜：「势之维系处为机，事之转变处为机，物之紧切处为机，时之凑合处为机。有目前即是机，转瞬处即非机者；有乘之即为机，失之即无机者。谋之宜深，藏之宜密，定于识，利于决。」

（9）知机而断行

荀子：「望时而待之，孰与应时而使之。」兵法谓迟疑与犹豫，较之不为害犹大。

（10）三乘之机要

「乘外：乘其有事于外之时，举而攻之；乘内：乘其有事于内之时，举而攻之；乘弊：乘其制度有崩溃没落之时，或乘其主张设施不得人心之时，或乘其众叛亲离发生之时，或乘其组织有弱点之时，或乘其事业路线有缺陷之时，举而攻之。」

第六章：策略观 Strategy Vision
第四讲：事事无碍 Successful Stage（圆满次第）　19、其他策略

（1）动静的策略

动极则静，静极则动。动以成静，静以成动。故以静为动，其动日强。

以动为动，其动日弱。而以动驭静，静而可久。以静驭动，动而可大。

（2）隐显的策略

鬼神莫测，令人敬畏，造化无形，令人崇仰。老子曰：「善行无辙迹，故隐之即所以显之，凡物之理，无隐不显，凡物之势，显而必隐。」

（3）缓急的策略

情境虽急，而心不急，则急而不乱；

情境虽缓，而心不缓，则缓而不怠。

因急而乱，必至愤事，因缓而怠，必致误事。

（4）进退的策略

以进为进，其进不守；以退为退，其退必败。以退为进，退以成进；以进为退，进以成退。进之者二，退之者一，进退相衡，尤贵机先，机先一失，进退两难矣。

（5）顺逆的策略

顺势勿失，失势则败。逆势勿犯，犯势则亡。故势顺也，正以迎之，花逢春发，月至望圆。其势逆也，侧以进之，鸟遇逆风，折翼而飞；人登危坡，侧身而上。

第六章：策略观 Strategy Vision
第四讲：事事无碍 Successful Stage（圆满次第）　19、其他策略

(6) 趋避的策略

趋利避害，人之常情，惟圣人因避成其趋，而众人以趋失其避。趋非直趋，避非直避，惟曲是尚。子产因群邑成其受邑，晏子因群室成其受室。曲以行之，其径反直，直以行之，其径反曲。

(7) 利害的策略

利之小者，能掩大害。害之小者，能掩大利。盖大害必有小利为之媒，大利必有小害为之倪，是在察乎利初，媒不能惑，晰于害后，倪不能挠。

(8) 警懈的策略

山雀围绕，可困猛虎。峰虿发毒，可死壮士。山雀固微，以其警也，壮士固勇，以其懈也。故警则虽弱而奏功，懈则虽强而招败，惟警与懈，机之所在。

(9) 前后的策略

火烈于前，必裹于后。水涌于前，必竭于后，盈虚消息，万物皆然。卦至上爻，从无不变。故善计者不豪于前，谋富于后；善战者不捷于前，谋胜于后；善治者不张于前，谋成于后。

(10) 长短的策略

以长攻短，是为斗力；以短攻长，是为斗智。以敌之长，攻敌之短，以敌之短，攻敌之长，则为斗之以神。

（1）谋术的虚张

张的运用：或不能而示之能，或不用而示之用，或不足而示之盈，或弱而示之强，或无而示之有。不能者不可恃能，不用者不可恃用，不足者不可恃盈，弱者不可恃强，无者不可恃有。所以，张可用而不可恃。

（2）谋术的敛藏

敛的运用：或「能而示之不能，用而示之不用」，或有而示之无，或盈而示之不足，或强而示之弱。用敛者以实为虚。这是处强道的方法。但弱者用敛，以虚为虚，敌反以为实，故处弱道亦可用敛。故不可不防敌之用敛，但敌对我示弱者，不可即认其为强，而亦可能为弱。

（3）谋术的炫耀

耀以威为用，以强示强，必有威而后可以用威，必真强而后可以示强，故无威者、不强者，不可以用耀。耀可以不战而屈之兵，此就其利而言，然亦有其害：敌知我之强，则因而提高其警觉，增强其戒心，激发其同仇敌忾之精神，促成敌国间之团结，或联合之抵抗，因而陷己为众矢之的，在政治、外交上、趋于孤立，故用耀须用利而避其害。

（4）谋术的佯动

佯的运用：或「近而示之远，远而示之近」，或欲其西而形以东，欲其东形以西，或攻其此而示之彼，攻其彼而示之此。佯的作用：以虚伪的行动，掩饰真正的企图而惑敌。

（5）谋术的混充

混的运用：或仿效敌人的军队，或混作敌国的人民。混的作用：仿效敌人的军队以惑乱敌人，而赚将、赚城、内攻。冒充敌国的人民，而避敌人之耳目，便于间谍的活动。

（6）谋术的渗透

渗的运用：或乘其需要，俟其招募，或伪示忠诚效命，或假意结纳相援。

渗的作用：以敌之职，掩己之图，以敌之权，成己之事，以敌之财，充己之用，而借敌、误敌、间敌。

（7）谋术的诬构

谗的运用：或赂结敌之爱倖宠人，或因敌之嫌隙，乘间进以恶言，而诬构之。谗言之是否有效，端视敌人对谗言之是否相信而定，故进谗必用敌人之爱倖宠人，及因敌之隙怨。因爱倖宠人为敌所信赖，且易于接近话秘之故，而敌之间已有隙怨，便易受谗言所惑了。

（8）谋术的挑拨

挑的运用，或在敌人内部制造派系，或挑拨敌人间之仇视恶感。在敌方的人事关系中，由于出身、背景的不同，立场、利害的冲突，政党的对立等诸种因素，彼此之间，形成或多或少的隔阂、恩怨、与意见的争执，这本是很通常的现象，但剧烈的争执，而互相攻讦，各趋极端，坚持己见，自立门户，树党结私，却能造成内部严重的分裂。而破坏团结，用挑的目标，即……

（9）谋术的泄密

泄的作用：使敌人误将虚伪不实的消息，信以为真，迷乱敌人对我情况的判断。隐蔽我方真实企图，遗误敌人的决策、计划、行动，而惑敌、致敌、借敌。

（10）谋术的勾结

勾的运用：或输之以思想，或许之以爵禄，或遗之以贿赂，或示之以恩惠，或说之以利害。不过，用勾也是有危险的，我所勾者，是我所凭持而用以图敌的，若敌伪为受勾，而供我以伪情，伪应我而图我，伪助我而攻我，以虚恃与我，而使我误为可恃而不可恃，则反为敌所绐了。所以，用勾须慎察其诚伪，防其中途变卦。（刘瑞符：谋略）

清華大学

中华国学再造领导力
企业家高级研修班 讲义

CHAN OF CEO

第七章

第一讲 理无碍

编讲人：强梵暢
Edited by Victor Chiang
中国北京大学宗教学系 兼任研究员
Research Fellow
Department of Religious Studies
Peking University , Beijing , China

CCEO-A7-B1-01

第七章 名利观 总纲目

第一讲 理无碍	第二讲 事无碍	第三讲 理事无碍	第四讲 事事无碍
⬇	⬇	⬇	⬇
儒家论名 道家论名 佛家论名 杂家论名 杂家论名	儒家论利 道家论利 佛家论利 杂家论利 杂家论利	西方理想 西方学说 西方观点 西方现实 西方趋势	东方理想 东方学说 东方观点 东方现实 东方趋势

第七章 名利观

◆ **1、儒家论名**
 （1）正名的思想（2）立名的思想（3）内圣而外王
 （4）人生的追求（5）尹文子论名（6）立名行之极
 （7）司马迁史记（8）曹丕论文事
 （9）顾炎武论名（10）名利不分离

◆ **2、道家论名**
 （1）老子非常名（2）圣人的无名（3）永垂的大名
 （4）功遂要身退（5）庄子逍遥游（6）要淡泊名利
 （7）真人淡名利（8）名利令发狂
 （9）庄子斥物欲（10）庄子人间世

◆ **3、佛家论名**
 （1）因缘与果报（2）习惯是助缘（3）算命与风水
 （4）贫贱与富贵（5）业力的力量（6）改变价值观
 （7）自己造作因（8）因果与有缘
 （9）善法的根本（10）乐观的看法

◆ **4、杂家论名**
 （1）政治的事务（2）新三不朽观（3）政治的工具
 （4）政化之准绳（5）修名而不立（6）各家的名学
 （7）墨家的逻辑（8）命物与毁名
 （9）刘安淮南子（10）儒道互为本

◆ **5、杂家论名**
 （1）求不朽之名（2）青史应留名（3）法家的正名
 （4）死后之名垂（5）说文解名字（6）借名成不朽
 （7）名足以策善（8）白居易诗名
 （9）重义与兴利（10）名为驱动机

第七章：名利观 Fame Vision
第一讲：理无碍 Theory Stage（学习次第）　1、儒家论名

(1) 正名的思想

子路曰："卫君待子而为政，子将奚先？"子曰："必也正名乎！"子路曰："有是哉，子之迂也！奚其正？"子曰："野哉由也！君子于其所不知，盖阙如也。名不正则言不顺，言不顺则事不成，事不成则礼乐不兴，礼乐不兴则刑罚不中，刑罚不中则民无所措手足。故君子名之必可言也，言之必可行也。君子于其言，无所苟而已。"（《论语•子路篇第十三•第三章》）

(2) 立名的思想

孔子虽然有"人不知而不愠"的教诲，但他又说过："君子疾没世而名不称焉。"（《论语•卫灵公》）孔子还说过："四十、五十而无闻焉，则亦不足畏也矣。"（《论语•子罕》）言下之意，如果一个人到了四、五十岁还不出名，就已经不足道了。

(3) 内圣而外王

儒家要求人们通过自我修养和"内圣"功夫成为君子乃至圣人，通过"内圣"进而达到"外王"，从而使个体的生命在群体和族类的事业中获得永恒的价值。

(4) 人生的追求

刘勰《文心雕龙•序志》所谓"岁月飘忽，性灵不居；腾声飞实，制作而已"通过著书立说，给自己留下身后之名，从而实现对有限人生的超越，成为古代许多文人知识分子的终极人生追求。这一点在司马迁身上表现得特别典型。

(5) 尹文子论名

《尹文子•大道上》（著眼名之对象）名的社会功用。更现实性，反映出"名"在中国古代社会意识中的真正地位，是政治的工具与对象。名之三科：一曰命物之名，方圆白黑是也。二曰毁誉之名，善恶贵贱是也是。三曰况谓之名，贤愚爱憎是也。

第七章：名利观 Fame Vision

第一讲：理无碍 Theory Stage（学习次第）　1、儒家论名

(6) 立名行之极

司马迁在《太史公自序》中记述了其父司马谈对他说的一段话："且夫孝，始于事亲，中于事君，终于立身。扬名于后世，以显父母，此孝之大者。"司马迁在《报任安书》中所说："立名者，行之极也。"这对司马迁的影响很大。

(7) 司马迁史记

司马迁在《报任安书》中说："仆所以隐忍苟活，幽于粪土之中而不辞者，恨私心有所不尽，鄙陋没世而文采不表于后也。古者富贵而名摩灭，不可胜记。唯倜傥非常非常之人称焉。……仆诚以著此书，藏之名山，传之其人，通邑大都，则仆偿前辱之现，虽万被戮，岂有悔哉？"在司马迁看来，生前富贵而死后名灭，是丝毫不足羡慕的。他所担忧的是"文采不表于后"，即死后无名，不被称道。司马迁的目的达到了。一部《史记》使司马迁获得了永生。

(8) 曹丕论文事

曹丕干脆把写文章视为"不朽之盛事"："盖文章经国之大业，不朽之盛事。年寿有时而尽，荣乐止乎其身，二者必至之常期，未若文章之无穷。是以古之作者，寄身于翰墨，见意于篇籍，不假良史之辞，不托飞驰之势，而声名自传于后。"

(9) 顾炎武论名

顾炎武："古人求没世之名，今人求当世之名。吾自幼及老，见人所以求当世之名者，无非为利也。名之所在，则利归之，故求之唯恐不及也。苟不求利，亦何慕名！"

(10) 名利不分离

在儒家文化中，名与利两者却呈现一种奇特而微妙的关系。一方面在现实中，名与利两者似乎总是相伴而行，有了名通常相应带来利。另一方面在概念上，名与利又是分离的，一味追求利往往导致名的减损，孳孳于利的人是很难有好名声的。

第七章：名利观 Fame Vision

第一讲：理无碍 Theory Stage（学习次第）　　2、道家论名

(1) 老子非常名

"道可道，非常道；名可名，非常名。"（《老子》第一章），就意味着道涉及的是超名言之域；为理论的抽象而非经验的存在，不能由实证手段所把握而只能由哲学智慧所参透。

(2) 圣人的无名

道家提倡"圣人无名"，叫人忘名去忧，固然别有一种超越的意义，但其流弊也会使一些人仅仅乐得享受不要"名"的便利，即为所欲为，甚至无恶不作。

(3) 永垂的大名

老子其实是十分看重"名"的，故曰："功成而弗居。夫唯不弗居，是以不去。"（《二章》）他认为，只有不为一时的功名所牵累，才能获得永垂不朽的大名。

(4) 功遂要身退

居功则必损其名。所以，他力主"功遂身退"（《九章》）。

"名亦既有，夫亦将知止；知止，可以不殆。"（《三十二章》）。

"死而不亡。""死而不亡者，寿。"（《三十三章》）

(5) 庄子逍遥游

庄子《逍遥游》，其曰："吾将为名乎？名者，实之宾也。吾将为宾乎？鹪鹩巢于深林，不过一枝；偃鼠饮河，不过满腹。"此话之底蕴就是说：我只消填饱肚子，再有个睡觉的地方，行了；什么功名利禄，我全不在乎！

第七章：名利观 Fame Vision
第一讲：理无碍 Theory Stage（学习次第） 2、道家论名

(6) 要淡泊名利

"自三代以下者，天下莫不以物易其性矣。小人则以身殉利，士则以身殉名，大夫则以身殉家，圣人则以身殉天下。故此数子者，事业不同，名声异号，其于伤性以身为殉一也。"（《骈拇》）因此，作为理想人格的真人，就不能为仁义、名声所役，否则就会失却人的自然本性。"无为名尸，无为谋府，无为事任，无为知主。体尽无穷，而游无联。尽其所受乎天而无见得，亦虚而已。至人之用心若镜，不将不迎，应而不藏，故能胜物而不伤。"（《应帝王》）庄子本人可以说是淡泊功名利禄的典范。

(7) 真人淡名利

庄子在《逍遥游》中，对它有一个总括，可以说是概括了作为理想人格"真人"的基本品格："至人无己，神人无功，圣人无名。"所谓"圣人无名"，就是说，作为理想人格的"圣人"，应该是淡泊名利，不为名利所左右。

(8) 名利令发狂

老子说的"五色令人目盲，五音令人耳聋，五味令人口爽，驰骋畋猎令人心发狂，难得之货令人行妨。是以圣人为腹不为目，故去彼取此。"（《老子》第十二章）在道家看来，名利、财货是一个现实而富有诱惑力的东西，倘若人生在世一味去贪求这些东西，必然损害人的健康，破坏人的真朴之性，最终腐化社会与人生。老子说："金玉满堂，莫之能守；富贵而娇，自遗其咎。"

(9) 庄子斥物欲

倘若人生在世把功名富贵视为生命的内涵，则是虚幻而不真实的，只会导致人性的丧失，给人带来莫大的悲剧。所以，老子主张在功名利禄面前要"去甚，去奢，去泰"（《老子》第二十九章）；庄子则指斥那种"淫其性"、"伤其性"的纵情嗜欲行为，启导人们"无以人灭天，无以故灭命，无以得殉名。"（《庄子•秋水》）。他们皆呼唤人生从声名、物欲中超拔出来，而过返朴归真、不掺杂任何人为造作的自然生活。

(10) 庄子人间世

庄子还认为，追求名利是没有好下场的，他在《人间世》中举例说，历史上的关龙逢（夏代人）和比干（商代人）就是因为修身求名，结果被国君所杀（桀杀关龙逢，纣杀比干）；而当初唐尧攻伐丛枝、胥敖，夏禹攻伐有扈氏，则都是为了利，结果是国破身亡。可见，名利是求不得的。所以，庄子的处世原则是：不求有功，但求无过，所谓"为善无近名，为恶无近刑"。（《养生主》）

第七章：名利观 Fame Vision

第一讲：理无碍 Theory Stage（学习次第）　3、佛家论名

（1）因缘与果报

佛教认为世间一切人事的离合成败，皆不离"因缘果报"的原则，三世因果偈云："欲知前世因，今生受者是；欲知来世果，今生作者是。"所以，我们的命运随着业力时时在改变，并非受制于一个特定的主宰者，主宰命运的人还是自己。

（2）习惯是助缘

一个人纵使有得天独厚的优越条件，而习惯不好，也难有大富大贵的命运。好的习惯也是一种助缘，可以帮助我们化险为夷，一帆风顺。

（3）算命与风水

许多人喜欢算命，目的无非希望自己事事如意，逢凶化吉。有的人坚持择偶要配八字，有的人讲究置产要看风水，有的人甚至事事求神问卜，不做理性的判断。

（4）贫贱与富贵

权力的支配乃由于我执、我慢作崇，令人养成尊卑贵贱的阶级意识。有的人过度自卑，甘心屈服于权势，不求自主，一生卑微；有的人名利熏心，求取权力，不择手段，丧失理性。而佛教则认为众生平等，人人皆有佛性，真正的贫富贵贱，在于道德的有无。

（5）业力的力量

佛教认为业力是控制命运最大的力量。业力是指一个人的身、口、意的各种行为，对自他未来产生的影响力。许多人慨叹自己时运不济，或怨怪人事不利于己，殊不知凡事皆为业力所成，成功固然在我，而外在环境配合，更是不可忽视；失败纵非己过，亦当反观自己。

(6) 改变价值观

习惯、迷信、情爱、权欲与业力，为恶为善都决定于我们的一念之间，改造命运也须从吾人心念的净化开始。观念影响一个人的价值判断，决定行为的善恶趣向。佛教重视正知正见的养成。

(7) 自己造作因

俗语云："要怎么收获，先怎么栽。"每一个人的行为所造作的业因，一旦因缘际会，自然就产生果报，所以我们希望未来前途美好，生活富乐，就必须从改善自己的行为着手，以期转祸为福，因为一切幸与不幸，都操纵在自己的手中。

(8) 因果与有缘

宇宙万法，从因到果，中间还必须要有缘的力量，才有果的生成。人的一生，有的人聪明智慧，能力很强，却不一定很有成就；有的人资质平庸，却凡事顺遂，处处皆得有缘人的相助。

(9) 善法的根本

戒是一切善法的根本，戒能防非止恶，所谓"祸福无门，唯人自招"，行善必得善报，行恶必遇恶果，持戒守法的人，行为上不会犯下不好的业因，自然不会招致不好的果报。

(10) 乐观的看法

佛教对人一生的命运有积极乐观的看法，主张诸法无常、缘起性空，坏的命运可以藉着培植善缘而加以改变，即使业障深重，也能重业轻报。人不必感伤自己的命运不好，而应力争上游，改变厄运；所以人不能听天由命，沮丧消沉，空过岁月，要有洗心革面的魄力，创造自己的命运。因此无论在富贵顺达里，或是贫贱苦厄中，都应该正观缘起，了解命运，改变命运，进而创造命运。（星云大师：佛教与命运）

第七章：名利观 Fame Vision
第一讲：理无碍 Theory Stage（学习次第）　4、杂家论名

(1) 政治的事务

《管子》枢言篇也有名的分类。"凡人之名三，有治也者，有耻也者，有事也者。事之名二，正之察之，五者而天下治矣。名正则治，名倚则乱，无名则死，故先王贵名。"可以看出，这是站在君主的立场加以分类，以政治事务为对象。

(2) 新三不朽观

春秋时鲁国的叔孙豹与晋国的范宣子曾就什么是"死而不朽"展开讨论。范宣子认为，他的祖先从虞、夏、商、周以来世代为贵族，家族兴旺，香火不绝，这就是"不朽。"叔孙豹说："豹闻之：太上有立德，其次有立功，其次有立言，虽久不废，此之谓三不朽。"

(3) 政治的工具

正因为"名"是一种重要的政治工具，如何把握它，管理它，由谁来把握它，管理它，就成为一个重要的话题。这种重视，甚至到了"名者，圣人所以纪万物也。"（《管子•心术上》），"有名则治，无名则乱，治者以其名。"（管子•枢言》），"名者，天地之纲，圣人之符。"（《吕氏春秋•大体》），"名正则治，名丧则乱。"（吕氏春秋•正名》），"至治之务，在于正名。"（《吕氏春秋•审分》）的高度，成为确立是非，制定秩序的根本性法则。

(4) 政化之准绳

《墨辩注序》却指出"名者，所以别同异，明是非。道义之门，政化之准绳也。"就是说，依赖名所建立的秩序和准则最终是为政治服务的。所以，"正名论"、"名实论"、"形名论"为战国秦汉时期，几乎都有的两套体系，既是知识论的，又是政治学的。

(5) 修名而不立

屈原《离骚》中写到："老冉冉其将至兮，恐修名之不立。"对于"修名不立"的忧惧，在后代几乎成了中国古代文学中的一大主题。

第七章：名利观 Fame Vision
第一讲：理无碍 Theory Stage（学习次第）　4、杂家论名

（6）各家的名学

胡适在《中国哲学史大纲》第八篇"别墨"中写道：古代本没有什么"名家"，无论哪一家的哲学，都有一种为学的方法。这个方法，便是这一家的名学（逻辑）。所以老子要无名，孔子要正名，墨子说"言有三表"，杨子说"实无名，名无实"，公孙龙有《名实论》，荀子有《正名篇》，庄子有《齐物论》，尹文子有《刑名》之论。这都是各家的"名学"。

（7）墨家的逻辑

清末《墨子》校释的集大成者孙诒让1897年写信给梁启超，说《墨经》"闳义眇恉，所未窥者尚多"，"为周名家言之宗"，有如雅里大得勒"演绎法，培根之归纳法及佛氏之因明论者"。期待梁启超能从事研究墨家逻辑的"旷代伟业"。

（8）命物与毁名

"命物之名"和"毁誉、况谓之名"虽然都是名称，但意义完全不同。第一种名表达的只是事物与名称之间的关系，可以与道德、伦理、政治无关。以惠施、公孙龙及墨辩为代表的"名家"所讨论的名基本上都是"命物之名"。第二种名即所谓"毁誉、况谓之名"，显然具有道德的、伦理的、政治的意义。它是儒家、法家所主要讨论的对象。

（9）刘安淮南子

西汉时代的刘安，以淮南王的身份，却想在文学事业上求得名誉地位，他招致宾客方术之士数千人，为他编写了《淮南鸿烈》，亦即《淮南子》一书。这部著作是以哲学为内容的，综合了先秦各家思想以立论，受到汉武帝的尊重，刘安也因此享誉于后世。他是以名位加上金钱才有可能招致八方宾客、术士来为他塑造形象，可见他是双管齐下获取到文名的。

（10）儒道互为本

《抱朴子•内篇•明本》说：道者，儒之本也；儒者，道之末也。儒者博而寡要，劳而少功；墨者俭而难遵，不可遍循；法者严而少恩，伤破仁义；唯道家之教使人精神专一，动合无形，包儒、墨之善，总名、法之要，与时迁移，应物变化，指约而易明，事少而功多，务在全大宗大朴、守真常之源者。

第七章：名利观 Fame Vision

第一讲：理无碍 Theory Stage（学习次第）　5、杂家论名

(1) 求不朽之名

求不朽之名的人，钱可以不要，官可以不做，甚至身家性命也可以抛弃，举凡富贵不淫、威武不屈、贫贱不移都能做到。但是如果关系到他的身后之名本身，也即当他意识到他根本不可能拥有身后之名时，他还能作出什么，就很难说了。

(2) 青史应留名

对不朽之名的终极追求，能使人在面临金钱利禄的诱惑时，不那么容易堕落，不至于为了一己之私利而无所不为。甚至在面临死亡的考验时，也能以"青史留名"为精神支柱，作出符合正义要求和群体利益的选择，即所谓"人生自古谁无死，留取丹心照汗青。"

(3) 法家的正名

《君文子·大道上》说：法家正名的目的是为了付诸行动。

名称者，别彼此而检虚实者也。自古至今，莫不用此而得，用彼而失。失者，由名分混。得者，由名分察。今亲贤而疏不肖，赏善而罚恶。贤不肖善恶之名宜在彼，亲疏赏罚之称宜属我，我之与彼，各（或作："又"，据伍非百本改）复一名，名之察者也。名贤不肖为亲疏，名善恶为赏罚。合彼我之一称而不别之，名之混者也。故曰，名称者，不可不察也。

(4) 死后之名垂

唐代刘知己著《史通》，其《自叙》云："倘使平子不出，公纪不生，将恐此书与粪土同捐，烟烬俱灭，后之识者无得而观，此予所以抚卷涟？泪尽而继之以血也。"

(5) 说文解名字

许慎在《说文解字》中为之所手的释义是"名，自命也。从夕口，夕者冥也。冥不相见，故以口自名。"这是从"名"的字形出发加以分析，把"名"看作为一个动词，表明"名"乃人的自称。我们从中可以读出"名"的基本含义和语言相关。

第七章：名利观 Fame Vision

第一讲：理无碍 Theory Stage（学习次第） 5、杂家论名

(6) 借名成不朽

对不朽之名的追求正是中国古代主流精英阶层，即所谓文人士大夫者流生活的终极目的与原动力之所在。对他们来说，个人生命的意义，即在于争取青史留名，流芳百世。也即借助"名"的获得而成为"不朽"。

(7) 名足以策善

对不朽之名的追求可以鞭策人们加强道德行为的约束，不断完善自己的道德品质。因为"名"与"善"是联系在一起的。清代刘熙载说："夫名与善相维者也，去名是去善也。君子为善，必有终身之忧，无忧是无善也。名不足以尽善，而足以策善。"

(8) 白居易诗名

白居易一生专心求永久的诗名，晚年得了风病，还伏枕作诗不止。死前将写定的诗集五本分五处收藏，其中三本分别藏于庐山东林寺、苏州南禅寺、东都圣善寺。另两本分别交付侄子白龟郎和外孙谈阁童，使各藏于家，子孙世守。希望诗名永传的用心可谓良苦。

(9) 重义与兴利

建立新型的社会主义义利观，要重视经济利益在社会发展中的重要作用，以实现共同富裕为终极目标，强调道德精神对物质利益的反作用。在现代化过程中，经济利益的追求是合理的、必要的。贵义兴利是社会发展的必然要求，利只要符合义就应该提倡。

(10) 名为驱动机

死后获得高名的人往往是生前不要利的人，所以孟子曰："好名之人，能让千乘之国。"儒家文化中虽然不乏追求超越的人生动力，但不经过转化改造，却很难直接成为推动资本主义和市场经济发展的动力。由此我们也就不难理解为什么当今一些文人知识分子薪水虽然很菲薄，却肯将节衣缩食省下的钱拿来自费出书；为什么经济利益这一似乎是万能的驱动杠杆，应用于某些文人知识分子群落时似乎不太灵便。

中华国学再造领导力
企业家高级研修班 讲义

CHAN OF CEO

企 业 禅

第七章

名 利 观

第二讲 事无碍

编讲人：强梵暢
Edited by Victor Chiang
中国北京大学宗教学系 兼任研究员
Research Fellow
Department of Religious Studies
Peking University , Beijing , China

CCEO-A7-B2-01

清華大学 领导力培训项目网
Tsinghua University Training of Leadership

第七章 名利观 总纲目

第一讲 理无碍	第二讲 事无碍	第三讲 理事无碍	第四讲 事事无碍
⬇	⬇	⬇	⬇
儒家论名 道家论名 佛家论名 杂家论名 杂家论名	儒家论利 道家论利 佛家论利 杂家论利 杂家论利	西方理想 西方学说 西方观点 西方现实 西方趋势	东方理想 东方学说 东方观点 东方现实 东方趋势

◆ *6、儒家论利*
（1）富贵以道求（2）见利要思义（3）宁为君子儒
（4）君子不违仁（5）儒家义利观（6）富贵如浮云
（7）利者义之和（8）爱财取之道
（9）民利而利之（10）治国民利重

◆ *7、道家论利*
（1）祸由不知足（2）水利物不争（3）绝圣利百倍
（4）道废有仁义（5）有为对无为（6）轻利而寡欲
（7）自然而无为（8）要顺天之道
（9）道教倡仁义（10）立天地之道

◆ *8、佛家论利*
（1）阿含论用财（2）非善非恶财（3）教教经济观
（4）聚财以正业（5）社福利事业（6）弘法的资粮
（7）无形胜有形（8）佛门现净土
（9）因缘果报财（10）重估财价值

◆ *9、杂家论利*
（1）管子论四维（2）管子心术论（3）吕氏春秋例
（4）贪污腐败史（5）靠投机取巧（6）韩非论名利
（7）爱财取之道（8）富贵与贫贱
（9）义利价值观（10）孔子论贫富

◆ *10、杂家论利*
（1）朱熹论义利（2）董仲舒论利（3）王夫之论利
（4）孟子论利义（5）孔子赞颜回（6）养真子论利
（7）养真子论利（8）养真子论利
（9）养真子论利（10）市场兼义利

第七章
第二讲事无碍

第七章：名利观 Fame Vision
第二讲：事无碍 Practical Stage（实践次第）6、儒家论利

(1) 富贵以道求

孔子也说："富而可求也，虽执鞭之士，吾亦为之。如不可求，从吾所好"（《述而篇》）。刑昺疏："言富贵不可求而得之，当修德以得之。若富贵于道可求者，虽执鞭贱职我亦为之；如不可求，则当从吾所好者，古人之道也。"

(2) 见利要思义

刘宝楠《论语正义》引孔子世家之语，说明孔子不求富贵进而从己所好为例，说道："定公五年，阳虎囚季桓子，季氏亦＿于公室，陪臣执国政，是以鲁自大夫以下，皆离正道。故孔子不仕，退而修诗书礼乐，弟子弥众，至自远方，莫不受业焉。"由此可知，孔子不仅在思想上鼓吹"见利思义"、"富贵以道得之"，在行为上更依此践行。

(3) 宁为君子儒

孔子也曾勉励弟子子夏，说道："女为君子儒，无为小人儒。"（《雍也篇》），朱熹注解："谢氏曰：君子小人之分，义与利之间而已。然所谓利者，岂必殖货财之谓，以私灭公，适己自便，凡可以害天理，皆利也。"

孔子认为君子所求之利应当以义为先、以宜为准。若以私欲为先、则又损人利己者，孔子认为该等乃为小人之儒。

(4) 君子不违仁

孔子说道："富与贵是人之所欲也，不以其道得之，不处也；贫与贱是人之所恶也，不以其道得之，不去也。君子去仁，恶乎成名？君子无终食之间违仁，造次必于是，颠沛必于是。"（《里仁篇》）

(5) 儒家义利观

董仲舒也肯定了义与利相互依存的关系："天之生人也，使人生义与利。利以养其体，义也养其心。心不得义不能乐，体不得利不能安。"他提出"正其义不谋其利，明其道不计其功"要求人们超越功利，保持道义和人格上的完满。朱熹极力宣扬"不谋利，不计功"的思想，在义与利的选择上，强调"必以仁义为先，而不以功利为急"，利永远在义后，选择义，淡化对物欲的追求，取得道德上的满足感。

第七章：名利观 Fame Vision

第二讲：事无碍 Practical Stage（实践次第）　6、儒家论利

（6）富贵如浮云

孔子所说的："饭疏食饮水，曲肱而枕之，乐亦在其中矣。不义而富且贵，于我如浮云。"（《述而篇》）。何晏集解："郑曰：'富贵而不以义者，于我如浮云，非己之有'。"朱熹注："其视不义之富贵，如浮云之无有，漠然无所动于其中也。"刘宝楠《论语正义》注："'不义而富且贵'者，谓不以其道得富贵也。'浮云者，说文：'浮，汜也。云，山川气也。'孟子谓'行一不义，杀一不辜，而得天下，孔子不为'。

（7）利者义之和

孔子曾为"利"字下注解："利者，义之和也。""利物，足以和义。"他认为"利"是在"义"调和下的产物；去做"利他"的行为，便能和于"义"的原则。

（8）爱财取之道

孟子继承孔子的义利观，发而为义利说，认为就算亲如父子兄弟，若只是"怀利以相接"，其结果就是"终去仁义……然而不亡者，未之有也。"于是"君子爱财，取之有道"成为儒家思想里的重要论点。

（9）民利而利之

孔子认为追求富贵是人的本性，"富与贵，人之所欲也"，认为君主在主持国政时应把解决人民的物质生活放在首位，他说："邦有道，贫且贱焉，耻也。"，而要"因民之利而利之"子贡问政时，他回答："足食、足兵、民信也矣。"可见孔子比较看重人民的物质生活，不过他存着"死生有命，富贵在天"的思想，并对义给予了更多的关注，故"罕言利"，对利持谨慎保守的态度。

（10）治国民利重

推崇"民为贵"的孟子，也强调人民的物质生活利益，"明君制民之产，必使仰足以事父母，俯足以蓄妻子，乐岁终身饱，凶岁免于死亡"，指出君主治国应以民利为重。

第七章：名利观 Fame Vision
第二讲：事无碍 Practical Stage（实践次第）　7、道家论利

(1) 祸由不知足

"金玉满堂，莫之能守。"（《9章》）；并且，"多藏必厚亡"（《44章》）。因此，他更强调的是"知足者富"（《32章》），认为"祸莫大于不知足"（《46章》）。所以，他主张"少私寡欲"（《29章》），反对贪得无厌的求利。老子而言，他对于"利"是强调"利而不害"（《老子•81章》），反对损人利己。他认为，"既以为人，己愈有；既以与人，己愈多。"

(2) 水利物不争

"上善若水，水利万物而不争。"（第八章）而老子在于无我无私的前提下，更是提出柔弱不争的看法，所以"后其身而身先，外其身而身存，非以其无私邪？故能成其私。"正因为不自私的付出，不计较利害得失，反而能成全自己。

(3) 绝圣利百倍

《老子》第十九章说："绝圣弃智，民利百倍；绝仁弃义，民复孝慈；绝巧弃利，盗贼无有。"

(4) 道废有仁义

《老子》第十八章说："大道废，有仁义；智慧出，有大伪；六亲不和，有孝慈；国家昏乱，有忠臣。"

(5) 有为对无为

《庄子•外篇•马蹄第九》说："纯朴不残，孰为牺樽！白玉不毁，孰为珪璋！道德不废，安取仁义！性情不离，安用礼乐！五色不乱，孰为文采！五声不乱，孰应六律！"既然仁义是大道埋没之后才出现的，说明它是有为的，是与无为的大道背道而弛的。根据道家的看法，有为不能创造无为，有为也不能与无为并存，但无为却与无不为如影随形。

第七章：名利观 Fame Vision
第二讲：事无碍 Practical Stage（实践次第） 7、道家论利

（6）轻利而寡欲

太过不仅不能长久，甚至会带来灾厄，唯有谦下容让，顺应道体，功成不居，才能长久安乐。像第四十四章"甚爱必大费，多藏必厚亡。知足不辱，知止不殆，可以长久。"四十六章"罪莫大于可欲；祸莫大于不知足，咎莫大于欲得。"都是在说明太过所造成的损害，所以应当知足，轻利寡欲。

（7）自然而无为

在个人修养上，老子抱持着"自然无为"的看法，以质朴不假装饰、天真的本性去生活，摒弃欲望与执着，不生烦恼不汲汲追求各种成败。"见素抱朴，少私寡欲。"（第十九章）老子思想不只是形而上的（道），也是形而下的（德）。

（8）要顺天之道

老子不断的提到要我们舍弃人为的造作，随顺自然的运行，这并不是说老了的道是消极无所作为的，而是在能有所为的范围内发挥本身的能力顺势去做，如道的生成与作用"万物恃之以生而不辞，功成而不有"（第三十四章），在第八十一章老子也说"天之道，利而不害；人之道，为而不争。"圣人效法天道，因其不争，实则天下莫能与之争，所以可以照见本性，了了常明。

（9）道教倡仁义

道教产生于经学盛行之世，其与道家的不同之一，就是道家反对仁义而道教则提倡之。《抱朴子•内篇•明本》说：夫道者，其为也，善自修以成务；其居也，善取人所不争；其治也，善绝祸于未起；其施也，善济物而不德；其动也，善观民以用民；其静也，善居慎而无闷。此，所以为百家之君长、仁义之祖宗也。

（10）立天地之道

道教追求的不仅仅是个人的长生久视，更为重要的，是它还有自己的社会理想，即：在人世间建立仙境，将人间变成天堂。《抱朴子•内篇•明本》说："所谓道，岂唯养生之事而已乎？《易》曰：'立天之道曰'阴'与'阳'，立地之道曰'柔'与'刚'，立人之道曰'仁'与'义'。"这就是说，在道教的体系中，养生之事是重要的，但并非仅此而已，它还要立天之道、立地之道、立人之道，这三才都纳入无为而无不为的大道之中。

第七章：名利观 Fame Vision
第二讲：事无碍 Practical Stage（实践次第） 8、佛家论利

(1) 阿含论用财

佛教不但重视一时的财富，更重视永久的财富；不但重视现世的财富，更重视来生的财富。所谓"万般带不去，唯有业随身"，因此有了财富，还要懂得规划。《阿含经》四句偈云："一施悲和敬，二储不时需，三分营生业，四分生活用。"布施如播种，要有拔济奉献的精神。布施财富则要不自苦、不自恼、不勉强、不比较、不计较，要能做到随喜、随缘、随分布施，如此才不失布施的真义。

(2) 非善非恶财

佛教对钱财的看法是"非善非恶"，佛教并不完全否定钱财，黄金是毒蛇，黄金也是弘法修道的资粮。根据经典记载，佛教的信众中不乏大富长者，如须达长者布施精舍、毗舍四事供养等，都受到佛陀的赞美。因此，佛教不能过分倡导贫苦思想，因为相互淡泊用来自我要求是道德，用来要求别人则为苛刻。

(3) 佛教经济观

至于佛教的经济来源，在过去印度佛陀时代提倡供养制度，传到中国，历代禅门提倡农林生产，到了近代太虚大师又再提倡工禅合一，现在则有基金制度；未来，以原始佛教的供养制度，结合农禅、工禅生产而发展出适合现代的经济制度，例如：果菜园林、房租田佃、生产事业、佛书出版、书画流通、佛像法物、法会油香、经忏佛事、餐饮素食、推广社教、弘法赞助、参观门票、慈善服务、安单静养、互助标会、护法委员等，则为时代发展的必然趋势。

(4) 聚财以正业

极乐世界，黄金铺地，宫殿楼阁皆为七宝所成，极尽庄严堂皇，菩萨莫不宝冠顶戴，璎珞披身，富贵无比。因此，修学佛法不一定要以穷苦为清高。佛教鼓励在家信众可以荣华富贵，可以营生聚财，但要积聚有道，要合乎八正道的正业与正命，如《杂阿含经》说："营生之业者，田种行商贾，牧牛羊同息，邸舍以求利。"只要能将本求利，勤劳赚取，无论是农牧收成，或是经商贸易、企业经营、投资生息所得等，都是佛教认可的经济营生。

(5) 社福利事业

佛教则以实际行动来推行各项社会福利事业，例如北魏的僧祇粟与僧祇户，帮助政府解决了人民的饥馑；南北朝的寺库、唐代三阶教的无尽藏院，以及历代所从事的油坊、当铺、旅店、碾矶业等，都是繁荣经济、便民利国的福利事业。

第七章：名利观 Fame Vision
第二讲：事无碍 Practical Stage（实践次第） 8、佛家论利

（6）弘法的资粮

金钱是学道的资粮，也是一切佛化事业的基础。佛学院、禅堂、念佛堂、学校、医院、电台、杂志社等，都需要金钱才能推动。所以，金钱并不完全是毒蛇，佛经所谓"净财"、"善财"、"圣财"，只要能善用金钱来弘法利生，其功德比装穷学道更大，更有意义，更有智慧。因此，学道并不一定要贫穷才是有道心；若是心里的贪欲不除，外表装出苦行的样子，也不足取法。把金钱用在造福大众的事业上，用在修学的慧命上，则钱财不是毒蛇，而是净财。

（7）无形胜有形

佛教不但重视狭义的金钱财富，尤其重视广义之财，例如：佛法、信仰、慈悲、智慧、健康、欢喜、人缘、自在、惭愧、发心、道德、人格等。这些无形的财富比有形的财富更好。佛教不但重视私有财富，尤重共有的财富，例如：道路、公园、河川等公共设施，以及花草树木、日月星辰、天地万物的生态维护，并且主张以享有代替拥有、以智慧代替金钱、以满足代替贪欲、以思想代替物质，发挥普世的观念，建设共有的胸怀。

（8）佛门现净土

财富有清净的，有染污的；有外在的，有内心的；有一时的，有永久的；有现世的，有来生的；有个人的，有共有的。大乘佛教主张个人可以清茶淡饭，所谓"三衣一钵"、"衣单二斤半"、"头陀十八物"，但是寺院团体不能不要财富。自古寺院建筑，朱檐碧瓦，雕梁画栋，富丽庄严；亭台楼阁、廊院相接，重重叠叠，幽远深邃，因此地有谓"佛门净土"，佛门其实就是一个清净庄严的世界，一个安乐富有的世界。

（9）因缘果报财

佛教对于经济的观点，首先以"因缘果报"说明财富的获得，应从培福修德、广结善缘而来。因此，寺院经济的管理人要有因果观念与常住观念，例如"有权不可管钱，管钱的没有权"；并且强调"要用智慧庄严世间，而不要用金钱来堆砌"；"要能运用财富，而不为财富所用"；反之，非法所得的财富，例如：窃取他物、违法贪污、抵赖债物、吞没寄存、欺罔共财、因便侵占、藉势苟得、经营非法、诈骗投机、赌博淫业、放高利贷等，则为佛教所不许。

（10）重估财价值

是以佛教应该重新估定经济的价值，只要是合于正业、正命的净财，应是多多益善；只要能对国家民生、对社会大众、对经济利益、对幸福快乐生活有所增益的事业，诸如农场、工厂、公司、银行等，佛教徒都应该去做。因为有钱并不可耻，贫穷才会招来罪恶。 （星云法师）

清华大学 领导力培训项目网 CCEO-A7-B2-09 Copyrights 2008 In U.S.A/China by Victor Chi...

74

第七章：名利观 Fame Vision
第二讲：事无碍 Practical Stage（实践次第）　9、杂家论利

(1) 管子论四维

《管子牧民篇》："国有四维：一维绝则倾，二维绝而危，三维绝则覆，四维绝则灭。倾可正也，危可安也，覆可起也，灭不可复错。何谓四维？一曰礼，二曰义，三曰廉，四曰耻。礼，不与踰节；义，不自进；廉，不蔽恶；耻，不从枉。故不踰节，则上位安，不自进，则民无巧诈；不蔽恶，则行自全；不从枉，则邪事不生。"

(2) 管子心术论

《管子•心术上》有这样一段说："义者，谓各处其宜也。礼者，因人之情、缘义之理而为之节文者也。故礼者，谓有理也；理也者，明分以论义之意也。故礼出乎义，义出乎理，理因乎宜者也。""礼"、"义"这些道德规范都出之于"理"，而"理"并非是最后本原，它要"因乎宜"，就是说它必须宜于事、宜于时、宜于人、宜于政，一句话，它必须符合客观实际的需要。显然，这符合唯物论的反映论，从而在本质上改造了老庄的思想，显示出积下道家积极入世的思想倾向。

(3) 吕氏春秋例

吕不韦为典型，他长袖善舞以从商，有了财富，不仅介入了秦朝政治，也介入了文史领域。悟马迁的《史记》描述他，使其门客各著所闻，集论成书，于是编成了《吕氏春秋》。此书既有儒家之言，又有道家及名、法、墨、农、阴阳各家之言，保存了先秦旧说及古代史料，全书二十六卷、十二纪、八览、六论。吕不韦后来因宫廷政治关系，下场不好。在文化史上，他却名利双收，他的行径是争利在先，猎名于后的。

(4) 贪污腐败史

从古代名利史的发展来看，自从秦始皇四年因蝗灾大疫，需钱赈灾而开例捐资纳粟可以得官以来，历代都有效法之举。到了清朝中业，捐纳成风，只要有所捐纳，乌纱帽就可戴上。做了官，他们不会放过贪污以求取回捐纳之数，更加倍趋贪以填欲壑，因而形成贪污腐败的大弊政。

(5) 靠投机取巧

自古以来，读书人想飞黄腾达，大批寄望于"书中自有黄金屋，书中自有颜如玉"的，这样的追求，毕竟是苦事，试看《儒林外史》，吴敬梓写周进和范进为功名所困扰而演出的悲喜剧，就可知道科举制度不知坑害了多少读书人。而聪明的人就不一定靠读书，却是靠投机取巧；诈骗经营，利用商业手段以达致富求名的目的。

(6) 韩非论名利

韩非认为人都好名利，以至于士为名死，民为利归。为了更好的治理国家，韩非主张统治者应该利用人们的这种追名逐利的心态，实现富国强兵。韩非的名利观虽有历史的局限性，其精华部分对现代治国理论有一定的借鉴。

(7) 爱财取之道

儒家文化中的"重义轻利"、"先义后利"思想，并不是不要利，而是强调"君子爱财，取之有道。"不单是指客观的经济规律，更包含讲求诚信，合乎社会伦理道德的意义。

(8) 富贵与贫贱

刑昺疏解：富者财多，贵者位高，此二者是人之所贪欲也。若不以其道得之，虽是人之所欲，而仁者不处也；乏财曰贫，无位曰贱，此二者是人之所嫌恶也。时有否泰，故君子履道而反贫贱，此则不以其道而得之，虽是人之所恶，而仁者不违而去之也；恶乎犹于何也，言人欲为君子，唯行仁道，乃得君子之名；造次，急遽也。颠沛，偃仆也。言君子之人世间，虽身有急遽偃仆之时，而必守于是仁道而不违去也。

(9) 义利价值观

王夫之"生以载义，生可贵；义以立生，生可舍。"人生因行义而可贵，也可为义舍去生命，是对孟子"舍生取义"精神的继承和发扬，将义的重要性提到生死的高度。儒家思想中，义占据着举重若轻的地位，对利的追求与获取，不仅要受义的制约，必要的时候，因义而要放弃利，这就是儒家重义轻利的价值取向。

(10) 孔子论贫富

孔子说："富与贵，人之所欲也，不以其道得之，不处也。贫与贱，人之所恶也，不易其道去之，不去也。"求富贵去贫贱都应以义为准绳，以义导利，以义去恶，否则将适得其反。

朱熹则注：不以其道得之，谓不当得而得之，然于富贵则不处，于贫贱则不去，君子之审富贵而安贫贱也，如此；言君子之所以为君子，以其仁也。若贪富贵而厌贫贱则自离其仁，而无君子之实矣，何所成其名乎？

第七章：名利观 Fame Vision
第二讲：事无碍 Practical Stage（实践次第）10、杂家论利

（1）朱熹论义利

到了朱熹，更是指出"利是从那义里面生出来，凡事处置得合宜，利便随之，所以'利者义之和'盖是义便兼得利"，可见儒家主张的是见利思义，以义导利，强调人的主体利益意向要与道德的价值取向一致。

（2）董仲舒论利

董仲舒要求以利导义："圣人之制民，使之有欲不得过节；使之敦朴不得无欲。无欲有欲，各得以足，而君道得矣"。这说的正是通过义的引导调节，达到义利兼得，而这正是儒家的理想境界。

（3）王夫之论利

儒家集大成者王夫之也说："出利入害，人用不生"，指出人离开物质利益就要陷入危害境地，不能充分发挥人的作用。可见在儒家义利观中，讲利与否并不是最重要的问题，义与利的关系，即二者孰轻孰重，才是义利观的核心所在。

（4）孟子论利义

彭更曾问孔子："后车数十乘，从者数百人，以传食于诸侯，不以泰乎？"孟子回答："非其道，则一箪食不可受于人；如其道，则舜受尧之天下。"可见，孟子并在乎利大利小，关键在于是否有义，有则利再大不为过，无则利再小也不能受。

（5）孔子赞颜回

儒家之于义利，一直是重义轻利。孔子赞颜回"贤哉，回也！一箪食，一瓢饮，在陋巷，人也不堪其忧回也不改其乐。"其中体现的是一种重义轻财的态度，是在贫乏的物质生活中寻求精神富足的心态，强调道德上的幸福感。儒家就是讲利也要落到义上。

第七章：名利观 Fame Vision
第二讲：事无碍 Practical Stage（实践次第） 10、杂家论利

(6) 养真子论利

天下有大害，藏于大利之中而人不知。非不知也，为利所昏也。犯法之贼犹犯病之食也，窃取时唯恐不多，败露时惟恐其不少。一物也，何前后之异若斯也？利与害相随故也。（清养真子）

(7) 养真子论利

利之为物也，无德而使人亲，无火而使人热，无权而使人不惮其劳，无情而使人一刻不忘，使学道者见之而败道，使治世者见之而枉法。自古人心国法都为利所害。（清养真子）

(8) 养真子论利

设若见利之时即思有害，则苟且之念必然可息矣！君子积德，德能润身亦能荣身，故大德者禄位名寿不求而自至；小人积财，财能养身亦能害身，故财多者忧患恐惧，欲去而不能。（清养真子）

(9) 养真子论利

学道之未得道者，皆因妄念之不绝有以障之也！妄念之不绝者皆名利之难忘有以牵之也。苟欲绝妄念，必先把名利照破而后可。名为造物之深忌；利是人情之所必争。故名利杀人甚于戈矛。（清养真子）

(10) 市场兼义利

时代发展到今天，文化和经济齐头并进，在当今市场经济的社会历史背景下，儒家义利观经过不断提炼、重组和发展，对今天的现代企业仍有很大的借鉴意义。我们应将中国传统儒家思想与现代企业的经营活动有机结合，构建义利兼顾的新型企业价值取向。这将成为构建现代企业制度理论基础的重要组成部分，成为完善现代企业制度所不可或缺的基础条件。

Thldl
领导力培训专家

清華大学

中华国学再造领导力
企业家高级研修班 讲义

CHAN OF CEO

企 业 禅

第七章

名 利 观

第三讲 理事无碍

编讲人：强梵暢
Edited by Victor Chiang
中国北京大学宗教学系 兼任研究员
Research Fellow
Department of Religious Studies
Peking University , Beijing , China

CCEO-A7-B3-01

清華大学 领导力培训项目网
Tsinghua University Training of Leadership

第七章 名利观 总纲目

第一讲 理无碍	第二讲 事无碍	第三讲 理事无碍	第四讲 事事无碍
⬇	⬇	⬇	⬇

		西方理想	
儒家论名	儒家论利	西方学说	东方理想
道家论名	道家论利	西方观点	东方学说
佛家论名	佛家论利	西方现实	东方观点
杂家论名	杂家论利	西方趋势	东方现实
杂家论名	杂家论利		东方趋势

◆ *11、西方理想*
(1) 道德情操论 (2) 亚氏国富论 (3) 社会价值观
(4) 希腊哲学家 (5) 希伯来哲学 (6) 基督教哲学
(7) 路德倡天职 (8) 韦伯的发现
(9) 新教的伦理 (10) 价值的系统

◆ *12、西方学说*
(1) 价值的标准 (2) 道德经济人 (3) 社会的精神
(4) 资本的运用 (5) 道德情操论 (6) 新教生命观
(7) 西方的名利 (8) 工作的价值
(9) 价值的因素 (10) 整合价值观

◆ *13、西方观点*
(1) 论语加算盘 (2) 萨克名利场 (3) 上帝的选民
(4) 上帝的恩宠 (5) 加尔文教徒 (6) 西方的逻辑
(7) 生存的意义 (8) 人生的意义
(9) 自然的法则 (10) 工作价值观

◆ *14、西方现状*
(1) 价值观研究 (2) 责任的生存 (3) 价值论议题
(4) 价值观阶层 (5) 研究价值观 (6) 韩国的实例
(7) 义与利冲突 (8) 研究的难题
(9) 社会的对立 (10) 西方价值观

◆ *15、西方趋势*
(1) 传统的世代 (2) 战后的复生 (3) 存在性价值
(4) 婴儿潮时代 (5) 嬉皮的年代 (6) 蓝领的出现
(7) X世代价值 (8) 资讯的时代
(9) 意识的形态 (10) 新职业结构

第七章

第三讲理事无碍

第七章：名利观 Fame Vision
第三讲：理事无碍 Judgment Stage（证成次第）11、西方思想

（1）道德情操论

早在19世纪中叶德国历史学派的经济学家就提出了所谓的「亚当•斯密问题」（「斯密难题」、「斯密悖论」），即《道德情操论》表达的利他主义和《国富论》利己主义的论述相互矛盾的问题。而自古以来，中国先秦儒家就是按照「德主刑辅」的指导思想进行国家经济管理的。

（2）亚氏国富论

事实上，亚当•斯密是西方第一个试图调和经济伦理中的「义」「利」矛盾的人。斯密在《国民财富的性质和原因的研究》（简称《国富论》）中，建立了「富国裕民的古典经济学体系；而其另一巨著《道德情操论》，则试图阐明以「公民的幸福生活」为目标的伦理思想。他希望自己能够圆满地解决经济上利己与道德上利人的矛盾。

（3）社会价值观

西方开始重视及关切工作价值观议题的脉络，其实是来自其本身社会结构、历史及工作本质之改变，并带动社会价值观的变迁开始。

（4）希腊哲学家

最早西方的古希腊哲学家认为工作是浪费民众的时间，花时间去追求真理与美德才重要，而空闲提供了到达真正与美德的媒介。

（5）希伯来哲学

之后的古希伯来哲学家虽然承继了希腊罗马的价值体系，但对工作的看法却不同，他们视工作为原罪的产物、及救赎的手段。

第七章：名利观 Fame Vision
第三讲：理事无碍 Judgment Stage（证成次第） 11、西方思想

(6) 基督教哲学

中世纪基督教则视工作为善行之途径，它累积剩余物资分享给穷人，但财富不能储藏，否则违反上帝的「贪婪之罪」（Nord et al.'1988）。

(7) 路德倡天职

到了马西路德时代，工作有了更神圣的面貌，路德提倡「天职」（calling）观念，即工作是上帝所设定的生命任务，如果有人无法接受召唤，不论是那一种工作，将被视为不道德（Nord et al.'1988）。

(8) 韦伯的发现

Weber（1930）发现这也影响了世俗的禁欲主义，认为浪费时间是不可饶恕之罪，不断努力的从事肉体或心智的劳动可以抵挡任何不纯洁生命的诱惑。故工作变成最重要的活动，因为它增加上帝的荣耀。

(9) 新教的伦理

这形成Weber对新教伦理与资本主义关系之论述基础，他认为新教伦理让勤奋工作成为神圣的目的，加上工作之后并非享乐而是禁欲的想法，使努力成果成为储蓄，如此支持了资本主义早期的发展。

(10) 价值的系统

Weber所提出的新教伦理观点成为西方传统工作价值系统的重要基础，也是西方对工作观点之根源（Nord et al.'1988）。

第七章：名利观 Fame Vision
第三讲：理事无碍 Judgment Stage（证成次第）12、西方学说

（1）价值的标准

全球化市场经济需要有起码的行为规范。在全球化中起主导作用的是国际社会共同的价值标准。美国著名经济伦理学家罗伯特•所罗门（Robert C. Solomon）认为：「资本主义成功并非因为它使人致富，而是因为它产生负责的公民和繁荣的社会。它不可能长久容忍经济活动只关注利润和粗俗，忽视传统责任、社会和整体美德。」

（2）道德经济人

市场经济推出一系列与自然经济、计划经济迥然不同的道德内容，其中最为明显的即为对效率的追求。传统伦理的良心论，可以培养「道德的经济人」，即在富有道德心、愿意共同合作、关注他人与社会的基础上，求取合理合法满足个人利益的人提供思想资源，市场经济在其理想目标上，是将人塑造成生活丰裕、精神健全的完整的人，它内在地需要人的理性观念和伦理觉醒。

（3）社会的精神

西方著名学者马克斯•韦伯在《新教伦理与资本主义精神》中，提出了一个影响深远的假设：即任何事业背后都存在某种决定该项事业发展方向和命运的无形的精神力量，而这种精神力量必有其特定的社会文化背景。

（4）资本的运用

《发现亚当斯密》这本书告诉我们，是的，这的确是我们的偏见。亚当•斯密是现代经济学之父，学过经济学的学生几乎都读过他的名句：「商人运用资本促成各自的最大利润，而市场上那只看不见的手能将人类引导至坦途。」但是在亚当•斯密写《国富论》之前，他已写就《道德情操论》，为《国富论》里的《自由贸易》加注了但书。

（5）道德情操论

在《道德情操论》里，亚当•斯密主张：「要自爱（self-love）而非自私（self-fish）」、「促成自己的利益并不需伤害到别人」、「人在为自己设想的同时，他人也能获利。」「每一个人，只要他不违反正义的原则，就可以用自己的方法，自由追求自身的利益。」

第七章：名利观 Fame Vision
第三讲：理事无碍 Judgment Stage（证成次第）12、西方学说

(6) 新教生命观

马克斯•韦伯在《新教伦理与资本主义精神》一书。他提出了一个重要论断：新教伦理对西方资本主义产生起到了重要作用。他认为「理性、克己、自制」的新教伦理的生命观为资本主义再生产和投资提供道德理由，就像一种道德外力一般，促进了资本主义活动的兴起。一个社会要想获得长期健康稳定的发展，建立一个全社会共同的价值观念，共同的社会信念，尤其是积极向上的有广泛约束力的和得到全社会大多数人认可的社会信念是至关重要的。

(7) 西方的名利

在西方人文科学中，上述二种名完全是不同学科的对象，即语言学、逻辑学和伦理学、政治学的对象。因此，如果套用西方的学科分类法，笔者认为可以将战国秦汉时期所讨论的「名」分为两大类，即伦理学政治学意义上的「名」与语言学逻辑学意义上的「名」。

(8) 工作的价值

西方开始关切工作价值观议题的，脉络与背景，其实是来自其本身社会结构、生产方式、及工作本质之改变，并带动社会价值观的变迁开始。其中较具代表性的研究包括 Blood(1969)、Super(1970)、Zytowski(1970)、Rokeach(1973)等。

(9) 价值的因素

就实际的工作价值因素来看，Lofquist与Dawis(1971)的MIQ包含成就、舒适、地位、利他主义、安全性、自主等6因素，而Ravlian与Meglino(1989)的CES则包含了成就、关心他人、诚实以及公平，细查这些价值因素，可觉察这些相当程度反映个人主义的精神、公平来自西方之正义论传统，而利他也是有利于「我」之外的他人，其实仍旧以自我为中心。

(10) 整合价值观

如同Smith(1969)以前指出价值观实证研究是「开始时已各自从不同的观点出发，……而后完全不能整合连接起来，形成一个累积性的知识领域。」看来研究取向纷歧的现象，仍未能全然解决。

第七章：名利观 Fame Vision

第三讲：理事无碍 Judgment Stage（证成次第）13、西方观点

（1）论语加算盘

企业家最喜欢读涩泽荣一的《论语加算盘》，书中强调「道德与经济」、「义与利合一」的原则，主张通过优质的产品和完善的经营管理方法，来获取正当的利益，并回报社会，积极投身社会公益事业。反对在经营中不讲信誉，不遵守协约，以至弄虚作假的行为。认为欺骗只会导致他方的报复，并将受到法律制裁。这种「义利两全」的理论，强调企业追求利润，开展竞争，应以「公利」、「国益」为前提，为社会发展和进步做出应有的贡献。

（2）萨克名利场

关于名利之途可说是不分古今中外，没有不趋奔竞之徒的。英国著名作家萨克雷写的代表作《名利场》，反映的是英国十九世纪初期英国中上层社会生活、现实情景，描写极端利己主义及道德腐化，就是以争名利的淋漓尽致而传诸后世的，那种争名逐利的虚伪人际关系，世态炎凉的悲喜形色，用以观照当今「向钱看」的社会涌现的现状，是值得反思古训的。

（3）上帝的选民

马克斯•韦伯的《新教伦理与资本主义精神》一书中曾分析了基督教中的超验追求对资本主义发展的推动作用。他指出在资本主义发展初期，信奉加尔文教的信徒们生活中有一个根本目的，就是要确证自己是否「上帝的选民」，是否得到上帝的恩宠。

（4）上帝的恩宠

这种确证和保持「恩宠状态」的超验心理激发信徒们在世俗生活中拼命工作，拼命挣钱，追求成功。因为只有那些得到上帝恩宠的人，才能获得富有与成功；因此一个人如果在世俗社会的竞争中获得了远远超出他人的成功和财富，便可证明自己是上帝的宠儿，将来死后可以进入天国。马克斯•韦伯认为这样一种人生动力推动了资本主义的发展。

（5）加尔文教徒

在加尔文教徒那里财富的积累与上帝的恩宠两者是同一的，相互之间没有矛盾。个人财富越是积累得多，越能证明上帝对自己的恩宠。

第七章：名利观 Fame Vision
第三讲：理事无碍 Judgment Stage（证成次第）13、西方观点

(6) 西方的逻辑

由于西方传统形式逻辑输入的刺激和诸子学的兴起，我国学术界的一些先驱者开始比照西方传统形式逻辑的模式，对先秦诸子，尤其是名，墨两家有关名与辨的思想予以新的诠释。通过这种诠释，中国古代的名、辨思想被认为与西方传统形式逻辑基本相同。

(7) 生存的意义

Frank的告诉我们失亦不忧，仍应积极面对逆境，努力建立一己的生存意义，当先前的生存意义不复在时，也不必心死或悲哀，能马上给自己换一个新的生存意义也是一种平常心。

(8) 人生的意义

人生的事不是事事都是你喜欢做的，有些是你不喜欢做但因为责任使然而必须做，在环境变迁时，要接受变迁，要寻找和适应新的责任，乃人生的意义。

(9) 自然的法则

换言之，支配客观世界的判准，是自然律则；反之，主观世界则是以价值为判准（陈秉璋与陈信木，1990），哲学家另辟了客观世界与自然律以外的研究范畴。而价值论发展的过程，出现了价值究竟是主观的（Meinong、Perry等）、客观的（Scheler、Hartman等）、或是情境的（Frondixi），而争论的核心在于价值是主观的，因人、因情境而异，抑或是客观的、普遍的、先验的，不因历史情境而变化。后来社会科学者开始关注并进行价值观的研究，其实已经预设价值观是主体之属性，只是主体为个人或社会而已。

(10) 工作价值观

虽然多数的工作价值观研究都倾向与态度相关，但Dose(1997)认为伦理(ethics)也是价值系统。因为伦理涉及关于判断何为好、坏或道德责任的准则，指是的何种价值与行动「应该」选取的规定（Donaldson & Dunfee，1994），所以应与价值观关联甚密，也有研究者开始将两者并列（Kahn，1990）。

第七章：名利观 Fame Vision
第三讲：理事无碍 Judgment Stage（证成次第） **14、西方现状**

(1) 价值观研究

在社会科学对于价值观的研究仍存在许多争论的问题。包括价值观是指个人「可欲的」（the desirable，或值得的、重要的等），还是说个人「想要的」（the desired，或偏好的、兴趣的等），而价值观究竟是包含认知、情感、行为意向等哪些层面？价值观所包含的内涵究竟是哪些，如何确知已经完整或已涵盖重要部分？价值观虽被同意为抽象性、普遍性的概念，但在操作层次上，究竟应定位于怎样的抽象层次（Braithwaite与Scott，1990）。

(2) 责任的生存

一位西方学者Viktor Frank（1905-1997，奥地利人，心理学家），Frank 对失的悲凄是短暂是，面对逆境以积极的生存意义处之，他本身就是一个临床典范，他否定享乐主义、报仇及逃避，认为皆非健康的生存意义。他曾批评：「美国在东岸有个自由神像，在西岸应该有个责任神像statue of responsibility。」是说美国过于强调自由，却忽视了同时强调责任，可见他看责任对生存意义的重要性，人生必须有责任其生存才有意义。

(3) 价值论议题

价值观的研究一般属于心理学、社会学的范畴，但其实在这两类学者之前更早关注价值议题的是哲学家。价值论（axiology）从Lotze开始，他企图跳脱认识论之难题「我们的理智是否能认识真理？」（洪瑞斌1998）。

(4) 价值观阶层

但Rokeach（1973）的想法并非完全没问题，譬如价值观的阶层性是否存在，不同价值间能否比较（Kitwood & Smithers，1975；李柏英，2002），价值观也难以区分为「手段、目的价值」二者（Kluckhohn,1951；Schwartz，1992）。Rokeach(1973)的努力虽有重要贡献，但是从Braithwaite与Scott(1990)评述相关量表，依然可见价值观构念的多元观点，缺乏共识。

(5) 研究价值观

时至今日，工作价值观研究还在增加，学者的兴趣有增无减，而且是国内外皆然，这应是因为进入后工业社会（Castells，2000）时代，多元与变化成为常态，以及全球化的趋势中，文化冲击与变化太过与快速、社会与个人往往感觉无可依循，使得此议题仍持续受到重视。

第七章：名利观 Fame Vision
第三讲：理事无碍 Judgment Stage（证成次第）14、西方现状

(6) 韩国的实例

如不能够引导科研工作者们用正确的方法、通过正确的途径去追求名利，于是有些科研工作者会舍本逐末，采取某些不正当、不道德的方法追求名利，结果酿成了所谓的科学道德问题。例如，日前，韩国正式决定撤销黄禹锡的「最高科学家」称号，「最高科学家」评审委负责人称，黄禹锡2004年发表在《科学》杂志上的论文出自造假，他愧对「最高科学家」这一殊荣的事实已确定无疑，因此决定撤销他的称号。

(7) 义与利冲突

科技一再进步，义与利的冲突却一刻不曾稍减。在全球化浪潮来袭的今日，穷与富、落后与进步、经济发展与社会福利，已成为各个国家必须且必要面对的课题。

(8) 研究的难题

由于价值观本身关于抽象、普遍性的概念，所以相当不容易理解与掌握，而先前学者往往对于价值观概念的看法不一，缺乏共识，Braithwaite与Scott(1990)也提到由于定义以及理论上的分歧及在进行实证研究的若干问题，使价值观研究之发展受到阻碍。

(9) 社会的对立

外随着资本主义的发展，反映此社会整体的二个对立面力量也相应而生，就是科技理性主义与人本主义，也是资本主义得以继续演进的动力、当资本、科技发展极致产生严重疏离时，就会产生反动的人本主义力量，但两者都还是西方个人主义精神下产物。

(10) 西方价值观

可以从美国的社会脉络与价值变迁的轨迹，找出以美国为代表的西方社会其工作价值观背后的核心精神。西方文明之新教伦理精神是西方传统价值的源头，也是努力、保守的精神，但更重要的是，它也带着西方「个人主义」的精神传统。而后整个历史潮流往资本主义与物质文明发展，传统的新教价值还协助了初期的资本主义发展(Weber，1930)，但资本主义顺利扎根、发展，传统新教伦理的禁欲精神也就消失，取代的是资本主义的物质及享乐主义。

第七章：名利观 Fame Vision
第三讲：理事无碍 Judgment Stage（证成次第）15、西方趋势

(1) 传统的世代

美国的社会历史脉络，Robbins (1996)认为在1940到1950末，美国职场主要价值是新教伦理阶段，所以一般工作者依然抱持新教工作伦理，是保守而勤奋的。此时工作者属于「传统世代」（Smola & Sutton，2002）。

(2) 战后的复生

他们经历了二次世界大战后，处于经济重新复生的阶段。而此一阶段应是后农业社会及工业社会前期，因为整体就业结构是农业大幅缩减，制造业大幅增加（Castells，2000），但此时的经济与工作条件是差的（Nord et al.'1998）。

(3) 存在性价值

在新教伦理阶段之后，接着是1960到1970中的「存在性价值」阶段，及1970中到1980末「实用主义」。Robbins（1996）认为存在性价值注重的是生活品质、不顺从的、寻求自主、忠于自己；而实用主义则是强调成功、成就、抱负、努力工作，对生涯忠诚等。

(4) 婴儿潮时代

此时间进入职场的人应属于「婴儿潮」（Baby Boomers），而此时期的美国正经过越战、民权法案、水门案、性解放等等，此一世代因为目睹政治、经济领导人的弱点，所以他们缺乏对权威与体制的尊重及忠诚，但他们追求更好的生活与照顾家庭（Smola & Sutton，2002）。

(5) 嬉皮的年代

1960年代也是美国的嬉皮年代，是反战、反权威体制、反物质主义的，也是追求人本主义与理想的激进社会改革实验（Tulgan，1996），而年轻人在职场中则不断反抗（Nord et al.'1998）

第七章：名利观 Fame Vision
第三讲：理事无碍 Judgment Stage（证成次第）15、西方趋势

(6) 蓝领的出现

1970年代则出现转折，经济出现严重通货膨胀，谋生变成艰难，婴儿潮世代变得实际，他们重新拥抱休制与现实（Tulgan，1996）。另外就业结构上也出现了变化，因经济的好转，工作条件提升；白领、管理、专业阶层的快速增加，产生不同于蓝领劳工的工作本质（Nord et al.'1998）。如此也使得工作开始强调自主、人本、自我实现等。

(7) X世代价值

1990之后，美国职场主要价值其称之为「X世代」，他们强调的价值是弹性、工作满足、休闲时间、对关系忠诚等（Robbins，1996）。

(8) 资讯的时代

此时正式进入资讯社会或后工业社会，资讯化职业、服务业相对增加而多样化。组织结构也发生剧烈变化，包括全球化、缩减规模、外包、境外投资等，使工作本质又变成「弹性工作」的趋势，而全职、职务清楚、终身雇用的传统工作形态逐渐没落了（Castells，2000）。

(9) 意识的形态

另外Nord，Brief，Atieh，& Doherty(1998)则从历史分析与批判观点提醒我们过去工作价值观研究存在非历史取向、忽略文化特殊性、及潜藏背后的意识形态等问题。

(10) 新职业结构

职业结构与工作本质的改变，也使工作者更加强调弹性、多元、知识与创新、自我表达、重视休闲等等。（洪瑞斌、刘兆明：工作价值观研究）

Thldl
领导力提升专家

清華大學

中华国学再造领导力
企业家高级研修班 讲义

CHAN OF CEO

企 业 禅

第七章

名 利 观

第四讲 事事无碍

编讲人：强梵暢
Edited by Victor Chiang
中国北京大学宗教学系 兼任研究员
Research Fellow
Department of Religious Studies
Peking University , Beijing , China

清華大學 领导力培训项目网
Tsinghua University Training of Leadership

CCEO-A7-B4-01

第七章 名利观 总纲目

第一讲 理无碍	第二讲 事无碍	第三讲 理事无碍	第四讲 事事无碍
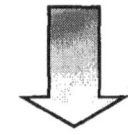			
儒家论名 道家论名 佛家论名 杂家论名 杂家论名	儒家论利 道家论利 佛家论利 杂家论利 杂家论利	西方理想 西方学说 西方观点 西方现实 西方趋势	东方理想 东方学说 东方观点 东方现实 东方趋势

◆ **_16、东方理想_**
（1）老子尚自然（2）庄子尚常然（3）老子返朴论
（4）庄子更归真（5）庄子批仁义（6）儒家富而仁
（7）儒家兼天下（8）儒家义利观
（9）儒家统义利（10）儒家德治观

◆ **_17、东方学说_**
（1）儒家仁义观（2）儒家价值观（3）韩愈论仁道
（4）孟子论修练（5）儒家义为本（6）儒家义利辨
（7）孔子论成人（8）孔子论仁方
（9）孟子论义气（10）儒家论道义

◆ **_18、东方观点_**
（1）儒家重伦理（2）道家重无为（3）道家宇宙论
（4）墨家重基本（5）法家重法制（6）儒家论治民
（7）中国名思想（8）老子论无知
（9）老子论守真（10）儒家论诚信

◆ **_19、东方现状_**
（1）名利的问题（2）要根本作起（3）功名有虚实
（4）现代市场观（5）现代价值观（6）批唯利是图
（7）信仰远目标（8）控制己物欲
（9）不计较名利（10）名利淡如水

◆ **_20、东方趋势_**
（1）近代的儒商（2）言商仍向儒（3）商利与国利
（4）清末利权观（5）新商仍重义（6）唯利是图论
（7）新商投机观（8）新商价值观
（9）新商义利观（10）成功的标准

第七章：名利观 Fame Vision
第四讲：事事无碍 Successful Stage（圆满次第） 16、东方理想

(1) 老子尚自然

老子说："人法地，地法天，天法道，道法自然？"所谓"法自然"，就是主张以自然为法。老子说："我无为而民自化，我好静而民自正。"老子还说："生而不有，为而不恃，长而不宰，是谓玄德"。

(2) 庄子尚常然

《庄子》曾把"自然"称之为"常然"，他说："天下有常然，常然者，曲者不以鉤，直者不以绳，圆者不以规，方者不以矩，附离不以胶漆，约束不以绳索。故天下诱然皆生而不知其所以生，同焉皆得而不知其所以得？"万物化生所经历的自然而然的过程，也是社会文明进步（包括道德进化）自然而然的发展过程，其中没有任何人为的雕凿与塑造。

(3) 老子返朴论

老子说："失道而后德，失德而后仁，失仁而后义，失义而后礼，夫礼者，忠信之薄而乱之首。"所以老子主张"执古之道，以御今之一有"，就是主张运用古道来治理今天的现实。其方法就是"返朴归真"。所谓"返朴归真"，就是主张运用"复归"的方法，使人类道德回复到远古时代朴实纯真的状态。为此，老子多次强调"复归"。在第二十八章说："复归于婴儿"、"复归于无极"、"复归于朴"。所以"复归于婴儿"，就是回归到婴儿朴实纯真的状态。在老子看来，婴儿是天真无邪的，他没有任何虚伪造作，人类的道德如果能回归到婴儿的淳朴，那就是最理想的了。

(4) 庄子更归真

庄子继承并发挥了老子的返朴归真思想。他明确认为"至德之世"的人们，"同乎无智，其德不离；同乎无欲，是谓素朴，素朴而民性得矣。"又说："古之人，在混芒之中，与一世而得淡漠焉。当是时也，阴阳和静，鬼神不扰，四时得节，万物不伤，群生不夭，人虽有知，无所用之，此之谓至一。当是时也，莫之为而常自然。逮德下衰，及燧人、伏羲始为天下，是故顺而不一。德又下衰，及神农、黄帝始为天下，是故安而不顺。德又下衰，又唐、虞如为天下，与治化之流，淳散朴，离道以善，险德以行，然后去性而从于心。心与心识知，而不足以定天下，然后附之文，益之以博。文灭质，博溺心，然后民始惑乱，无以反其性而复其初。"

(5) 庄子批仁义

在庄子看来，古代淳厚朴实之德，最真实地体现了"民性"，到后来由于"兴治化之流"导致"淳散朴，离道以善，险德以行"，使本质纯朴的民性逐步丧失。庄子抨击说："残朴以为器，工匠之罪也；毁道德以为仁义，圣人之过也"，为此，庄子明确主张"既雕既琢，复归于朴。"指在"反其性情而复其初"。

第七章：名利观 Fame Vision
第四讲：事事无碍 Successful Stage（圆满次第） 16、东方理想

(6) 儒家富而仁

孔子的《论语》在伦理学说的基础上，描绘了治国安邦方略，包括对于经济活动的原则性对策。儒家围绕人学、伦理中心问题，在人与人之间、个人与家庭、个人与社会之间的伦理关系上，提出了"修身、齐家、治国、平天下"的社会理想，以此做指导，进行经济活动，主要"以义导利"、"以义制利"、"义利双行""君子爱财，取之有道"的经济伦理模式，争取实现"富而仁"的境界

(7) 儒家兼天下

深受儒家学说熏陶的志士仁人们又"义之所在，不倾于权，不顾其利"的"兼济天下"的人生追求，体现了对社会深切关注的入世精神。对于经济活动与道德伦理之间的关系，儒家的义利观也做出了价值判断。孔子"饭蔬食饮水，曲肱而枕之，乐亦在其中矣"，体现了对物质享受的淡泊对精神享受的追求，避免因对金钱物质的过分追求而导致的人的异化。就算是"君子爱财"，也要"取之有道"，这对社会正常经济秩序的稳定无疑有良好的约束作用。

(8) 儒家义利观

义利关系是先秦儒家中的一对重要范畴。义与利总是联系在一起，即言"利"必谈"义"，言"义"又不得不涉及"利"。"利"即利益、功效，其对立面是"害"或"弊"，本意和"义"是一致的，所以《易·乾文言》说："利者，义之和也。"而"义"字，儒家主要解释为道德规范，在"义"与"利"的关系……

(9) 儒家统义利

在儒家看来，人类社会的管理活动特别要重视价值认识上的"见利思义"，行为准则上的"取之有义"，实际效果上的"先义后利"以及价值评判上的"重义轻利"等。儒家倡导"重义轻利"、"见利思义"、"义利统一"的思想，对处于市场经济社会中的现代企业，具有重要的借鉴意义。

(10) 儒家德治观

儒家义利观自始至终都认为"义以为上"，将道义价值的实现看得高于一切，他们都认为追求利是人的本性，但义高于利，义是人们更高层次的追求。使求义成为求利的最终目的，最终达到社会的和谐。进而，儒家提出了德治观，认为这是人伦修养之本、治国安邦之基、经世济民之根。虽然儒家倡导德治，但并未完全抹杀法治的功能，也并非全然要用德治代替法律规范。甚至还提出呆德法并用，宽猛相济。荀子认为"法者，治之端也"，不仅公开谈法，而且肯定了法治的重要作用。

第七章：名利观 Fame Vision
第四讲：事事无碍 Successful Stage（圆满次第） 17、东方学说

(1) 儒家仁义观

仁义是儒家学说的核心所在，同时也是儒家心性论的关键所在：能否做到仁义，这实际上决定着一个人能否成为圣贤。孟子说：欲贵者，人之同心也。人有贵于己者，弗思耳。人之所贵者，非良贵也。赵孟之所贵，赵孟能贱之。

(2) 儒家价值观

传统儒家的内圣之学，近于西方的道德哲学、伦理学，是探讨道德价值的最终根源及个人道德修养的学问，而依传统的观点，道德的终极根源在人的道德本心，儒者反对一切以本心以外的事物作为道德的最后来源，当中，特别反对以利益来作为道德的基础，这便是儒者所讲的"义利之辨"。这种观点，可说由孔子开其端，他说："君子喻于义，小人喻于利。"《论语》到孟子的时候，亦说："王何必曰利？亦有仁义而已矣。"《孟子》到汉代，董仲舒更将这种观点概括为："正其谊不谋其利，明其道不计其功。"《春秋繁露》

(3) 韩愈论仁道

儒家的韩愈认为："仁与义为定名，道与德为虚位。"事实正是如此，在儒家，道德是抽象的，其所有的道德实践都是围绕仁义的修炼而展开的，离开了仁义就没有儒家的道德。对此，道家、道教所持的态度可谓截然不同：道家坚决反对仁义，而道教则强调仁义是长生的必要条件。

(4) 孟子论修练

正是因为"居仁由义"而"大人之事备"，孟子才主张"穷不失义，达不离道。……穷则独善其身，达则兼善天下。"这是儒家的主张，更是儒家的心性修炼原则，任何离开了仁义的心性修炼都不是儒家的修炼。

(5) 儒家义为本

在儒家看来，义是最大的利，没有义就没有真正的利。《周易•乾卦》说："利者，义之和也。"《左传•昭公三十一年》说："君子：动则思礼，行则思义，不为利回，不为义疚。"对于《周易》的说法，唐代孔颖达的疏文是："天能利益庶物，使物各得其宜而和同也。"

第七章：名利观 Fame Vision

第四讲：事事无碍 Successful Stage（圆满次第）　17、东方学说

(6) 儒家义利辨

儒家"义利之辨"，始于孔子。《中庸》记："义者，宜也。"（《右十九章》）。《论语·里仁篇》中首先提示义利对应的观点，孔子说："君子喻于义，小人喻于利"。（《里仁篇》）刑昺疏："喻，晓也，君子则晓于仁义，小人则晓于财利"。朱熹注："义者，天理之所宜。利者，人情之所欲。"朱子又引程子所云："君子之于义，犹小人之于利也。唯其深喻，是以笃好。"清刘宝楠《论语正义》则据训诂及考据注解。

(7) 孔子论成人

子路问"成人"，孔子答："若臧武仲之知，公绰之不欲，卞庄子之勇，冉求之艺，文之以礼乐，亦可以为成人矣。"曰："今之成人者何必然？见利思义，见危授命，久要不忘平生之言，亦可以为成人矣"（《宪问篇》）。朱熹注："成人，犹言全人。"关于"见利思义"的说解，何晏集解："马曰：'义然后取不苟得'。"刑昺疏："见财利，思合义然后取之。"刘宝楠《论语正义》则引经文加以说明："曲解：'临财毋苟得，临难毋苟免'案：此皆谓忠信之人也，虽未文以礼乐，亦可次于成人。"

(8) 孔子论仁方

《论语·雍也第六》说："夫仁者，己欲立而立人，己欲达而达人。能近取譬，可谓仁之方也已。"又说："仁者，先难而后获，可谓'仁'矣。"这说明，在儒家，仁指的是"先难而后获"、"己欲立而立人，己欲达而达人"的思想和行为。

(9) 孟子论义气

孟子说：其为气也，至大至刚，以直养而无害，则塞于天地之间。其为气也，配义与道；无是，馁也。是集义所生者，非义袭而取之也。行有不慊于心，则馁矣。我故曰："告子未尝知义。"以其外之也。

(10) 儒家论道义

赵岐的注释是："义谓仁义，可以立德之本也。"《礼记·祭统》说："夫义者，所以济志也，诸德之发也。"《淮南子·齐俗》说："义者，所以合君臣、父子、兄弟、夫妻、朋友之际也。"可见，儒家的"义"指的是正当的符合儒家所追求的做人标准的行为。

第七章：名利观 Fame Vision

第四讲：事事无碍 Successful Stage（圆满次第） 18、东方观点

(1) 儒家重伦理

儒家重视用伦理道德统摄、主导经济利益，主张合义之利则取之，悖义之利则舍之。在儒家看来，以利害义、见利忘义是道德人格的毁灭。在义利之间发生矛盾，鱼与熊掌不可兼得时，就要为义而利，牺牲利益以至生命。

(2) 道家重无为

道家的思想更多地体现了隐逸者的心态，以自然无为、清净自正的思想和行为为根本宗旨，漠视、甚至鄙视世俗功利，主张放弃名利，远离物欲，在小国寡民的原始状态中逍遥自在、淳朴自然地生活。从这种理想境界出发，道家反对贵货敛财、奢侈享乐，也反对抽象的仁义说教。

(3) 道家宇宙论

徐复观《中国人性论史》："老学的动机与目的，并不在于宇宙论的建立，而依然是由人生的要求，逐步向上推求，推求到作为宇宙根源的处所，以作为人生安顿之地。因此，道家的宇宙论，可以说是他的人生哲学的副产物。"

(4) 墨家重基本

墨家代表了下层手工劳动者的愿望和利益，对人的基本利益持充分肯定的态度。在他们看来，义与利之间有着内在的联系，不能截然分割，人与人之间的道德关系和利益关系应当是平等的和交互的，要相互仁爱，互利互惠。墨家反对私利，也不主张单向的利人，而提倡把利己同利国、利公、利人有机结合起来。这种互利思想至今仍有其积极意义，因为公私之间、人我之间只有相济相顾，互利互惠，才能保证群体生活的良性运作。

(5) 法家重法制

法家不重"义"而重"利"，推行以法治利的管理方式。法家讲的"利"主要是政治功利及附于政治体制的经济实利。法家认为，只有发展经济，才能使国强民富，天下太平。而要达到国强民富的目的，就必须"明法审令"，实行法制，以法为师，以法为本，以法为教。法家主张以法令规定经济关系中的主体责任和权利义务，并通过法令的强制性调控来实现物质利益的分配。所谓"劝之以赏赐，纠之以刑罚"（《国语·齐语》），就是以物质刺激的办法鼓励人们耕战立功，用刑事惩罚的手段处理各种犯罪活动。这无疑体现了人类早期经济管理活动中的法制思想。

第七章：名利观 Fame Vision
第四讲：事事无碍 Successful Stage（圆满次第） 18、东方观点

(6) 儒家论治民

刘宝楠《论语正义》则引春秋繁露仁义法篇说道：

孔子谓冉子曰："治民者，先富之，而后加教。"语樊迟曰："治身者，先难后获。"以此之谓治身之与治民，所先后者不同焉矣。诗云："饮之食之，教之诲之。"先饮食而后教诲，谓治人也，又曰："坎坎伐辐，彼君子兮，不素餐兮。"先其事，后其食，谓治身也。

(7) 中国名思想

关于中国古代法思想的研究虽然很多，但很少以"名"思想研究为前奏或切入口。因此，某种程度上可以这样说，要研究中国古代的法思想，同时有必要研究与其密切相关的"名"思想。从"名"思想研究出发，或许是解析中国古代"法"之特性的一条有效途径。

(8) 老子论无知

《老子·道德经》中首先出现"无知"两字的是第三章："不上贤，使民不争；不贵难得之货，使民不为盗；不见可欲，使民不乱。是以圣人之治也！虚其心，实其腹，弱其志，强其骨。恒使民无知无欲也，使夫知者，不敢为，而已；则无不治矣！"所谓"无知"，不是指无知无识，而是指没有争夺名利权位的聪明才智。

(9) 老子论守真

老子思想的运用与影响广泛，大多都不脱守真、寡欲、绝巧、致虚等四点，顺天道而行，而不妄作，其思想甚至遍及到政治、经济、宗教、艺术、习俗等，可见老子思想的哲学性是可以并无所不现的。清静为本，虚无为常。道的体用在日常生活中循环往复，而万物也才得以顺势生长与生化。

(10) 儒家论诚信

在儒家文化中，义利结合的体现之一就是诚实守信。"信"是诚实不欺，恪守信用。儒家文化历来把诚信作为商业道德的重要规范。在中国，自古就有"童叟无欺"的商业信条。香港著名的企业家李嘉诚先生曾说："一个企业的开始意味着一个良好信誉的开始，有了信誉，自然有了财路，这是必须具备的商业道德。"诚实守信，就是要求企业必须做到诚实经营，不恶意拖欠。

第七章：名利观 Fame Vision

第四讲：事事无碍 Successful Stage（圆满次第） 19、东方现状

(1) 名利的问题

人活在世上，无论贫富贵贱，穷达逆顺，都要和名利打交道。名可以带来利，利可以带来烦恼，过重的名利思想更会给人带来无穷的烦恼。因此，树立正确的名利观，对我们每一个人来说都是十分必要的。要树立正确的名利观，就要信仰至上、淡泊名利、控制物欲。

(2) 要根本作起

要淡泊名利，无私奉献，必须从根本入手，控制住自己的物欲。一个人的物欲越强，他的名利思想也就越强。所以，应该淡泊功名利禄，心情舒畅了，烦恼减少了，才能以全部的身心投入到工作中去，让自己的生活、工作、学习都会多些快乐、少些烦恼。

(3) 功名有虚实

有些人很可能名过其实，甚至根本名不副实。古代一些文人时常把"功名"二字放在嘴上，其实所好者只在"名"，功不功倒无所谓。因而难免有"虚名""伪名"存在。刘熙载曰："好名之甚必作伪"，求名之人，尤其是那些只求眼前之名、当世之名的人，因求名心切而作伪的，古往今来代不乏人。

(4) 现代市场观

现代社会为诸子百家"舍长取短"开辟了道路。传统文化的现代转生，不是采用"一家之言"，而是博采诸家，舍短取长，以实现多元互补和多维整合。事实上，儒道墨法四家的价值观处于不同的方位和级次，经分剥整合，能够形成系统功能意义上的对立互补机制，从而对现代市场经济起到价值导引和思想滋养作用。

(5) 现代价值观

在商品经济背景下，利益关系在人际关系中的比例空前增大，人际关系的功利意识明显突现，这就使本来丰富多彩的人际关系容易简化为单调的金钱关系、交易关系。重财轻德、见利忘义的倾向使社会道德滑坡。金钱、物质及权力崇拜之风兴起，竞奢弄富，挥霍浪费等现象严重。儒道墨法四家，从不同的维度切入认识义利问题，可以为商品经济的运作提供全方位的价值准则，负起"补药"和"解药"的双重职能。

第七章：名利观 Fame Vision
第四讲：事事无碍 Successful Stage（圆满次第） 19、东方现状

(6) 批唯利是图

我们在批判否定唯利是图，不择手段追求功名权位的价值观的同时，应当充分肯定那些把自身命运与国家民族的命运紧密地联系在一起，通过正当途径和手段追求个人人生价值的实现，力图建功立业，改造自然和社会的高尚的名利观。具有正当高尚名利观的人，他们本身的高尚持久的信念和奋斗的历程就是一种积极进取的人生态度，而且他们的业绩推动是历史的进步和社会的完善。

(7) 信仰远目标

人生总会有所追求，一个人如果心中没有远大的目标，势必就会看重眼前的名利。要淡泊名利，无私奉献，总要有肯于为之奉献、为之牺牲的东西。近年来，有的人之所以看重名利，计较得失，并不是因为物质生活上更需要，或者因为荣誉感一下变强了，而恰恰在于对信仰动摇了，理想淡漠了。失去了远大的目标，自然就会看重眼前的名利。

(8) 控制己物欲

名利本身并不是人生追求的最终目的，追求名利主要还是为了满足欲望。因此，要淡泊名利，无私奉献，必须从根本入手，控制住自己的物欲。俗话说："世上莫如人欲险。"如果抵御不了这种诱惑，总想高消费，过上等人的生活，而靠现有条件又满足不了，那就必然会去争，甚至有可能走上违法犯罪的道路。一个人的物欲越强，他的名利思想也就越强。

(9) 不计较名利

不少人张口的真实心态，有时并不是计较一职半级，也不是缺几十块钱，而是出于同他人比较后产生的挫折感、失落感、不公平感。因此，要想淡泊名利，就必须学会正确比较，所谓的正确比较就是：在工作上向标准最高的人看齐，生活上向标准最低的人看齐。

(10) 名利淡如水

以前，绝大多数人看名利淡如水，视事业重如山。而现在，有些人则对个人名利看得相当重要。一些单位人际关系紧张，说到底还是名利问题引起的。有些人平时也认为应该把名利看得淡一些，可是一旦到了调职调级、立功的时候，往往是"看得破、忍不过；想得到，做不来。"于是，忍不住还要去争一争。有时，忍住了，但心里仍感觉不平衡。

第七章：名利观 Fame Vision
第四讲：事事无碍 Successful Stage（圆满次第） 20、东方趋势

（1）近代的儒商

近代中国的第一代新兴商人大多又是自幼受传统儒学的教育与熏陶，在思想深处对传统伦理仍然抱着一种崇尚的心理。即使有些商人在从商之前未曾应试科举，但也同样自幼饱受传统儒学教育。可以说，以张謇、经元善为代表的晚清中国第一代新兴商人当中，有不少都称得上是典型的儒商。

（2）言商仍向儒

自称"言商仍向儒"的张謇，他创办实业的目的确实不单纯是为了求利，而是为了富国致强的大义；他也不止于创办实业，同时还毕生致力于办教育和地方自治以及慈善和社会公益事业等，并且在各个方面都取得了引人瞩目的成就。

（3）商利与国利

近代商人不仅对义已有新的认识，而且对利之得失也有新的理解。传统的利当然只是指个人经济方面的得失，并不关涉国家、民族或其他各种非经济因素。在近代，利的这一含义应该说本身并无什么变化，但却有不少商人将自身经济利益的得失与国家的存亡绝续联在了一起。他们意识到随着主权的丧失，国家的灭亡，商人之利也无法得到保障，即所谓"皮之不存，毛将焉附？"故利之所系，很大程度上在于维护国家主权。

（4）清末利权观

清末的"利权"所指，关乎国家经济命脉的铁路与矿山的修建与开采权掌握在谁的手中。它既与国计民生紧密相联，也与商人的经济利益息息相关。考察有关史实，可知商界中有不少有识之士充分意识到利权的得与失不仅涉及国家主权，而且与自身一己之私利紧密相联，商人当然不能置身运动之外，而应积极投身其间。

（5）新商仍重义

晚清时期的中国第一代新兴商人大多数虽然重义，但他们所追求的义，除了一部分属于儒家伦理中的传统内容之外，更多的则是注入了近代的新内容。在许多爱国的近代商人看来，最大的义已不是恪守封建伦理道德，而在于通过发展工商实业，为救亡图存、富国利民尽自己的一份力量。所以，不能简单地认为近代商人仅仅只是保持和维护传统的义利之说，而应结合时代的变迁对近代商人的义利观给予新的认知。

第七章：名利观 Fame Vision
第四讲：事事无碍 Successful Stage（圆满次第） 20、东方趋势

（6）唯利是图论

近代中国的第二代新式商人，幼年时一般都不再以接受传统儒学教育为主，而是接受新式教育，甚至在国外留学，完全受西方资本主义的教育与熏陶。因此，他们的义利观也与西方的商人更为接近。近代中国第二代新式商人中的许多人也开始摆脱传统儒学中所谓义的束缚，直截了当地将追求利润视作自己的奋斗目标。这对近代中国的商人而言，称得上是一个非常重要的发展变化。

（7）新商投机观

就近代中国商人而言，虽有一部分人不择手段、不顾名节地疯狂求利，以至采取欺诈投机和坑蒙拐骗的方式，而且将国家和民族大义也完全置于脑后，一心只想获取巨额利润，但大多数商人并非如此。换言之，近代中国的大多数商人，无论是观念上还是行动上，对利的认识与追求仍不能简单地与近代中西方资本主义国家的商人同日而语。

（8）新商价值观

在中国长期的传统封建社会中，甚至在近代早期阶段，商人的名誉和地位不仅仅与其财富的多寡相联系，更重要的是取决于其在"义"这方面的建树，由此商人不得不义利兼顾。而在新的历史条件下，随着社会价值观的改变，财富被视为名誉和地位的象征，利润更是成功的唯一标志。因此，传统的义利观逐渐失去了以往所固有的强大影响力，也使商人敢于公开言利求富。

（9）新商义利观

近代中国商人的义利观虽随着时代的发展而不断深化，其趋势是对利润的追求日益强烈，不再像过去那样时时受到束缚和限制，对利润的孜孜以求，并不意味着近代中国的商人都已经对义弃如敝屣，实际上不少商人仍然对义较为重视，尤其是在面临国家和民族生死存亡的大义时，有些工商巨子也依旧表现出炽热的爱国之情，并在行动上作出牺牲自己的经济利益而致力于救国救亡的义无反顾举。

（10）成功的标准

近代中国的第二代新式商人则明显不同。他们不再有这种自惭形秽的感觉，而且以取得利润的多少作为事业成功的标准。不仅如此，即使是那些以不正当的手段和方法攫取巨额利润的商人，只要能够达到腰缠万贯的程度，就可以享受很高的名誉和地位，这也表明当时的社会已不再看重传统的义利观，只是以利润和财富作为新的衡量标准。这在重义轻利的传统社会中是不可想象的，但在当时以财富作为名誉和地位象征的历史条件下却似乎是很自豪。

中华国学再造领导力
企业家高级研修班 讲义

CHAN OF CEO

企 业 禅

第八章

福 德 观

第一讲 理无碍

编讲人：强梵暢
Edited by Victor Chiang
中国北京大学宗教学系 兼任研究员
Research Fellow
Department of Religious Studies
Peking University, Beijing, China

CCEO-A8-B1-01

Tsinghua University Training of Leadership

第八章 福德观 总纲目

第一讲
理无碍

第二讲
事无碍

第三讲
理事无碍

第四讲
事事无碍

第一讲 理无碍	第二讲 事无碍	第三讲 理事无碍	第四讲 事事无碍
因缘观念	消灾观念	善恶观念	生死观念
业力观念	积福观念	平等观念	正邪观念
因果观念	利他观念	情执观念	罪福观念
轮回观念	随缘观念	我执观念	苦乐观念
中道观念	感恩观念	法执观念	迷悟观念

◆ **1、因缘观念**
（1）佛缘起思想（2）诸法从缘生（3）大乘缘修法
（4）般若缘起法（5）中观缘起法（6）佛说因缘法
（7）外因缘相应（8）内因缘相应
（9）赖耶缘起说（10）其他缘起说

◆ **2、业力观念**
（1）业是因果律（2）习惯的过程（3）心是业主尊
（4）业是意志力（5）五自然法则（6）错误业力论
（7）与宗教无关（8）业力可改变
（9）自己消恶业（10）自己掌命运

◆ **3、因果观念**
（1）因果关系论（2）佛教因缘果（3）因果客观性
（4）因果特定性（5）因果时空性（6）因果具体性
（7）因果复杂性（8）因果必然性
（9）因果颠倒性（10）因果修证法

◆ **4、轮回观念**
（1）轮回是过程（2）宗教轮回说（3）流转与轮回
（4）天才是轮回（5）中西轮回说（6）自己是主宰
（7）八识作主公（8）王阳明故事
（9）东坡黄山谷（10）五祖的转世

◆ **5、中道观念**
（1）八不缘起法（2）不生亦不灭（3）不常亦不断
（4）不一亦不异（5）不来亦不去（6）缘起中道义
（7）中道为正见（8）言语为戏论
（9）不同的见地（10）无住而生心

第八章：福德观 Virtue Vision

第一讲：理无碍 Theory Stage（学习次第）1、因缘观念（Hetu因 Pnatyaya缘）

（1）佛缘起思想

在佛陀涅槃以后，随着历史文化的演进和众生根器的变化，佛法的演绎亦随之有所发展，从简朴和强调了生死的原始佛教，发展至丰富及强调久住世间、广度众生的大乘佛教。在此期间，缘起思想亦相继有了不同重点的演绎。

（2）诸法从缘生

在原始经典，"缘起"的基本义理已经完备，但在演绎过程中，还是多偏重于"缘生法"的"缘生缘灭"，而解脱乘行者则多数以观缘生的五蕴为无常、苦、空、无我，生起厌离心，断欲而得速了生死。如马胜比丘(Assajji)对舍利弗说："诸法因缘成，佛说其因缘。""诸法从缘生，诸法从缘灭，我佛大沙门，常作如是说。"

（3）大乘缘修法

大乘佛教不但讲求自利的离苦，还强调度尽一切有情的利他精神。大乘菩萨以大悲心发愿久住世间，度化一切有缘的众生。"地狱未空，誓不成佛；众生度尽，方证菩提"的地藏菩萨，就是最好的例子。所以，无常、苦、空、无我，厌离生死的修行法门，已经不足以支持久住世间的菩萨行持。

（4）般若缘起法

初期大乘经典，约出现于公元前五十年至公元二百年间。其中以《般若经》最为重要，而大乘菩萨的行持，亦是以般若智慧为心要。般若法门主要是以"缘起法"为依据，讲空、无生、无住、如幻、涅槃等奥义。这里讲的"空"，是指不生不灭的空性，是有别于形容"缘生法"为无常、苦、无我的空义。

（5）中观缘起法

后来，龙树菩萨更以八不缘起、中道、寂灭戏论，把《阿含经》的缘起思想和《般若经》的空、无住、如幻等法要贯通，成为大乘佛教一大主流的中观思想。"不生亦不灭，不常亦不断，不一亦不异，不来亦不出；能说是因缘，善灭诸戏论，我稽首礼佛，诸说中第一。"菩萨的修行以观想不生不灭、离于二边的"缘起法"，而能安住于生死即涅槃，烦恼即菩提的大乘境界。

第八章：福德观 Virtue Vision

第一讲：理无碍 Theory Stage（学习次第）　1、因缘观念（Hetu因 Pnatyaya缘）

(6) 佛说因缘法

佛说："诸比丘！若见因缘，彼即见法；若见于法，即能见佛。" 此中，何者是因缘？言因缘者，"此有故彼有，此生故彼生。"所谓：无明缘行；行缘识；识缘名色；名色缘六入；六入缘触；触缘受；受缘爱；爱缘取；取缘有；有缘生；生缘老死，愁、叹、苦、忧、恼而得生起；如是唯生纯极大苦之聚。此中，无明灭故行灭；行灭故识灭；识灭故名色灭；名色灭故六入灭；六入灭故触灭；触灭故受灭；受灭故爱灭；爱灭故取灭；取灭故有灭；有灭故生灭；生灭故老、死、愁、叹、苦、忧、恼得灭；如是唯灭纯极大苦之聚。

(7) 外因缘相应

所谓：从种生芽；从芽生叶；从叶生茎；从茎生节；从节生穗；从穗生花；从花生实。若无有种，芽即不生，乃至若无有花，实亦不生；有种芽生，如是有花，实亦得生。外因缘法缘相应义？谓六界和合故。以何六界和合？所谓地、水、火、风、空时界等和合，外因缘法而得生起。应如是观：外因缘法缘相应义。

(8) 内因缘相应

所谓：始从无明缘行，乃至生缘老死。若无明不生，行亦不有；乃至若无有生，老死非有。如是有无明故，行乃得生；乃至有生故，老死得有。内因缘法缘相应事？为六界和合故。以何六界和合？所谓地、水、火、风、空、识界等和合故，应如是观：内因缘法缘相应事。

(9) 赖耶缘起说

宇宙万有，不外阿赖耶等八种心识所变现。"种子生现行，现行熏种子。"

(10) 其他缘起说

①真如缘起说：宇宙万有，从真如变现而生起。②法界缘起说：宇宙万有，尽成一大缘起，以一成一切法，一切法起一法，重重无尽。③六大缘起说：宇宙万有，皆是大日如来的显现，以地水火风空识六法，周遍一切法界。

第八章：福德观 Virtue Vision
第一讲：理无碍 Theory Stage（学习次第）　2、业力观念

（1）业是因果律

业力用最简单的话说就是："善有善报，恶有恶报，不是不报，日子未到。"用农作收成的话说，业力可解释成：假使你播下好的种子，你将会有好的收成，假使你播下坏的种子，你将得到不好的收获。用科学的话说：业力是因果律，每一个原因就有一种结果。另外也可称为道德因果律，道德因果律应在道德领域中，正如物理领域里的运动律一样。

（2）习惯的过程

业力就是一种行动，生命体中有一种动力，名叫本能倾向或意识等等，这种固有的习性推动每一种意识，包括推动心理和生理，这一动起来即成行为，这种行为的重复就是习惯，此习惯变成他的个性，在佛教中，这种过程称它为业力。

（3）心是业主尊

法句经中"业"的解释是，心是善、恶业的主导者，假使你的语言和行为基于善或恶的发心，则愉快或痛苦（不愉快）将跟随你，如同牛车跟随牛蹄，如影随形般永不离开。

（4）业是意志力

就"业"的终极意义来说，它是有善有恶的，可以是心智活动，也可以是意志作用。佛说："业是意志力。"如此说来，业是一种过程而不是一种实体，它也是一种行为、能力和力量了。有人解释这种力量为"行为影响力"，这是我们自作自受。人所经历到的苦乐都是他自己的身、口、意活动的结果。成功、失败、愉快、忧愁，都是由我们身、口、意的造作而来。

（5）五自然法则

佛教徒相信人能控制他的业力，但他们并不相信任何事都是业力所致；他们并不忽视自然界的其他力量。依照佛法，有五种过程或自然律运转于此身心世界：有关于季节性转变的季节性的律法；有关胚芽和种子顺序的生物学上的律法。有关道德因果或者行为和结果的业力法则。有关电力和潮汐的物理现象。有关主宰潜意识过程的心理律则。

第八章：福德观 Virtue Vision

第一讲：理无碍 Theory Stage（学习次第）　2、业力观念

(6) 错误业力论

在增支部经中说到有关对业力问题的误解或不理智的观点，而建议智者要研究和放弃以下的观点：相信一切事务是过去生中所造的结果。相信一切的结果是由超越主宰者所创造。相信诸法生起是无因无果。假使一个人所以成为谋杀犯、盗贼或奸淫，是由于过去的行为，或者是由超越的主宰者所造成，或者只是偶然的发生。那么，这个人就不必负责他的恶行了。

(7) 与宗教无关

另外还有一种对业的错误观念，以为业是只运转于某些有特定信仰的人。事实上，人的未来命运一点也不受他所选择的特殊宗教所左右。不管他的宗教是什么，人的命运完全由他的行为、语言和意业决定，这与他所信的宗教不相干，只要他做善（行）业和过一种没有污浊的生活，他的来生决定会生到快乐的世界。假使他犯了恶（行）业或心中囤积邪恶的思念，他决定会出生到恶趣中过那悲惨的生活。

(8) 业力可改变

理解业力定律，就会了解到我们要负责自己的快乐和悲哀。我们是我们业力的建筑师。佛教徒相信人有可能可以去塑造他们自己的业力来影响他自己生命的方向。另一方面，人既不是自己行为的囚犯，也不是他业力的奴隶，人也不仅仅是机械，自动地放出本有的力量为主人做事。人也不只是自然的产品，人具有强大的能力去控制业力，他的心更强大于他的业力，所以业力律能为他服务。

(9) 自己消恶业

人不必为了臣服于他的业力而放弃他的希望和努力，他可以累积功德来抵消那些恶业，他也可以做更多的善法功德净化他的内心，而不必单以祈求、礼拜，或者实行宗教仪式来消业果，所以，人能为自己赢得宽恕，只要他以智慧去过那崇高的生活。

(10) 自己掌命运

人必须运用后天的努力来促成他的理想。命运掌握在我们自己的手中，努力和才智或许是影响业力运转中最重要因素。没有努力，物质和精神方面都不可能有进步。如果一个人不作努力去治疗自己的疾病或解决他的困难，或勤勉奋斗使自己进步，那么他的恶业将得到一个适当的因缘而产生结果。然而，假使他能尽力克服他的困难，他的善业将会帮助他。

第八章：福德观 Virtue Vision

第一讲：理无碍 Theory Stage（学习次第）3、因果观念

(1) 因果关系论

因果关系（Causality），当我们说A与B之间具有因果关系，如果A是因（cause）是B是果（effect），则A与B之间必须具备以下四个必要条件：（necessary conditions）：1.A与B共变（covary），也就是A增加（或减少）B也增加（或减少）2.A发生在B之前，也就是"前因""后果"3.A与B之间的关系具有理论上的连结4.A与B之间的关系不是伪关系（spurious relationship）

(2) 佛教因缘果

佛教说因果是因缘果，就是说：我们种下了善因不一定立即产生善报，只有等到缘份到了才能得到善报的结果。正如农民种果树有的一年开花结果，有的多年开花结果；缘是一种条件，好比我们种下一粒种子，必须给予一定的水份、肥料、温度才能结出果子。

(3) 因果客观性

因果关系的客观性。因果关系作为客观现象之间引起与被引起的关系，它是客观存在的，并不以人们主观为转移。

(4) 因果特定性

因果关系的特定性。事物是普遍联系的，为了了解单个的现象，我们就必须把它们从普遍的联系中抽出来，孤立地考察它们，一个为原因，另一个为结果。因果关系的特定性表现在它只能是人的行为与结果之间的因果联系。

(5) 因果时空性

因果关系的时间序列性。原因必定在先，结果只能在后，二者的时间顺序不能颠倒。

第八章：福德观 Virtue Vision
第一讲：理无碍 Theory Stage（学习次第）　3、因果观念

(6) 因果具体性

因果关系的条件性和具体性因果关系是具体的、有条件的。什么行为能引起什么样的结果，没有一个固定不变的模式。因此，查明因果关系时，一定要从实施行为的时间、地点、条件等具体情况出发作具体分析。

(7) 因果复杂性

因果关系的复杂性辩证唯物主义认为，客观事物之间联系的多样性决定了因果联系复杂性。刑法中的因果关系形式，包括以下几种：①一因一果关系②一因多果关系③多因一果关系④多因多果关系

(8) 因果必然性

多行善、勿行恶、种善因、得恶果。因果报应、不是不报、是时机未到、未到原因、在于福报、福报用完、报应即到。

(9) 因果颠倒性

当代社会，都是"倒果为因"，或只看"果"，不论"因"，是世界政治的乱源。政客或不法企业，往往"阴谋"制造许多"假相"，欺骗世人，或故意煽动学潮，达到政治目的，宗教也是。

(10) 因果修证法

佛家说在因地修行才是真修行。菩萨畏"因"，惧"业"，故在"因"上修行，不作业。众生畏"果"，惧"果"，故只在"果"上设法解决之道，只治标，无法治本，企业亦然。

第八章：福德观 Virtue Vision

第一讲：理无碍 Theory Stage（学习次第）　4、轮回观念

（1）轮回是过程

轮回是一个宗教概念；起源于印度教。轮回是一个过程，人死去以后，灵魂（或称"意识"）会离开人体，经过一些过程以后进入另一个刚刚出生的新生命体内，该新生命体可以是人类，也可以是动物、鬼、神。到达涅槃的境界就可摆脱轮回。这一过程中，一个人当下所存在的状态称为今生，前一个轮回的生命体成为前世，下一个称为来世或来生。

（2）宗教轮回说

轮回的概念多出现在印度教派生出来的一系列宗教中，例如佛教、藏传佛教、神道教，并逐渐融入到东亚的文化当中。某些俗语可以体现出这个概念，例如：来世做牛做马……。以佛教而论，众生从无始以来，即辗转生死于三界六道之中，如车轮一样地旋转，故称"六道轮回"，至少要修成阿罗汉，乃至成佛，否则无有脱出之期。

（3）流转与轮回

《大宝积经》说："纵经百千劫，所作业不亡，因缘会遇时，果报还自受。""五趣流转，六道轮回"，这是说明，生命不是只有一期就结束的。佛教讲生命，不是从生到死，而是像时钟，是圆形的；像车轮，是转动的，故而有所谓的"三世轮回"。

（4）天才是轮回

五趣六道的轮回，不管贤愚智劣、贫富贵贱，都是自己过去所作，今生所感。如六岁神童王乃庆，数学天分之高，大学教授、社会专家也难望项背。他的过人天分并不是今生所成，而是过去生中累积所成，一般人称之为夙慧，其实就是一种轮回。

（5）中西轮回说

根据民间流传的《玉历宝钞》记载：人在投胎前，一旦喝了"孟婆汤"，就会忘掉过去的种种。西哲柏拉图认为灵魂投胎前要经过酷热的沙漠，口渴难忍，饮用了"莫愁河"的清凉河水，才去转世降生，但是一喝了"莫愁河"的水，对于过去生中的点点滴滴将遗忘尽净。罗马人则相信人在投胎时所经过的河叫做"奈思河"，喝了"奈思河"的水，对于前生往事再也思忆不起来。佛教主张人之所以会忘掉过去的事，是因为"隔阴之迷"。阴指的是"中阴身"。

第八章：福德观 Virtue Vision
第一讲：理无碍 Theory Stage（学习次第） **4、轮回观念**

（6）自己是主宰

轮回使我们从神权的控制之中超脱出来，主宰轮回的是我们自身的业力，上帝天神既无法赐福给我们，也不能降祸给我们，一切的祸福都是我们自作自受。因此从轮回的观点来看，有情众生是个完全自由平等的个体，幸福快乐的人生，靠我们自己的双手去创造；不幸悲惨的命运，也是我们自己所造成。造物者不能为我们一手遮天，掩蔽一切的罪孽；天神也无法剥夺我们既有的功德幸福；在因果轮回之前，没有投机侥幸可言，我们自己才是自己的造物者。

（7）八识作主公

《八识规矩颂》云："浩浩三藏不可穷，渊深七浪境为风，受薰持种根身器，去后来先作主公。"阿赖耶识是生命受生的根本识，接触种种的境缘，而产生种种的造作行为，这些行为与后果的种子，储存在业识的大仓库里，依据善业、恶业的轻重，而决定有情的轮回方向。当肉体死亡时，阿赖耶识最后才离去；而受胎转世时，阿赖耶识最快投生，它才是轮回的主体根本。

（8）王阳明故事

从历史上许多贤哲文人的记载，可以证明五趣六道的轮回是不容置疑的事实。明儒王阳明，有一次到金山寺朝拜，觉得寺中景物非常熟悉，一草一木似曾相识。"五十年后王阳明，开门犹是闭门人；精灵闭后还归复，始信禅门不坏身。"

（9）东坡黄山谷

在江西修水县的县志里，记载安徽芜湖县的女子转世为江西修水县的黄山谷的一段故事。苏东坡和佛教的渊源非常深厚，他和方外朋友过往也非常亲密。在《居士分灯录》里记载，东坡前生为五祖戒和尚的典故："戒禅师也是陕右人，晚年来游高安，五十年前圆寂于大愚。"

（10）五祖的转世

禅宗第五祖弘忍也有一段脍炙人口的转世因缘，弘忍前生是破头山下的栽松老者，仰慕四祖道信，请求披剃出家，道信嫌他年纪老大，不能文化十方，于是安慰他说："如果你去投胎再来，我或许可以住世等你几年。""师父！过去你嫌我太老，现在又嫌我太小，究竟何时才肯度我出家？"无姓儿宛如大人口气地质问禅师。后收为徒，并传衣法。

第八章：福德观 Virtue Vision
第一讲：理无碍 Theory Stage（学习次第） 5、中道观念

(1) 八不缘起法
佛陀说缘起法甚深，就是指八不的缘起。其实，生灭、常断等二边分别，都只是世人心中的偏执概念；若依缘起法仔细观察，就能见到离于二边的八不缘起的事实。龙树菩萨指出佛陀善巧地解说因缘法（即缘起法），能以"八不"来息灭我们心中种种偏见、执着等戏论。

(2) 不生亦不灭
因为一切事物都是由因缘和合而生，只有众因缘而无事物本身。既然不生，本来就无一物可以坏灭，故说不灭。当因缘和合时，虽没有实在的自相，但还有和合而生的假相，及由此假相所生起的作用和影响。

(3) 不常亦不断
一切事物皆"缘聚而生"，"缘散而灭"，根本没有一个永恒不变的个体，所以说不常（无常）；然而事物在"生住异灭"的过程中，因果是相续的，故说不断。例如以火石相击而生的火花燃点枯草，火花才生即灭，故说无常；但火花令枯草接续不断燃烧，故说不断。又如随喜赞叹的说话才生即灭，但是令他人喜悦的业用却不断；相反地，粗言恶语亦是如此不常不断。

(4) 不一亦不异
事物的因与果不可能是同一样的东西，故说不一；但也不可能离开前因而有后果，所以说不异。例如划火柴来点起蜡烛，磷质火柴的火，是因磷的磨擦和燃烧柴枝而生，但蜡烛的火，是以燃烧灯芯和蜡而得以延续，故说两个火"不一"。不过，蜡烛的火，亦不能离开火柴的火而得以生起，所以说两个火亦是"不异"。

(5) 不来亦不去
来与出（去）是在时间空间的来去活动。依据缘起法，事物的生起是由因缘和合而生，不是有一物从"因"跑到现前而成为"果"。当缘散之时，亦无一物回去"因"中或跑到其他地方去。例如，琴音的生起，是由琴、琴弦、弹琴的人等众多因缘和合而有。琴音并不是从琴、弦或弹琴的人而来，在琴、弦或弹琴的人之中亦无琴音；所以说琴音生时并非从琴等任何一物之中而来，而是由琴等众因缘和合而有。当琴音消逝，亦不见有一音声跑回琴中或跑到其他地方去；所以说"生时无所从来，灭时往无所去"。

第八章：福德观 Virtue Vision
第一讲：理无碍 Theory Stage（学习次第）　5、中道观念

(6) 缘起中道义

龙树菩萨在《中论》中，善巧地以一首偈把缘起法的要义统摄。偈云："众因缘生法，我说即是空，亦为是假名，亦是中道义。"意谓一切因缘和合而生的缘生法，必定是空、无常、无我，而这些空、无常、无我的名词和概念，也只是由心安立的假名，不是有一实的"空"或"无我"。

(7) 中道为正见

在见解上，佛陀亦以不落二边的中道为正见。如上所说，生灭、常断、一异、来出等都是世人内心安立的"戏论"，若依八不缘起理解，便能破除心中对这些戏论的执着。

(8) 言语为戏论

再者，一切语言概念同样都只是我们的心安立出来的空泛戏论，不是事物的本身。例如，"火"这一个字不能产生任何燃烧的作用，它只是世人唯心安立，来代表能燃烧之火的空泛概念。同时，当我们想起"火"的名字时，心中却会错执有一实生实灭之火的存在。因此，若能证悟八不缘起，即能契入中道正见，那时一切语言文字、概念，二边执着等戏论也都寂灭。

(9) 不同的见地

于缘起法上，有了不同的见地，便生起不同的身心业报：凡夫见有生死，而迷恋生死；解脱乘行者见有生死苦，便求生死永尽的涅槃；菩萨以八不缘起的中道正见，不见有实在的生死可出，亦不见有实的涅槃可证。

(10) 无住而生心

菩萨由于对缘起法的理解，因而不再恐惧生死烦恼，亦不执有涅槃可证、菩提可得。《金刚经》说："应无所住而生其心。"意即菩萨不应执住于生灭、常断、生死涅槃、烦恼菩提等二边，应无所住而生起利益一切有情的大悲心。以无住心利益一切有情，就是菩萨行。

Thldl
领导力培训专家

清華大學

中华国学再造领导力
企业家高级研修班 讲义

CHAN OF CEO

企 业 禅

第八章

福 德 观

第二讲 事无碍

编讲人：强梵暢
Edited by Victor Chiang
中国北京大学宗教学系 兼任研究员
Research Fellow
Department of Religious Studies
Peking University , Beijing , China

CCEO-A8-B2-01

清華大學 领导力培训项目网
Tsinghua University Training of Leadership

Copyrights 2008 In U.S.A/China by Victor Chiang

第八章 福德观 总纲目

第一讲 理无碍	第二讲 事无碍	第三讲 理事无碍	第四讲 事事无碍
⬇	⬇	⬇	⬇
因缘观念 业力观念 因果观念 轮回观念 中道观念	消灾观念 积福观念 利他观念 随缘观念 感恩观念	善恶观念 平等观念 情执观念 我执观念 法执观念	生死观念 正邪观念 罪福观念 苦乐观念 迷悟观念

第八章　禅

第二讲　事无碍

◆ **6、救赎观念**

    （1）各宗教救赎（2）基督教原罪（3）奥斯丁观点

    （4）伯拉纠观点（5）佛教业障说（6）基督教救赎

    （7）犹太教救赎（8）印度教救赎

    （9）回教的救赎（10）佛教的圣谛

◆ **7、积福观念**

    （1）福德与智慧（2）福业与福果（3）财施与法施

    （4）积福三件事（5）福德要累积（6）福德有因缘

    （7）富贵宜清净（8）真正的富贵

    （9）心灵的安定（10）平安就是福

◆ **8、利他观念**

    （1）利他的主义（2）哲学家辛格（3）互惠与利他

    （4）忠诚的义务（5）道德的偏好（6）心理学实验

    （7）物质的利他（8）精神的利他

    （9）法施重财施（10）脑中有利他

◆ **9、随缘观念**

    （1）宿因随缘感（2）随缘就自在（3）无住而生心

    （4）随缘与染缘（5）随缘不变论（6）佛家论随缘

    （7）人总违因缘（8）操控逆因缘

    （9）消除各成见（10）企业中随缘

◆ **10、感恩观念**

    （1）正义的观念（2）处世的哲学（3）完美的人格

    （4）心灵不麻木（5）生活的态度（6）本性与良知

    （7）对得起恩惠（8）回报的意识

    （9）感恩不抱怨（10）尊重的基础

第八章：福德观 Virtue Vision
第二讲：事无碍 Practical Stage（实践次第） 6、救赎观念

(1) 各宗教救赎

一般来说，在众多宗教中，只有犹太教和基督教盼望来自神的救赎；而伊斯兰教是不强调来自神的救赎，仅强调对真主的绝对服从；佛教和印度教则认为要藉著自己才能得救赎。

(2) 基督教原罪

部分基督教神学家认为，人是有原罪和罪性的，原罪的存在将人类和上帝隔绝，使人类终生受苦，不得解脱。但圣经里却从没有出现过原罪、罪性或原罪论等字眼。原罪这个概念并非来自圣经的教导，而是来自4世纪一位神学家奥古斯丁。基督教认为人自从出生的那一刻起就有罪，这种罪是无法抿除的，而且是一代传给一代，永无停止，这就是"原罪"。而原罪的由来是来自人类的祖先，亚当和夏娃。对于"原罪"，不同基督教学派对这段《圣经》记载有不同的理解，对"原罪"也有不同的理解。反对原罪论的基督徒却认为原罪是不公平的，但上帝却是公平的，所以不可能会有原罪出现。

(3) 奥斯丁观点

"奥古斯丁在神学上强调人的堕落与神的恩典，对抗伯拉纠认为人是可以用自己的行动来讨神喜悦的思想，影响以后教会神学的发展。"奥古斯丁（354~430年）"教会传统上用原罪解释人内心倾向罪的事实，和亚当的性情透过性交、怀孕而传给下一代。"所以"奥古斯丁认为原罪污染了人类，是由人成孕的那一刻开始，因此人生来便有罪。"

(4) 伯拉纠观点

五世纪流行于西方教会的苦修运动中，伯拉纠可以说是领袖之一，他是以提倡自由意志起家的。伯拉纠（约370~418年）说，神直接且个别的创造每一个灵魂，灵魂既不遗传，因此每个灵魂都是无罪的，不受污染的，因此根本没有原罪的存在。"他认为如果接受了灵魂被亚当所传下来的原罪所污染，那就像是灵魂传殖说，主张灵魂和身体一样，是由父母所生，这等于是摩尼教。"亚当的罪没有归到人类，临到人的只是自己所犯的那些罪，因为人类犯罪是因为自由意志的问题，因为他选择了学习坏榜样，是明知故犯。所以人要为自己的选择所带来的结果负责，因为根本没有原罪的存在。此外，人死并不是因为犯了罪，而是因为自然律。就算亚当没有犯罪，人也是会死的。伯拉纠认为人没有一个倾向犯罪的本质，所以罪是可以避免的。"以形上学的语言来说，罪是一种社会疾病，并非基因的遗传病。"

(5) 佛教业障说

地藏经云："业力甚大，能敌须弥，能深巨海，能障圣道，是故众生莫轻小恶以为无罪，死后有报，纤毫受之。"即在明示业力威力庞大，有时甚至使任何修持法门都被障碍住，难以动弹。

第八章：福德观 Virtue Vision

第二讲：事无碍 Practical Stage（实践次第）　6、救赎观念

(6) 基督教救赎

基督教徒认为信仰耶酥才能得到救赎，他们宣称因为人的罪性，人靠自己不能解救，必须要顺从上帝的意愿，靠耶酥的受难来赎罪。基督教徒认为，人类由于身心软弱而经不起恶者的试探引诱，终有犯罪堕落的一天；所以，上帝为人类安排了救赎的计划。他们宣称上帝赐予的救赎，即救恩，在消极的方面是要救人脱离死亡、罪、律法和魔鬼的权势，而在积极方面则要救人上天国，赐给人永生和永远的荣耀。

(7) 犹太教救赎

犹太教是寄望弥赛亚降临，以给他们带来救赎；而基督宗教则认为耶酥基督就是弥赛亚，救赎已经降临了。犹太教徒和基督教徒认为，人世间的苦难，无论外在内在，都是来自于人的原罪，必须要赎罪才能获得救赎。犹太教徒会透过对上帝作各种各样的献祭来为自己及家人赎罪。

(8) 印度教救赎

印度教的救赎观念是指生命从轮回中被解放出来，并达到精神上的圆满。在印度教的观念中，这种解脱超越了现实世界，也使得不再受任何约束。和这种解脱相比，人的现实生活，甚至天堂和地狱，都不过是人暂时的居所。印度教信奉神灵主宰一切，认为通过对这些神灵进行祈祷，《吠陀》就可以获得现世的种种好处，于是渐渐出现各种祭祀，以及对各种神灵的赞咏。

(9) 回教的救赎

穆罕默德十分注重实际，伊斯兰教对信徒顺从真主而规定的宗教信仰和义务，朴实而易行。基本信仰是：信仰真主是唯一真实的主宰；信仰吉卜利勒为首的众天使；信仰《古兰经》和以前的诸经典为天启；信仰众先知和穆罕默德为封印先知；信仰死者复活和审判、后世的奖惩。有的还加上信仰一切皆由真主前定。

(10) 佛教的圣谛

根据佛教，佛陀一生所教的内容主要就是知苦与灭苦。四谛学说是佛教教义的核心。佛教认为一切有情众生都在天道、人道、阿修罗、畜生、饿鬼和地狱这六道里生死流转，无有止境。灭谛：佛教认为只要是在六道中轮回，就无法避免会受苦。有情众生要想从苦中真正的、彻底地解脱出来，只有脱离轮回这一个办法。

第八章：福德观 Virtue Vision

第二讲：事无碍 Practical Stage（实践次第）　7、积福观念

（1）*福德与智慧*

自利利他的大乘法门、行者，福德与智慧，成为必具的基本条件。福德与智慧的等值与巨力，成为大乘行者的精神与标志，也构成了大乘法门的"基柱"与"主体"。

（2）*福业与福果*

现代的人修学佛法，对于福报与智慧，必须具有正确的知见，明显的作为，了解应该如何植培世间福业，享用福果，相续地从福业、福果中获致增上（进化）人生；了解应该如何学习佛法慧业、向往慧果，一迳地从慧业、慧果中握践清净、对治。

（3）*财施与法施*

诸佛菩萨因地与果地，行道与得道，所凭仗、集积、充实、完具的资粮、力能：福德与智慧。绝大多数的众生归投佛门，招致、摄纳的基件：财施重于法施，必得先以财施舒解其生活窘乏、急迫，然后善巧地观机逗教，启迪其宿世善因与现生善缘，于佛法中生根发力，于世法中回心转意，这就需要充分的福德（行）了。

（4）*积福三件事*

在社会上无论做任何行业，士、农、工、商、学、兵，希望事业登峰造极，也必须注意三件事情：身体就像车身，福德因缘就像燃料，当前这念心性就像电源，要时时维护这三项事物。

（5）*福德要累积*

故福德累积是时时刻刻、随时随地，在工作上，都将事情做得很好，公司主管见到你实实在在、精进努力、大公无私，将来有一好机会，当然是降临到你的身上，这即是因果。如果喜欢贪小便宜，你的主管知道了，将来有好机会也不会找你。

第八章：福德观 Virtue Vision
第二讲：事无碍 Practical Stage（实践次第） 7、积福观念

(6) 福德有因缘

古德云："时来风送滕王阁，运去雷打荐福碑。"就是时来运转，转铁成金，时去运逝金成铁。譬如很多人买股票，运气好马上赚钱，运气差即成废纸，为何别人赚钱，自己却赔本？这一切都是因果，其中没有侥幸存在。别人赚钱是由于过去的福德因缘，不要只看到别人赚钱或步步高升，那是经过一番经营，一番辛苦得来的。

(7) 富贵宜清净

希望富贵、快乐，心就要清净，不要起贪、嗔、痴，不造杀、盗、淫，知足常乐，心中始终是清净无染的。

(8) 真正的富贵

人除了物质生活，还要有充实的精神生活，从精神生活上去充实才是真正的富贵。假使心起了烦恼，那么即使在社会上很有地位、财富，生活也是空虚的。心中有烦恼无法解决，心不安稳，就算住在高楼大厦也不会欢喜。所以佛法告诉我们定心、净心、明心，才是真正的富贵。

(9) 心灵的安定

所以想富贵，要将追求富贵的道路认识清楚。心灵上的安定是最重要的，心灵上得到安定，比什么都还快乐。古人说：一日清闲一日仙，寸金难买半日闲。明白此理，就要把世间上的名利、富贵等事情看淡一点，这样心才能安定下来。

(10) 平安就是福

如果你能够平平安安的渡过一天，那就是一种福气了。多少人在今天已经见不到明天的太阳，多少人在今天已经成了残废，多少人在今天已经失去了自由，多少人在今天已经家破人亡。

第八章：福德观 Virtue Vision

第二讲：事无碍 Practical Stage（实践次第）8、利他观念

(1) 利他的主义

何谓利他主义？根据学者的分析，利他主义有以下几个要点：（1）利他主义必须付诸行动，换句话说，只有良好的企图心而不实践，并不合乎利他主义的标准；（2）利他的行为必须是目标取向，其目标是提升他人的福祉，如果行为者在追求自己利益的时候，无意中或顺便为他人创造了一些好处，换句话说，他人的利益只是次要的或附带的，这样的行为也不是利他的行为；（3）在利他的行为中，意图比结果重要，如果张三存心要帮助李四，但是长期的结果却反而对李四不利，这并没有灭损张三行为的利他性；（4）利他的行为必然会造成行为者自己可能的损害；（5）利他是无条件的，行为者不能预期任何的回报。

(2) 哲学家辛格

当代实践伦理学（Practical Ethics）最重要的哲学家辛格（Peter Singer），企图从生物学的角度证明人类的自然利他倾向，他指出，每一个社会皆有行为的法规以约束其成员，所以伦理道德的形成是自然的人类处境，然而霍布士否认这一点，霍布士认为在没有国家之前没有所谓道德、正义，人类基本上是利己的，所以要求人们利他是不合理的，霍布士认为所有看起来是利他的行为，如果从行为者的心灵深处观察，只是自私行为的伪装。

(3) 互惠与利他

辛格提出互惠利他主义（Reciprocal Altruism）的观念，辛格认为虽然家族关系是人类最基本、最普及的连结，但是互惠的结合也极为普遍。辛格论称，人类的许多伦理规范可以从这种互惠的行为中产生，许多人类学家强调互惠在人类社会的重要性。

(4) 忠诚的义务

辛格认为，人类友谊以及对朋友忠诚的义务的形成，就是来自于互惠者彼此产生正面情感之联结；而道德愤怒或惩罚的欲望，则是从对不互惠者的负面情感所衍生。因此如果互惠利他在人类演化中扮演重要角色，则有利于"厌恶被欺骗"情感的形成，而辛格认为，人们确实厌恶被骗，有时候会因为一个小小的欺骗行为，而造成极为严重的冲突，例如许多社会的血腥战斗都是由于细故之争。

(5) 道德的偏好

辛格认为我们对利他动机有道德上的偏好，而这一点则可以从社会生物学来解释，由于一个具有利他动机的人比利己的人较能成为可靠的伙伴，演化会支持人们有分辨这两种动机的能力，而选择利他者作为个人提供服务时的受惠者

第八章：福德观 Virtue Vision
第二讲：事无碍 Practical Stage（实践次第） 8、利他观念

(6) 心理学实验

心理学实验也证明，我们对利他者比较会做出利他的行为，而且利他的性格也比利己更具有吸引力。因此，如果互惠是一个优点，而且人比较容易选择真正关怀他人的伙伴，则真正关怀他人的人就具有演化上之优点。辛格认为，这个结论可以否定利己主义的伦理观。

(7) 物质的利他

利他有两大类：一是物质的利他，即财施：如见人贫寒而给以衣食的救济，见人疾病而给以医药的治疗，修道路，辟园林等，以及用自己的体力或生命，来助人救人。

(8) 精神的利他

二是精神的利他，即法施：如愚昧的授以知识，忧苦的给以安慰，怯弱的给以勉励；从一切文化事业中，使人心向上，向光明，向中道，向正常，向安隐。这不但是出世法的化导，也以世间正法来化导，使人类养成健全的人格。提高人类的德性知能，为出世法的阶梯。

(9) 法施重财施

法施是比财施更彻底的。如给贫苦人以衣食的救济，是财施；这只是临时的，治标的。如以正法启迪他，授以知识技能，帮助他就业（除幼弱老耄残废而外），即能凭自己的正当工作，获得自己的生活，这比临时的救济要好得多。佛法中，出世法施胜过世间法施，法施比财施更好，然决非不需要财施，不需要世间法施。如专以解脱自在为利，实在是根本的误解了佛法。

(10) 脑中有利他

杜克大学医学中心这项针对45名志愿者的研究发表于Nature Neuroscience。科学家表示他们已经在脑部当中发现一个区域，可以预测一个人是否自私自利或是一位乐善好施的利他主义者。利他主义（altruism）——有倾向帮助别人而不求自身回报者——显然与一个被称为posterior superior temporal sulcus（后聂上沟）的区域有关。透过脑部扫描，美国研究者发现该区域与一个人在现实生活中的慷慨行为有关。研究者Scott Huettel医师解释："虽然了解该脑部区域的功能或许不足以确认是什么原因驱使人们像德雷莎修女那样，不过它却能赋予我们像利他主义这样重要社会行为的起源线索。"

第八章：福德观 Virtue Vision
第二讲：事无碍 Practical Stage（实践次第） 9、随缘观念

(1) 宿因随缘感

随缘行者：众生无我，并缘业所转，苦乐齐受，皆从缘生。若得胜报荣誉等事，是我过去宿因所感，今方得之，缘尽还无，何喜之有？得失纵缘，心无增灭，喜风不动，冥顺于道，是故说言随缘行。

(2) 随缘就自在

因缘聚会了，我们一定要做；没有这个缘份，我们不求着去做，即使你弘法利生也是如此。随缘就自在，攀缘就很辛苦了。所以一切缘具足了，这是我们应当要去做的，要认真努力把这个事情做好，缘不具足，绝不勉强。

(3) 无住而生心

随缘，就是金刚经说，无所住而生其心。生其心是知道一切法，无所住是不住着于法，也就是大般若经所说，知法不住法。生其心就是知法，不住法就是无所住。禅宗讲随缘，他说分别一切法，不作分别想。分别一切法，就是金刚经所说，而生其心；不作分别想，就是金刚经所说，无所住。

(4) 随缘与染缘

如果你在世间处处随缘，是菩萨；如果处处染缘，是生死凡夫。随缘就是外面的因缘怎么来，我的心不动。圣人遇到八种缘不动，所以称为圣人。凡夫随它转，所以称为凡夫。苦乐利衰毁誉称讥，称为八风，唯有佛八风吹不动，端坐紫金莲。

(5) 随缘不变论

菩萨行，随缘不变，不变随缘。凡夫不同，心随境转，好的因缘来了，高兴得很，坏的因缘来了，非常懊恼，这就是染缘，变了。菩萨不变随缘，随缘不变，也有其道理。菩萨不变，是上求佛道不变；所谓随缘，下化众生随缘。

第八章：福德观 Virtue Vision
第二讲：事无碍 Practical Stage（实践次第） 9、随缘观念

（6）佛家论随缘

随缘乃佛家语，缘即原因和条件，随缘即随顺因缘，顺应根机。换言之，即好坏随缘，得失随缘，不怨天、不尤人，荣辱毁誉泰然处之，坦然自如。

（7）人总违因缘

人们总是违逆因缘，明明内在、外在条件并不具足，却渴望立即得到，这就是贪爱；明明会造成苦果，却只顾眼前的享乐，这就是愚痴——这些都是因为没有智慧所导致的偏差心态！人为什么常常会违逆因缘？正因为没有如实地看清因缘的真相，产生自我意识、成见、偏见及主观情见，这些都是非因缘的预存见解，以之投射在自身、他人、事物和外在环境上，就会造成矛盾、冲突，成为内心忧愁、悲哀、恐惧、不满、怨恨的苦恼。

（8）操控逆因缘

随缘是否一味的顺从呢？一、外在的事物，自然是众多因缘所造成的，包括自己的能力、体力和努力都是因缘的一部份，不是自我主观的愿望就可以左右的，如经中所说"欲令如是，不欲令如是"的操控是违逆因缘的。所以，无论结果如何，一律接纳因缘，放下自己的执取。

（9）消除各成见

二、内心的修持：当贪嗔等烦恼显现时，是否也随着烦恼走呢？当然不是！那么就不需要随缘了吗？要明白贪嗔等烦恼现起时，正是修行的好机会，所谓随缘不是跟随业力、习气走，被烦恼所缚，而是看清楚烦恼生起的因缘，无非是我见、常见、有见、无见、一见、异见等自性见所掀起的波涛，丢掉这些缪误的自性见，正可以看到真实的因缘，这样才能真正的随顺因缘而不随逐烦恼。

（10）企业中随缘

有人从事某些保险或直销工作，由于企业文化强调未来的成就，激励成员们努力冲刺、创造业绩、追求卓越，因此忽略内心的平静，压力很大无法舒解。以佛法来说，就是不必迷信快速成就的美梦，那些"潜能开发术"不外乎世俗化的技巧。只要抱持平常心，脚踏实地、积极地去做就好了，如果成绩不理想，只是自己的能力还没有充分发挥，或外在因缘比较欠缺，随顺因缘，而不必感到自卑。在过程之中，也要以慈悲和真诚的心对待顾客的团队伙伴，不要因为急于看到成果而逾越分寸。

第八章：福德观 Virtue Vision
第二讲：事无碍 Practical Stage（实践次第） 10、感恩观念

(1) 正义的观念

辛格指出，公平、正义的观念就是因为回报的观念而形成的，他人帮你的时候，你是否回报？回报是否公平？这一个回报的概念就是正义的起源。在许多原始部落中，"报仇、报恩"的义务是非常重要的伦理，而且有的回报常常比原来的多。在西方的伦理传统中，感恩、报仇也占有相当重要的地位，譬如柏拉图《理想国》对正义的讨论就是一个显著的例子，在《理想国》的对话者当中，就有人将正义定义为帮助朋友、伤害敌人。

(2) 处世的哲学

感恩是一种处世哲学，是生活中的大智能。人生在世，不可能一帆风顺，种种失败、无奈都需要我们勇敢地面对、旷达地处理。这时，是一味地埋怨生活，从此变得消沉、萎靡不振？还是对生活满怀感恩，跌倒了再爬起来？英国作家萨克雷说："生活就是一面镜子，你笑，它也笑；你哭，它也哭。"你感恩生活，生活将赐予你灿烂的阳光；你不感恩，只知一味地怨天尤人，最终可能一无所有！

(3) 完美的人格

感恩，使我们在失败时看到差距，在不幸时得到慰藉，获得温暖，激发我们挑战困难的勇气，进而获取前进的动力。就像罗斯福那样，换一种角度去看待人生的失意与不幸，对生活时时怀一份感恩的心情，则能使自己永远保持健康的心态、完美的人格和进取的信念。

(4) 心灵不麻木

"感恩"是一种对恩惠心存感激的表示，是每一位不忘他人恩情的人萦绕心间的情感。学会感恩，是为了擦亮蒙尘的心灵而不致麻木，学会感恩，是为了将无以为报的点滴付出永铭于心。譬如感恩于为我们的成长付出毕生心血的父母双亲。

(5) 生活的态度

"感恩"是一种生活态度，是一种品德，是一片肺腑之言。如果人与人之间缺乏感恩之心，必然会导致人际关系的冷淡，所以，每个人都应该学会"感恩"，这对于现在的孩子来说尤其重要。因为，现在的孩子都是家庭的中心，他们只知有自己，不知爱别人。所以，要让他们学会"感恩"，其实就是让他们学会懂得尊重他人。对他人的帮助时时怀有感激之心，感恩教育让孩子知道每个人都在享受着别人通过付出给自己带来的快乐的生活。

(6) 本性与良知

"感恩"是一个人与生俱来的本性，是一个人不可磨灭的良知，也是现代社会成功人士健康性格的表现，一个连感恩都不知晓的人必定是拥有一颗冷酷绝情的心。在人生的道路上，随时都会产生令人动容的感恩之事。

(7) 对得起恩惠

感恩不仅仅是为了报恩，因为有些恩泽是我们无法回报的，有些恩情更不是等量回报就能一笔还清的，惟有用纯真的心灵去感动去铭刻去永记，才能真正对得起给你恩惠的人。

(8) 回报的意识

人生道路，曲折坎坷，不知有多少艰难险阻，甚至遭遇挫折和失败。在危困时刻，有人向你伸出温暖的双手，解除生活的困顿；有人为你指点迷津，让你明确前进的方向；甚至有人用肩膀、身躯把你擎起来，让你攀上人生的高峰……你最终战胜了苦难，扬帆远航，驶向光明幸福的彼岸。那么，你能不心存感激吗？你能不思回报吗？感恩的关键在于回报意识。

(9) 感恩不抱怨

对于生活心存感恩，你就不会有太多的抱怨，世上没有十全十美的事物。比抱怨更重要的是自己为改变这一切做了哪些努力。感恩之心足以稀释我们心中的狭隘和蛮横，还可以帮助我们度过最大的痛苦和灾难。常怀感恩之心，我们就可以逐渐原谅那些曾和你有过结怨甚至触及你心灵痛处的那些人，会使我们已有的人生资源变得更加深厚，使我们的心胸更加宽阔宏远。

(10) 尊重的基础

"感恩"是尊重的基础。在道德价值的坐标体系中，坐标的原点是"我"，我与他人，我与社会，我与自然，一切的关系都是由主体"我"而发射的。尊重是以自尊为起点，尊重他人、社会、自然、知识，在自己与他人、社会相互尊重以及对自然和谐共处中追求生命的意义，展现、发展自己独立人格。

清華大学

中华国学再造领导力
企业家高级研修班 讲义

CHAN OF CEO

企 业 禅

第八章

福 德 观

第三讲 理事无碍

编讲人：强梵暢
Edited by Victor Chiang
中国北京大学宗教学系 兼任研究员
Research Fellow
Department of Religious Studies
Peking University , Beijing , China

CCEO-A8-B3-01

清華大学 领导力培训项目网
Tsinghua University Training of Leadership

第八章 福德观 总纲目

第一讲 理无碍	第二讲 事无碍	第三讲 理事无碍	第四讲 事事无碍
⬇	⬇	⬇	⬇

	消灾观念	善恶观念	生死观念
因缘观念	积福观念	平等观念	正邪观念
业力观念	利他观念	情执观念	罪福观念
因果观念	随缘观念	我执观念	苦乐观念
轮回观念	感恩观念	法执观念	迷悟观念
中道观念			

第八章禅

第三讲理事无碍

◆ *11、善恶观念*

（1）佛教善恶观 （2）中土原传统 （3）报应的主宰
（4）报应的载体 （5）报应的承担 （6）佛教三世报
（7）三世人天教 （8）道德教化论
（9）善恶报应论 （10）道家承负说

◆ *12、平等观念*

（1）佛教无缘慈 （2）佛教同体悲 （3）自然的理念
（4）众生是平等 （5）各平等思想 （6）缓社会矛盾
（7）维护和平的 （8）是道德体现
（9）不同的中心 （10）有社会功能

◆ *13、情执观念*

（1）无明的烦恼 （2）情重的困扰 （3）自在与解脱
（4）生命的现象 （5）男女的贪着 （6）复杂的内涵
（7）感情的表象 （8）业力与果报
（9）人性的表现 （10）心性的立场

◆ *14、我执观念*

（1）自私的根源 （2）佛教破我执 （3）唯识论破我
（4）数论与胜论 （5）耆那与空衣 （6）外道及遍出
（7）灵魂无实我 （8）根尘识和合
（9）能所均双泯 （10）境智均双泯

◆ *15、法执观念*

（1）我执和法执 （2）妄想的执着 （3）我执的迷惑
（4）法执的迷惑 （5）法执的原因 （6）谁破法我执
（7）心地破二执 （8）无住而生心
（9）观心六度行 （10）诸经论二执

第八章：福德观 Virtue Vision

第三讲：理事无碍 Judgment Stage（证成次第） 11、善恶观念

(1) 佛教善恶观

在印度佛教理论中，善恶观与业报轮回说相连，净染业力决定人生轮回果报，在伦理角度上，净业即善业，染业即恶业，善业恶业在因果律的作用下就形成善业善果、恶业恶果的善恶报应。在时间空间上，印度佛教因果律的作用范围不限于此世，而是把业因与果报的因果关系延伸于前世、今世、来世，形成"三世二重因果"的业报轮回链。认为人们在现世的善恶作业，决定了来生的善恶果报；今生的伦理境遇取决于前世的善恶修行。

(2) 中土原传统

作为佛教伦理理论基础的善恶果报说，一经传入中土便与中土的"积善余庆"、"积恶余殃"思想相合拍。除《易传》中言"积善之家必有余庆，积不善之家必有余殃"外，这一思想还散见于中国文化的许多典籍中，如《尚书·商书·伊训篇》云："惟上帝无常，作善降之百祥，作不善降之百殃。"《国语·周语》云："天道赏善而罚淫。"《老子·七十九章》言："天道无亲，常与善人。"《韩非子·安危》言："祸福随善恶。"并形成中土根深蒂固的伦理传统。

(3) 报应的主宰

印度佛教善恶报应的主宰力量是"业力"，中土报应的主宰力量是"上天"、"上帝"，说是是"上帝无常，作善降祥"，"天道赏善罚淫"。这种报应的力量，一种是自力，一种是他力，一种是内力，一种是外力。

(4) 报应的载体

依善恶报应的载体而言，印度佛教强调自作、自报。对前世、后世、来世报应的载体的预设，由不承认有报应载体，发展到后来以"不可说补特伽罗"、"胜义补特伽罗"等为轮回报应的载体。中土报应有的载体是不灭的灵魂。

(5) 报应的承担

就善恶报应的主体承担者而言，印度佛教主张自报自受，即现在所受乃前世自作，今生所作来生自受，而中土伦理除说自作自受只限于现世范围，把来世报应的承担者设定为现世善恶行为主体的子孙，即主张一人作恶殃及子孙的"承负说"。

第八章：福德观 Virtue Vision
第三讲：理事无碍 Judgment Stage（证成次第）　11、善恶观念

(6) 佛教三世报

佛教三世果报认为是自业自报、自作自受。《因果经》说："欲知前世因，今生受者是；欲知后世界，今生所为是。"《泥洹经》说："父作不善，子不代受。子作不善，父不代受。善自获福，恶自受殃。"而中土承负说认为今生行善而得恶是先人之过，今生行恶反得善是先人之功："力行善反得恶者，是承负先人之过，流灾前后积来害此人也。其行恶反得善者，是先人深有积蓄大功，来流及此人也。"

(7) 三世人天教

宗密（780-841）在《原人论》中说："佛为初心人且说三世业报，善恶因果，谓造上品十恶死堕地狱中，中品饿鬼，下品畜生……令持五戒，得免三途，生人道中；修上品十善及施戒等，生六欲天；修四禅八定，生色界、无色界天；故名人天教也。"

(8) 道德教化论

从伦理教化的功能方面说，中土佛教的善恶报应论起了既安顿人心，又策励人心的作用，成为中土道德教化的主要理论武器。从佛教劝诫修行的角度说，它又是止恶从善、积善修道的最方便法门，为引导发愿入教者的最基本的说教。

(9) 善恶报应论

与中土传统报应论相比，慧远阐扬的佛教善恶报应论，其善恶报应的主体成为人自身及其不灭的精神，这就强调了当下自我的善恶选择的责任，也强化了中土佛教"自心自性自觉"的特征，排除了"承负说"的传统观念。

(10) 道家承负说

承负"是早期道教的善恶报应因果相关思想，其主要内容是说任何人的善恶行为都会对后代子孙产生影响，而人的今世祸福也都是先人行为的结果，如果祖宗有过失，由子孙承受其责任。

第八章：福德观 Virtue Vision

第三讲：理事无碍 Judgment Stage（证成次第）　12、平等观念

(1) 佛教无缘慈

佛教主张"无缘大慈"与"同体大悲"，又把平等的意义推上更进一步的境地。"无缘大慈"用儒家的话来说就是："老吾老以及人之老；幼吾幼以及人之幼。"也就是礼运大同篇所说的"不独亲其亲，子其子"的意思。

(2) 佛教同体悲

"同体大悲"就是一种人饥己饥，人溺己溺的精神，把宇宙间一切众生看成人我一体，休戚与共、骨肉相连。儒家所说的："海内存知己，天涯若比邻。"又说："四海之内皆兄弟也。"正可表现"同体大悲"的胸襟。

(3) 自然的理念

"平等慈悲"是佛教关于人与人、人与自然的基本理念。其现代价值日益得到充分阐发，把佛教"平等慈悲"理念运用于缓解人类社会矛盾，必将有助于提升人类的精神素质，满足人类的新需要，进而促进人类社会的和平共处和共同发展。

(4) 众生是平等

佛教还强调众生一律平等，所谓众生平等，是指众生都具有佛性；众生无高低之别，不论亲怨，一视同仁；众生值得怜悯，对众生要有普遍的无差别的爱心。佛教典籍还宣扬"平等大悲"的思想，主张以普遍、平等无差别的悲心怜悯一切众生，不舍一切众生。

(5) 各平等思想

古人说："天有好生之德。"又说："万物与我并生。"都是一种视万物为一体的平等思想。孔子也讲"己欲立而立人，己欲达而达人"《论语•雍也》。但佛教的慈悲观念、博爱精神，在思想上更具有感召力，在实践上更具有驱动力。因为佛教的慈悲富有实践性，重视对人的关怀、对人间的关怀、对社会的关怀，由此而大力从事社会福利、民间公益事业，在历史和现实社会中都发挥了滑润剂的作用，为弱势群体，为下层劳苦大众缓解了困难，减少了痛苦，带来了希望。

（6）缓社会矛盾

把佛教"平等慈悲"理念运用于缓解人类社会矛盾，必将有助于提升人类的精神素质，减少人类的现实痛苦，满足人类的新需要，进而促进人类的和平共处与共同发展。

（7）维护和平的

佛教的平等理念强调人人本性的平等、人格的平等、尊严的平等。平等意味着尊重，意味着和平。佛教的人我互相尊重的思想，有助于人类和平共处，追求共同理想，建设人间净土。佛教的慈悲思想体现了对他人的同情、关爱，也是远离战争，维护和平的。

（8）是道德体现

"平等慈悲"理念是佛教关于人与人、人与自然的基本原则，是佛教教义的基本伦理。平等是指对他人、对其他生物的尊重；慈悲是对他人、对其他生物的关怀。平等是慈悲的思想基础，慈悲是平等的道德体现。

（9）不同的中心

佛教的众生平等观，既和"人类中心主义"不同，也有别于"环境中心主义"、"生物中心主义"。基于众生平等的理念，佛教还提倡素食、放生等行为，这既有益于人们的身体健康、精神康泰、清心少欲、澄心静虑，也有利于保护濒临灭绝的物种，维护生态平衡。

（10）有社会功能

佛教"平等慈悲"理念要充分发挥其社会功能，就需要深入挖掘自身的思想资源并作出应机应时的阐释，需要不断加强对现代社会的关注，需要对社会新出现的重大问题作出吸时的应对。

第八章：福德观 Virtue Vision
第三讲：理事无碍 Judgment Stage（证成次第） 13、情执观念

（1） 无明的烦恼

"情"是人们无始以来烦恼，就佛法而言，"情"是一种无明，有了欲爱、色爱，就会产生情执。处身迷妄的人，看不破、放不下，为了情感的问题，往往做出一些不合情理、不合法度，乃至于伤天害理的事情。所以说"情"是人们的一个根本大烦恼。

（2） 情重的困扰

"情执重"的人很多，很多人被"我爱的人不爱我，爱我的人我不爱"所困扰着。此等身心重大问题，使他们陷溺其中不能自拔，痛不可当。创造真正幸福美满的人生，需要克服情执。

（3） 自在与解脱

一般世间人无法离开欲爱、色爱的系绊，因此不能出离六道轮回苦；要想出离苦海，一定要看破、放下，以智慧剑斩断情丝业绳，才能获得自在与解脱。

（4） 生命的现象

从佛法立场来看感情问题，要从生命现象的角度分析。因为感情，就是人与人之间的关系，譬如中国人讲的"五伦"，就是讲君臣、父子、夫妇、兄弟、朋友之间的关系，也就是感情，而这正是实际的生命现象。

（5） 男女的贪着

男女之间贪着最深的"情欲"，这是维系男女感情最根本的东西。男女的情欲有四个层次，①色，也就是贪着外在的美貌；②情是两个人心灵有了沟通，不管任何沟通，都会产生情；③爱已经是一种执着，就是不管你爱不爱我，反正我爱你；④淫欲是生理的反应，比较污浊，不管有没有色、情、爱，它只是一种生理需要解决的心理反应。

第八章：福德观 Virtue Vision
第三讲：理事无碍 Judgment Stage（证成次第）　13、情执观念

(6) 复杂的内涵

首先我们要了解"感情"的内涵其实是非常复杂的，它是我们整个心性综合的表现。佛法把我们一般所讲的心绪、情绪、个性、感情通通列入"心所"这一个观念，对于不同的心理现象、情绪变化，归纳分析成五十一个心所，这就是人性的内涵。

(7) 感情的表象

彼此错综复杂的交合，就形成了种种不同形态的感情表象。所以，感情问题，如果我们只是从感情的表象去了解，就会受困于感情的多样化而掌握不到问题的核心。

(8) 业力与果报

一见钟情就是"业"。今生你不是碰到他，就不结婚了，这就是业力，就是你的果报（当然这并不是每个人如此的）恩爱夫妻是报恩来的，恩尽义绝，下辈子就不会结为夫妻；要是恩情还未了或愈结愈深，下辈子还是要结为夫妇，跑不掉的，夫妻之间反目，一半属于业力，一半属于烦恼。就是因为你跟他有仇，所以他故意让你跟他结婚，让你爱他爱得很深，让你痛苦。

(9) 人性的表现

感情也都有很多不同的类型。所以，只有当我们理解到人与人之间感情的最后关键点是人性深处的综合表现，是人性的本质，我们才能对感情问题做一个最忠实的评鉴。

(10) 心性的立场

从佛法的观点来看感情问题，在心性的立场上，要净化我们的心灵来解除烦恼的束缚而超越对众生的感情；在业果的立场上，要用报恩的心情跟行动来对待我们的怨仇而消除业果。这样才是面对感情问题，最有智慧的处理方法。

第八章：福德观 Virtue Vision
第三讲：理事无碍 Judgment Stage（证成次第） 14、我执观念

(1) 自私的根源

从伦理价值角度而言，"我执"是一切自私的根源；自私是一切罪恶的渊薮。所以佛家的修行者，无不把"破我执"视为出离生死、契证涅槃的第一要务。

(2) 佛教破我执

从存在实相的角度考察，确无有"灵魂实我"的安足处所，所以无论大小二乘，空有两宗，都有不少经论详细进行"破除我执"的论证。"杂阿含经"及龙树"中论"如何对"我执"予以遮破。世亲造颂、十大论师造释的"成唯识论"破我的要点加以说明。

(3) 唯识论破我

"杂阿含经"破我，以即蕴我为主："中论"破我，则即蕴我与异蕴我兼破，"成唯识论"亦同"中论"，不过其破异蕴我则更为精审。何以故？因为在唯识流行时代，外道对我执已经发展成不同的形态，大别有三大类型，今分别叙述其宗计及唯识的遮破如后：……

(4) 数论与胜论

一者、以数论（Samkhya）与胜论（Vaisesika）为代表，执着有"灵魂实我"，其体是常、是一、周遍一切处，但能随其所在，造业行，受苦乐。其实这样计执是自相矛盾的，不过他们不能自觉而已。所以"成唯识论"指出：世间一切事物，若是常一周遍的就不能造业，不能受苦乐；能造业、受苦乐的，就不会是常一周遍的，可成二论式破彼"常一周遍的实我"。

(5) 耆那与空衣

二者、以耆那教（Jaina）的空衣派为代表，计执有"灵魂实我"的存在，其体永恒，但其量不定，寄存在身体之中，随着身体的大小而起卷舒变化，当然它们亦能造业，亦受苦乐。其实彼亦非理，因为凡是能经历的事物，是常一就不能卷舒变化，能卷舒变化就不是常一。

第八章：福德观 Virtue Vision
第三讲：理事无碍 Judgment Stage（证成次第） 14、我执观念

(6) 外道及遍出

三者、以外道兽主（Pasupata）及遍出（Parivrajaka）为代表，计执有"灵魂实我"的存在，那些"实我"其体也是常一，但极细小，如同原子极微，潜伏在身体之内，高速运转，如旋火轮，遍动造业，并受苦乐。此亦为非理，因为凡有往来转动的事物，都非是常一的个体，凡是常一的，都不转动，譬如虚空，实无动转。

(7) 灵魂无实我

如是外道所执的"灵魂实我"，不论是即蕴或是异蕴，都不外其体极大、其体极小、大小变化不定等三种形态。此种不同形态的"实我"已于上文分别予以遮破，所以依"成唯识论"的论证，决定不可能有"灵魂实我"的存在，这便符合原始佛教"诸法无我"的精神。

(8) 根尘识和合

其次观察心，如经中说："根、尘、识三事和合触，俱生受、想、思。"

受无我 当各种舒服不舒服、苦乐的感受生起，譬如感觉"我"很郁闷，仔细观察：原来满怀期待今天要去道场听经闻法，想像可以如上星期那样法喜充满，可是公司临时有事要加班，期待落空，内心怅然、有失落感。那么，看看可以感受失落、郁闷的是什么，是心！心是不是"我"，仔细观察：其实是根（大脑）、尘（有事要加班）、识（觉知到不能如愿听经闻法）、想（上星期法喜充满的记忆）、行（今晚能赶往道场的渴望和计划、安排），整个因缘和合造成这种感受。

(9) 能所均双泯

想、行无我 当念头、思想生起时也是同样地仔细看看是不是"我要"、"我想"，妄念、贪嗔、烦恼生起时，也不必急着把它赶走、去除，看看打妄想、起贪、起嗔、起烦恼的是什么？是"我"吗？持续不懈地观察，你终究会确认并没有一个能起念头、思想（包括妄念、贪嗔、烦恼）的我，只是外境刺激、大脑记忆和反应中和合相依所虚拟的缘起如幻我，虽然其中没有主宰性的我，却也可以建立假名无实的我，作为表达、沟通的工具。

(10) 境智均双泯

境智双泯 最后要观察，那个知道缘起无我的是谁？仔细地观察，缘起无我的真相也没有实体，"所证"的真理和"能证"的智慧，其实是相依而建立的假名，"缘起无我的真相"和"般若智慧"都没有实体，境智双泯，不可言说而假名施设，法尔如是，不可思、不可议、无智亦无得！

清华大学 领导力培训项目[...]   CCEO-A8-B3-11   Copyrights 2008 In U.S.A/China by Victor
[...]

141

第八章：福德观 Virtue Vision

第三讲：理事无碍 Judgment Stage（证成次第）15、法执观念

(1) 我执和法执

人们在生活过程中，不免发生种种烦恼习气，造成无量的痛苦和不安。从佛法的观点来分析，产生这些烦恼习气的根源，主要是我执和法执（也叫人我执和法我执）所造成。由于这二种虚妄和执着，障蔽了本具的智慧光明，不能悟证常住真心，以致无始以来，生死流转，受无量苦！

(2) 妄想的执着

经中所说的妄想，即是我们第六意识的虚妄分别；所说的执着，即是第七末那识的我执。（包括人我执和法我执。成唯识论述记说："人我执中即有法我，人我必依法我起故。"）我执是从身上起执着，法执是从法上起执着。

(3) 我执的迷惑

具体来说，所谓"我执"，是我们对于新陈代谢、变幻不实、五蕴和合的身心，固执是能自在主宰的实我。这主要是由于自心污染、暗昧，不能了达身心等现象，莫非是各种因素的合成，由于在本无我中妄生执着，处处以"我"为中心，便产生了各种烦恼、迷惑。这些烦恼可以概括为"见惑"和"思惑"。

(4) 法执的迷惑

所谓"法执"，就是虽能了达"人我"是空，却固执一切诸法以为实有，不能了达一切事事物物都是随着客观条件的变化而变化，正像水（液体）在0°C时，可以变成冰（固体），而在100°C时，便可变成水蒸气（气体），客观条件（温度）变化了，事物便随着起变化。楞严经说："因缘和合，虚妄有生，因缘别离，虚妄名灭。"既然缘生缘灭都是虚妄，所以生即无生，灭也无灭，都无自性，所谓"法我"也是空的。

(5) 法执的原因

造成法执的原因，主要是由于见思粗惑虽去，而尘沙、无明等细惑未净，不能了知事物的真相和实性，因而使能知的智慧和所知的境界受到障碍，所以也叫智障或"所知障"。所知障能障菩提，招致三界以外的"变易生死"。（烦恼障是从当体立名，所知障是从所障立名，由于无明障蔽，使所知之境不能显现，故叫所知障。一般以为所知的知识、学问等等能障蔽自性。这不是"所知障"的实际含义）

第八章：福德观 Virtue Vision

第三讲：理事无碍 Judgment Stage（证成次第）　15、法执观念

(6) 谁破法我执

唯识者说：声闻能遣人我执，而菩萨更能破法我执。人我执浅，而法我执深。中观者说：人我执和法我执，各有浅深。声闻也不但能遣破人我执，法我执也是能够遣破的。本论所说的，非常不同：人我执，依凡夫位说；法我执，约二乘钝根说。

(7) 心地破二执

大乘心地观经说："一切凡夫亲近善友，闻心地法，如理观察，如说修行，自作教他，赞励庆慰，如是之人，能断二障，速圆众行，疾得阿耨多罗三藐三菩提。"又说："诸法缘生皆是假，凡愚妄计以为我，即此从缘法非真，妄想分别计为有，若能断除于二执，当证无上大菩提。"

(8) 无住而生心

渐渐体会到自性本来清净，不必着意起照，入于忘照而终日未尝观想的地步。圆觉经说："有照有觉，俱名障碍，是故菩萨常觉不住，照与照者，同时寂灭。"功夫到这一层次，不观而观，心即非心，二执齐消，我法双空，并空也空，证入"终日无住，终日生心；终日生心，终日无住"的境界。

(9) 观心六度行

做观心功夫，必须与六度万行紧密结合起来，与种种顺逆境界的磨练结合起来，以坚强的毅力，与自己的烦恼习气奋斗，见为我执，解而空之，情为我爱，转而疏之，在障碍中忍得住、透得过，逐步功行纯熟，做到于一切法不取不舍，证入"知是空华，即无轮转"（圆觉经）便能迅速与空有不二、寂照同时的实相境界相应。

(10) 诸经论二执

金刚经说："以无我、无人、无众生、无寿者，修一切善法，即得阿耨多罗三藐三菩提。"大乘起信论说："于一切时，常念方便，随顺观察，久习淳熟，其心得住。以心住故，渐渐猛利，随顺得入真如三昧，深伏烦恼，速成不退。"华严经十地品说："此菩萨以深智慧，如是观察，常勤修习方便慧，起殊胜道，安住不动，无有一念休息废舍，行住坐卧，乃至睡梦，未曾暂与盖障相应。"以上经论所说，都是学般若、化二执的宝贵论述。

清華大學

中华国学再造领导力
企业家高级研修班 讲义

CHAN OF CEO

 企 业  禅

第八章

福 德 观

第四讲 事事无碍

编讲人：强梵暢
Edited by Victor Chiang
中国北京大学宗教学系 兼任研究员
Research Fellow
Department of Religious Studies
Peking University , Beijing , China

CCEO-A8-B4-01

清華大學 领导力培训项目网
Tsinghua University Training of Leadership

第八章 福德观 总纲目

第一讲 理无碍	第二讲 事无碍	第三讲 理事无碍	第四讲 事事无碍
⬇	⬇	⬇	⬇
因缘观念	消灾观念	善恶观念	
业力观念	积福观念	平等观念	生死观念
因果观念	利他观念	情执观念	正邪观念
轮回观念	随缘观念	我执观念	罪福观念
中道观念	感恩观念	法执观念	苦乐观念
			迷悟观念

清华大学 领导力培训项目网　　　　CCEO-A8-B4-02　　　　Copyrights 2008 In U.S.A/China by Victor Chi...

145

第八章福

第四讲事事无碍

◆ *16、生死观念*

（1）生死的问题 （2）死生是有命 （3）亡后的生命
（4）前世与今生 （5）生死学研究 （6）死亡学研究
（7）佛教生死观 （8）分段的生死
（9）变异的生死 （10）基督教生死

◆ *17、正邪观念*

（1）真理很难辨 （2）邪人与邪法 （3）正邪很难分
（4）经得起考验 （5）妄立的邪说 （6）邪教正横行
（7）邪教与邪说 （8）散播邪歪理
（9）信仰的层次 （10）不能乱信邪

◆ *18、罪福观念*

（1）罪福人生路 （2）弃邪而归正 （3）罪福皆应舍
（4）罪福无所依 （5）罪福皆应空 （6）两舍即般若
（7）罪福应平等 （8）中道舍罪福
（9）修福为止恶 （10）修福对治法

◆ *19、苦乐观念*

（1）苦乐的差别 （2）妄想攀缘心 （3）要惜福培福
（4）趋乐而避苦 （5）难除的习气 （6）苦乐会变化
（7）身苦与心苦 （8）佛教四圣谛
（9）三世的因果 （10）逐境生苦乐

◆ *20、迷悟观念*

（1）迷悟不离心 （2）自性该自度 （3）一切唯心造
（4）一智除万愚 （5）迷悟一念间 （6）自性的迷悟
（7）万法由心成 （8）是自家宝藏
（9）凡夫众生迷 （10）大小乘修持

第八章：福德观 Virtue Vision

第四讲：事事无碍 Successful Stage（圆满次第） 16、生死观念

（1）生死的问题

二千数百年前中国的春秋时代来说，思想发达，诸子百家争鸣。有学问的哲人学者，开始对人类的生死问题提出了意见，知道如果生死为人类之大事，既有生，就一定有死。孟子说："所欲有甚于生者，……所恶有甚于死者。"可见好生恶死，存在于人类共同的心中。

（2）死生是有命

但生死是生理变化的过程，应该使之顺其自然。故子夏说："死生有命，富贵在天。"孔子也说："爱之欲其生，恶之欲其死；既欲其生，又欲其死，是惑也。"（《论语•颜渊》）因为人之生死，不能随人的爱恶。人们只能循生命之真理，而求其养生、广生与长生，却无法免于不死。

（3）亡后的生命

就在近代科学家、心理学家、医学家，斥责灵魂之说为迷信的强大压力中，也有少数人持相反的意见，《死亡之后的生命》一书前言中说："早在十九世纪中叶，受当时那些据说和死者灵魂有感应力量，并与精神世界取得联系的层出不穷的报告影响和刺激，人们已开始一本正经地对这一现象展开了研究。从那以后，为了最终决定性证明这种交流与感应到底可不可能，这些先驱者突破万难，千方百计地对数以百计明显难以解释的实例，进行了调查和探索。而另一个吸引人们进行仔细深入研究和调查的领域，是那些心灵感应的艺术领域，音乐、绘画、文学等作品，作者是平凡的人，但他们宣称其作品，是受到早已去世大师的指导而产生的。"

（4）前世与今生

近来一位出身耶鲁大学的医学博士，名布莱恩•魏斯（Brian L.Weise）的美国医师，担任过耶鲁大学精神科主治医师，迈阿密大学精神药物研究部主任，在匹兹堡大学教过书，现任西奈山医学中心精神科主任，曾发表三十七篇科学论文和专文，这位受过严格科学训练的医师，竟提出人类有轮回的说法。魏斯花了四年，写下了《Many Lives,Many Masters》这本书。花了四年，才鼓起勇气，甘冒专业的风险，透露这些不正统的讯息，让大家都了解我所知道的不朽和生命的真义。（书名：《前世与今生》）

（5）生死学研究

严格的、科学意义的"生死学"（Bio-thanatology）或生死研究（Studies of life-and-death），直到本世纪七十年代才正式宣告确立。它原来的面目是"死亡学"（Thanatology）及"死亡教育"（death education），是针对死亡与垂死的认识和确定，以及死亡现象的掌握。……然而，"生/死"的却是一体两面的现象，从而必须站在生死一贯、生死相互交涉的全向度观点来发展这门学科。

第八章：福德观 Virtue Vision

□第四讲：事事无碍 Successful Stage（圆满次第）　　16、生死观念

(6) 死亡学研究

傅伟勋于其《死亡的尊严与生命的尊严》—《从临终精神医学到现代生死学》中说："死亡学是所有学问之中最复杂的一门，因为他所涉及的研究范围与相关的问题及学科极其广泛，包括政治、法律、道德、（世界）宗教、哲学、心理学、精神医学、精神治疗、文学艺术等等部门。不但如此，死亡学也是最难精通的学问，'活到老，学到老'还不够，在生命的最后关头，即临终阶段，仍要学习。"

(7) 佛教生死观

①佛教重视人的身心状态，显现了佛教慈悲的本怀——以人为本。②从开悟者的身上看到对于生死的洒脱与自在，关键在于开悟者看到了宇宙的真象，看到了万物的本质——生、住、异、灭，所以才能放下不执着。③从禅门的生死观中看到了佛教形式上的转变，由原来对于思惟教义的模式，转变成为不要执着文字。禅门的生死观是活泼的展现佛教的最高义理，且不论"禅门行者往生到何处？"说预知时至也都不至于太怪异，真正的洒脱应该是其对于生死的淡泊与来去自如。

(8) 分段的生死

佛教分段生死：又作分段死、有为生死。是变异生死的对称。指众生由于每一世所招感的果报不同，而有形貌、寿命等区别，称为分段身。受此分段身后，必有一期生命的结束。故称分段生死。

(9) 变异的生死

佛教变异生死：又作无为生死、不思议变易死、变易死。是分段生死的对称。指阿罗汉、辟支佛及大力的菩萨等三乘圣者因悲愿心而来世间所受的生死。

(10) 基督教生死

按着定命，人人都有一死，死后且有审判。希伯来书9：21没有轮回，只有永死和永生，所以只能选一条路走，不是永远的灭亡，就是永远的荣耀。中世纪时，对死亡的看法，由平安、逾越，逐渐转变或严厉的最后审判。天主和天使不再在天堂门口迎接死者来到，取而代之的是守卫，在他们进入天堂庭院之前，详加审断。因此，基督教的死亡，不再是出谷奥迹的完成，而是一种严酷的折磨。基督徒相信："死亡"，不再是生命的结束，只是转换，这样的概念，也表达在殡葬礼中。数年前，英国戴安娜王妃的殡葬礼中，就唱了许多欢赞的阿里路亚歌曲，以示她已进入永恒生命的喜悦。

第八章：福德观 Virtue Vision

第四讲：事事无碍 Successful Stage（圆满次第） 17、正邪观念

（1）真理很难辨

世间万事，必须依理智择正邪，有真理才有正确的目标，有正确的目标，才能达到真正的目的。盲目的信仰，盲目的附和，或盲修瞎炼，都会走火入魔而自己还不知道。

（2）邪人与邪法

俗说："邪人学正法，正法也变邪法"，"正人学邪法，邪法也变正"，"蛇饮水，水也变毒液，牛饮水，水也变牛乳"，世间偏偏正人君子很少，奸诈小人居多，所谓"正法难遇"，"善知识难逢"，"近朱者赤，近墨者黑"，所以亲近善知识是一件很重要的事情。

（3）正邪很难分

奇怪的是，正言正语真理人不爱听，邪言邪语谣言欺骗的话，人偏偏爱听爱信，人是"万物之灵。"俗说"公有公理，婆有婆理"，正有正理，邪有邪理，歪人有歪理，你说你对，我说我对，依什么为标准？若是信佛者，当然依佛经所说为标准，各教依各教的经典。妖魔鬼道，偏偏拿各教的经语改一改，掺杂些邪言邪语，让人正邪难分，所说都是谣言乱语恐吓之话，所以没有智慧的人正邪难分，即附和他们了。

（4）经得起考验

我们所信仰的对象，必须是历史上经得起考据证明的，必须是经过举世共同承认确实存在的，必须是具有高尚品德与圣洁人格的，必须是能够自度度人、自觉觉人的大善知识，如此才能引导我们走向正道，才是值得我们信仰、皈依的对象。

（5）妄立的邪说

佛教崇尚和平与融洽，对于其他宗教一向采尊重的态度。不过现在有些宗教，以佛陀为教主，教义中也揉和了佛教色彩，却别立其名，这就好比认他父为己父，当然会引起争议；更有些宗教打着佛教的旗帜，却另立邪说，自封尊号，"未得谓得"，无异"以盲引盲"，信者非但不能见到真理，反而误入万劫不复之地，岂不枉哉！

第八章：福德观 Virtue Vision

第四讲：事事无碍 Successful Stage（圆满次第） 17、正邪观念

(6) 邪教正横行

现在的宗教，好象多数都介入了贪心、诈欺、迷信，甚至"邪教"横行。近几年来发生的"邪教事件"，如美国的"大卫教派"，自称上帝，能死后三天复活，造成八十多名的教徒被活活烧死；日本的"奥姆真理教"，教主麻原以基督自居，要求教徒膜拜他的肖像，化数十万的日币买他的洗澡水，谓之"神水"，藉此加强功力，由于麻原的心理扭曲，最后造成五千多人死伤的东京地铁毒气事件；台湾的一些神棍则或以放光分身、灵异相片，眩惑民众；或以消灾避祟，巧立名目让人产生畏惧服从的心理而藉以敛财骗色，也造成一些社会乱相。

(7) 邪教与邪说

所谓"邪教"，就是怪力乱神，甚至假借宗教之名，意图达到敛财、图利、骗色、求名等另外的目的。邪教所散播的异端邪说，都是违背正知正见的思想与见解，如拨无因果、谈玄说异、卖弄神通、否定轮回等四颠倒和六种邪见，使得我们光明的本性被障蔽。

(8) 散播邪歪理

邪信更糟糕，信错了就是"差之毫厘，谬之千里"，所以现在台湾的邪教横行，政府也不管，任凭他们披着"信教自由"的外衣、打着这样的旗帜，到处散播邪说歪理，这是很可怕的。所以今后佛教要"驱邪显正"，正派最好，凡是具有教育性，能引导人向上、向善、向美、向解脱的目标迈进的，就是最好的信仰。

(9) 信仰的层次

信仰宗教的层次有种种的不同。宗教的上等者，以正知正见指导我们的生活，以六度万行开发我们的佛性；中等者，以教条仪规约束我们的行为；下等者则沦于神通、灵异的外道邪说，使人迷乱心智，产生恐惧的心理。因此，如何辨别正邪之道，不可不慎！

(10) 不能乱信邪

俗语说："宁在大庙里睡觉，不在小庙里办道。"宁可在正教里游走，也不在邪教里作领导。甚至宁可以不懂，但是不能邪信。虽然说宗教是神圣的，不可以用世俗的法律来管理，不过因为这是世间，一些不正派的人，在俗世中行走，与俗世的人接触，接受世人的供养，有的甚至以不正当的手段诈欺、骗人，还有的神棍藉机敛财，像这许多的问题，政府也没有过问，反而让迷信、邪信的宗教泛滥，这些邪信、迷信会让人民无知。

第八章：福德观 Virtue Vision
第四讲：事事无碍 Successful Stage（圆满次第） 18、罪福观念

(1) 罪福人生路

"罪福"是人生的两大分歧，也是人生所向的两条途径。佛说："一切众生皆有佛性。"佛教不同儒家，孟子说："人性本善。"荀子却说："人性本恶。"真正的本性是非善非恶、不增不减，本来清净。只因人的贪嗔痴慢之心而迷惑了清净自性，故有分别取舍之心，此"心"即是妄心。

(2) 弃邪而归正

佛教的精神也在劝人为善，弃邪归正。佛经说："诸恶莫作，众善奉行。"要人们所有的恶切莫要去做，一切善事皆应积极诚心去做。又说："莫要恶小而为之，莫要善小而不为。"古人言："做一件好事并不难，而难的是一辈子做好事。"

(3) 罪福皆应舍

佛教明舍罪福，是为了破众生的分别心，以识二谛而生般若方便。因此《百论》说罪福本空是对治而说。如《中观·观业品》云："若能降伏心，利益于众生，是名为慈善。"因为众生迷惑造业而不觉，故说罪是苦，应修福而舍罪。以修福心去降伏造恶心，此是为了利益众生不堕恶道，方便说为善事。

(4) 罪福无所依

吉藏大师在《百论疏》卷三中说："罪以摧折为义，造不善业，感彼三途。得于苦报，摧折行人，目之为罪。福是富饶为义，起于善业，招人天乐果，故称为福。舍者入实相观，心无所依，故称为舍。"

(5) 罪福皆应空

《中论·作作者品》云："若无作等法，则无有罪福，罪福等无故，罪福报亦无。"这就是说我们众生有罪福报是因为有善恶之行为，有净不净之分别心。如果断除分别心即无有作、作者、作法。若此三法皆空则无有罪福可作，无作即无果。因此罪福俱舍即是入空观见佛性。

第八章：福德观 Virtue Vision
第四讲：事事无碍 Successful Stage（圆满次第） 18、罪福观念

(6) 两舍即般若

《百论疏》又说："凡夫着有故有六道罪福，今明罪福性空，不应着有。二乘滞空，证空之时不能即知罪福宛然，故明虽毕竟空，而罪福宛然。两舍即是般若，罪福即是方便，欲令一切凡夫二乘具般若方便，故明两舍。"

(7) 罪福应平等

为初发心的人容易贪着福报，故佛说修福可以舍罪。为发心学佛长久之人说福亦是空，有限有尽，福生时住时乐，福灭时苦来，因此应依空舍福。一个修行者而言，则不同凡夫之见。应该说罪福平等。虽然在日常生活中有丑有美、有善有恶，但此善恶皆是有为之法是无常法。"福"虽然能止恶使人修善成就道业，但"福"仍然是由修所得，非常不变的实有之法。

(8) 中道舍罪福

《百论疏》云："二取堕二边故，名之为邪，两舍是中道，名之为正。"也就是说如果执着于有罪可舍，有福可修即是邪见。因为罪福本来无形无相，本性是空。如《中论·观四谛品》云："若谓从福，而生果报者，果从罪福生，云何言不空。"

(9) 修福学止恶

修福是为了止恶，而不应该认为修福只是为了得到人天乐报，去享受来世的荣华富贵。荣华富贵如过眼云烟，修福不应执着"福"是实有，而应认为是为了断恶而所用的方法。

(10) 修福对治法

如果我们能把生活中的一切看作是一种对治法门，为止恶而修福，当恶止时福亦应舍，一切法皆是因缘所成，即无所得亦无所失。如能如此看待生活，则不会为得不到或不能永远为己有而感到苦恼和失忘。

第八章：福德观 Virtue Vision

第四讲：事事无碍 Successful Stage（圆满次第）   19、苦乐观念

（1）苦乐的差别

苦乐的差别，主要取决于心里的主观感受，而不在于身体或事件的本身。在一般世人的眼里，不停为众生忙碌却是很辛苦的事，可见得苦与乐并不是绝对的感受。如果心中没有任何要度众生的念头，也不计较自己是否能得到回馈，就能体会到解脱的快乐。

（2）妄想攀缘心

真正有智慧的人，面对外境种种生灭现象、顺逆境界，只要起了执着的心，终归是苦而非乐。所以并非人生都是苦，而是因为没有真理（因果、心性、因缘）的慧观，让我们一直都在受苦。如果有达观的智慧，知道真理、法则，知道日用所行该如何进止及思惟，心一直在平和定静中，何来有苦？所以真正令我们受苦的，是我们妄想攀缘的心，而非外境。

（3）要惜福培福

富者若不知惜福并进而培福，将整日花天酒地，骄奢淫逸，更造杀、盗、淫、妄、酒诸恶业，终究遭牢狱之灾，或遭天灾一夜变贫，或遭杀害，或遭逆子败光家产，晚年贫病交迫，甚至于来世堕落三恶道；贫者若能知足常乐，了知"三世因果"而安贫乐道，若更能进而学佛修道（六度万行），热心公益，量力布施（布施不一定要花钱），积功累德，深知六道轮回疾苦。

（4）趋乐而避苦

我们的人生，并非只有吃喝玩乐，或者汲汲营营于追求财色名食睡。除了这些基本的物质追求，我们还有自己的心灵，众生都有灵知灵觉的这念心，同样都有趋乐避苦的习性，而如何才能掌握人生，让自己不受痛苦，达到永恒的安乐，是值得每个人深思的课题。

（5）难除的习气

我们的心念在追随欲望中太久了，贪财、色、名、食、睡。这是每个人很难革除的欲习，然而生活中的苦也多由此而生，得不到拼命追求，求到了又担忧失去，失去了真是锥心刺骨、悔恨交加。或许在得到时有短暂的喜悦及成就感，但是很快又会被伴随而来的担心害怕、焦虑、忧愁所取代。

第八章：福德观 Virtue Vision
第四讲：事事无碍 Successful Stage（圆满次第） 19、苦乐观念

(6) 苦乐会变化

佛陀也并不否认人生有乐，譬如世俗间的天伦之乐，五欲之乐；修出世法的厌离之乐，无着之乐等。但这一切乐，都包含在苦内。为什么呢？因为根据缘起的教义，快乐是因缘所生法，无其本质。快乐随着因缘的变化而变化，有变化就是无常，而无常就是苦。

(7) 身苦与心苦

佛教中以老、病、死三者为基本上的身苦，以贪、嗔、痴三者为基本上的心苦，这二者是诸苦的代表。如果从苦的性质来说，非可意的受称为苦受；可意的受称为乐受；非可意非不可意的称为不苦不乐受。以上三种受，其性质全是苦。

(8) 佛教四圣谛

佛陀在其基本教理苦、集、灭、道四圣谛中说："苦当知、集当断、灭当证、道当修。"简单的说，切断苦的来源："断集"，就可摆脱或减少痛苦。《八大人觉经》说："多欲为苦，生死疲劳，从贪欲起；少欲无为，身心自在。"约束我们的欲望，切断痛苦的来源，就可减少痛苦，达到淡化苦乐的效果。

(9) 三世的因果

俗谚："贫穷夫妻百事哀，盖贫者苦；富者乐是也。"此乃就一般不知"三世因果""人生宇宙真谛"之众生而言。其实若能深信"三世因果""人生宇宙真谛"之人（尤其是学佛修道者），将能转烦恼为菩提，而认为"贫未必苦；富未必乐"是也。何以故？盖"欲知前世因，今生受者是；欲知来世果，今生作者是""诸法唯心作"是也。

(10) 逐境生苦乐

有人或许会说，人的一生本来就是要大苦大乐，其实都是我们喜欢追求的心而来，因为这样的因心，把外境的成就作为我们人生追求的方向，随外境而有苦乐，我们的生命不是掌握在自己手中，而是在外面的境界，逐物而生喜乐；逐境而生悲苦，这是众生的悲哀。如此思惟，人生的苦，是我们无法明达真理的智慧所造成，因为种种欲望及无知而来。

第八章：福德观 Virtue Vision

第四讲：事事无碍 Successful Stage（圆满次第） 20、迷悟观念

（1）迷悟不离心

①迷悟不离心，佛法以心为宗。②佛教是业感缘起论，外道是一神论、创造论。③生活即是因果，因果即是生活。④众生自性自度，佛不能度。⑤佛法是重生的宗教，不是重死的宗教。

（2）自性该自度

慧海禅师云："众生自性自度，佛不能度，如果佛能度众生，那么过去有恒河沙数无量诸佛，一尊佛度一位众生，早应该度尽，为何众生尚未度尽？要明白！众生自性自度，佛不能度。"

（3）一切唯心造

华严经云："若人欲了知，三世一切佛，应观法界性，一切唯心造。"

（4）一智除万愚

六祖惠能大师云："一灯能除千年暗，一智能灭万年愚。"

（5）迷悟一念间

一念悟，当下自在解脱；一念迷，当下沉沦受苦。但是迷悟一念间。

第八章：福德观 Virtue Vision

第四讲：事事无碍 Successful Stage（圆满次第）　20、迷悟观念

（6）*自性的迷悟*

六祖坛经云："自性若悟，众生是佛；自性若迷，佛是众生。"

（7）*万法由心成*

开悟圣僧云："万法都由心想成，如心画物物成形；六凡四圣皆心画，诸佛当初也众生。"

（8）*是自家宝藏*

慧海禅师云："无一法无取，无一法可舍，不见一法生灭相，不见一法来去相，遍十方界，无一微尘许，不是自家宝藏。"

（9）*凡夫众生迷*

凡夫众生迷：以为佛能度众生，众生被佛所度；诸佛觉悟：众生自性自度，佛不能度。

（10）*大小乘修持*

抗战期中，太虚大师从南洋访问回来说："南方的教理是小乘，行为是大乘；中国的教理是大乘，行为是小乘。"

其实，南方的佛教，虽是声闻三藏，由于失去了真正的声闻精神，几乎没有厌离心切，专修禅慧而趋解脱的。缺乏了急求证悟的心情，所以反能重视世间的教化，做些慈善文化事业。而中国呢，不但教理是大乘的最大乘，顿超直入的修持，也是大乘的最大乘。称为大乘的最大乘，实是大乘佛教而复活了声闻的精神——急求己利，急求证入。失去了悲济为先的大乘真精神，大乘救世的实行，只能寄托于唯心的玄理了！

Thldl
领导力培训专家

清華大學

中华国学再造领导力
企业家高级研修班 讲义

CHAN OF CEO

企 业 禅

第九章

社 会 观

第一讲 理无碍

编讲人：强梵暢
Edited by Victor Chiang
中国北京大学宗教学系 兼任研究员
Research Fellow
Department of Religious Studies
Peking University , Beijing , China

清華大學 领导力培训项目网
Tsinghua University Training of Leadership

CCEO-A9-B1-01

第九章 社会观 总纲目

第一讲 理无碍	第二讲 事无碍	第三讲 理事无碍	第四讲 事事无碍
⬇	⬇	⬇	⬇
人口问题	农业问题	精神问题	环保问题
教育问题	贫富问题	药物问题	家庭问题
就业问题	法治问题	福利问题	种族问题
居住问题	犯罪问题	老年问题	慈善问题
医疗问题	娼妓问题	青年问题	宗教问题

◆ **1、人口问题**
　（1）全球总人口（2）贫国的人口（3）死亡率降低
　（4）经济的压力（5）养民的重担（6）城市的锐增
　（7）城市的游民（8）快速的增长
　（9）人口学解决（10）提高死亡率

◆ **2、教育问题**
　（1）全球的教育（2）全科的教育（3）全能的教育
　（4）全德的教育（5）全面的教育（6）全学的教育
　（7）全职的教育（8）全社的教育
　（9）全程的教育（10）全图的教育

◆ **3、就业问题**
　（1）全球的失业（2）中国的就业（3）转型的转业
　（4）白领的专业（5）民众的职业（6）挑战的创业
　（7）新兴的企业（8）民生的产业
　（9）青年的选业（10）终生的事业

◆ **4、居住问题**
　（1）联国人居会（2）伊斯堡宣言（3）都市化趋势
　（4）都市区扩大（5）生活品质降（6）交通太拥挤
　（7）盲流的人口（8）城乡的失调
　（9）住宅的简陋（10）全球的课题

◆ **5、医疗问题**
　（1）医疗市场化（2）医德的衰退（3）健康的误判
　（4）错误医疗史（5）该重视预防（6）医学的定义
　（7）药物中毒死（8）身体与心灵
　（9）非传统医疗（10）名药的下场

第九章 社会观

第九章：社会观 Society Vision

第一讲：理无碍 Theory Stage（学习次第） 1、人口问题

(1) 全球总人口

联合国经济及社会事务部人口处预估，未来43年，全球人口将增加25亿人，从目前的87亿增至92亿。报告说："估计至2050年为止，全球总人口将超过90亿，此后有增无减。开发程度比较高的地区人口数则不会有明显变化，而且会明显老化。"报告指出，较大幅度的人口成长与青年人口可能大多集中于较贫穷的地区。报告说："事实上，人口成长极有可能全部集中于低度开放区，尤其是50个开发程度最低的国家。其中许多国家的国民平均年龄相对较低，在可预见的未来，国民的老化程度相对轻微。"

(2) 贫国的人口

人口之增加常被视为一社会问题。世界人口增加极为快速（1970年时，全球人口为30亿6千3百万），若全球维持目前之人口增长率，则每37年世界人口即将增加一倍，全球人口将在200年内达到1570亿，为1970人数之41倍。某些国家之增长率更为惊人。贫穷国家人口增长速度几乎两倍于富有国家，这是现代人口分布情况中最令人悲观的事实。因为这些国家正是最不需要且最无力负担人口膨胀的国家。有些国家早已拥挤不堪。

(3) 死亡率降低

就纯粹人口术语而言，过去两世纪来，全球人口的增长是由于死亡率降低所造成并非生育率提高。以全世界观之，生育率的长期趋势是向下降落，但它的速度追不上死亡率降低的速度。死亡率减低的原因。1953年时汤普生（Warren Thompson）曾说过："我们承认，西方近两世纪来死亡率的降低，根本上由于生产及经济情况改善所致。这并不抹煞医药科学的功劳。"

(4) 经济的压力

严格说来，经济发展并不只是表示全体国民所得的增加；它代表平均个人所得的增加。如人口不变，欲使平均国民个人所得增加百分之一，则必须将国家所得的百分之三至百分之五用于投资。如国家人口以每年百分之三的速度增长，则必须以国家所得的百分之十二至二十用于投资。要求一个穷国以国家所得的百分之十用于经济发展极为困难。

(5) 养民的重担

低度开发国家不仅须解决人口迅速成长的问题，且面临供养无生产能力之幼童之重荷。成年人之工作是用以供养大批儿童，而并非建立长期经济发展的基础。同时，妇女们在养育儿女的重担下，不能参加经济生产的行列，只能从事无效用之家务工作。为补偿幼童依赖之情形，农业国家驱使儿童早年开始工作。然而童工在短期内效率很低，也不能促进经济成长。

第九章：社会观 Society Vision
第一讲：理无碍 Theory Stage（学习次第）　1、人口问题

(6) 城市的锐增

促成低度开发国家城市人口激增之主因，并非来自乡村的移民，而是城市本身锐增人口。低度开发国家之乡村人口亦迅速增加，密度日增，尤以落后农业地区为然。

(7) 城市的游民

但在低度开发国家中，城市通常较农村地区的死亡率低，而生育率却与农村地区同高。因此，它们的城市人口是因自然人口的增加而锐增。在这些城市中，成千成万的人口住在拥挤而没有卫生设备的违章建筑里。他们游荡在公园里、学校操场上、空地上。

(8) 快速的增长

工业国家正因经济繁荣而视人口的快速增长为一头痛问题。事实上，正因每个人所使用的货品和服务增多，而人数已倍增，问题就愈形复杂。在1960至1968年间，能源的消耗量增加了39%。要达到高生活水准，人民多集中于城市。55%至70%的人口集中于人口超过十万的城市地区。当这些大都会地区人口愈来愈多，个人财物也愈来愈复杂，则需要更多财力来解决人口稠密问题。汽车、收音机、电视、船艇、房屋、电冰箱等比人口增加得更快。

(9) 人口学解决

如果人口问题确实存在，就需要人口学来解决。在人口学上也只有三种可能的解决之道：死亡率提高，生育率降低，或是移民。

(10) 提高死亡率

提高死亡率虽不致被采用为人口政策，但仍可能成为一并非故意采用之手段。当人口压力愈大时，可能直接或间接造成死亡率之锐增。仅仅战争本身，即可灭绝亿万生灵，尤其是从事热核子战的话。死亡率是没有限制的，整个地球人类可能全体毁灭。攻击者所用之现代武器可以灭敌，亦灭己。换言之，欲消灭人口比生育人口快速得多，因此以死亡率之增高作为解决人口问题之方法是危险的，人类必须另觅解救之途径。

第九章：社会观 Society Vision

第一讲：理无碍 Theory Stage（学习次第） 2、教育问题

(1) 全球的教育

在全球化的冲击下，国家、社会、团体及个人的利益均面临严重的挑战。在中国融入世界的同时，中国急需培养有全球意识的各种人才，所以整个教育的目标，除了培养学子的专业及就业能力，国家整体智能的战力应列入新教育的重点。

(2) 全科的教育

国力的强盛靠军事，军事的基础靠科技，科技的兴盛靠人才，人才的培养靠教育。中国应打破传统，打破学制，除了普及科学教育外，应有一套专门培养年青科学家的机制。不但能培养出杰出的科学家，更重要的是为祖国所用。

(3) 全能的教育

对于各行各业，各种文化艺术领域中有天分的儿童及青年，应有一套打破传统及制度的培养方法，正如中国培养体育运动的专才一样，也能培养出一流的艺术家、音乐家。

(4) 全德的教育

教育的目标是国家投资下一代，成为国家未来的社会中坚，不是为外国培养精英。所以，教育必须要对中国传统文化、道德素养、国家观念及利益有重点的教育，否则培养出崇洋媚外，功利势利的下一代，自毁国家的未来前程，代价太大。

(5) 全面的教育

国家的整体战力及实力，在于国民的素质及教育水平，有了高素质的国民，才能在各行各业、各个领域提高国家的实力。同时，减少因国民水平低落而造成社会成本的浪费用开支。教育的目标，就是将国民从负面的负担转成正面的对社会贡献的投资。

第九章：社会观 Society Vision

第一讲：理无碍 Theory Stage（学习次第）　**2、教育问题**

（6）全学的教育

国家实力的评断，其中最重要的是国家的学术水平，只有一流的学术水平，才能有一流的师资，才能培养一流的人才。学术水平的提升是任何国家教育的重头，学术界的改革开放，应注入优胜劣汰的机制。

（7）全职的教育

国家对中产阶级的巩固是首要之务，中产阶级是社会整个经济的中坚及社会稳定的力量，所以各种的职业教育、就业教育、创业教育、再职教育、培训教育均应非常重视，教育可以产业化，但产业化的教育，必须切实的推展全面的职教。

（8）全社的教育

全面的社会教育对政府政策的推行，抵挡负面的社会风气，甚至外来势力的阴谋、媒体的误导、政客的煽动、网络的流言、恶意的谣言等均能产生正面的功能与作用。群众永远是盲目盲从的，全面的社会教育就是充分了解群众的心理学，而作正面导向的教育与宣传，防范社会动乱。

（9）全程的教育

全球的远程教育趋势，世界著名的大学，专业权威的学者，均陆续在网络上开课可获得世界一流的学术成果及教学及知识。只要有效地推广及运用，不但能提升国内的学术水平、师资的不足，更可使好上进的自学者，获得教育机会的平等及提升。

（10）全图的教育

图书电子化是一个新的趋势，欧美主要图书馆，甚至美国国会图书馆每年均拨大量的资金，把数亿的藏书，陆续电子化变成电子图书，这是图书馆的一大革命，今后全球图书馆，将以电子图书为主，而不是庞大的书库，这对学术的研究及知识的普及是一个创新的时代。中国应该开始规划，这种经费少、普及大、效率高的全面电子图书馆的建立，对提升全国教育水平会有很大的助益。

第九章：社会观 Society Vision
第一讲：理无碍 Theory Stage（学习次第） 3、就业问题

（1）全球的失业
全球最突出的发展问题就是就业与失业，今年6月第九届国际劳工组织年度报告认为，目前失业和就业不足状况影响全世界一半以上就业人口，全球约有10亿多人失业或就业不足；未来10年内全世界将需要创造5亿个新就业机会。

（2）中国的就业
根据国家经贸委资料（2002年3月），从1998-2001年期间，全国国有企业累计有2250万职工下岗，有1700多万人实现再就业，约占总数的2/3。根据《中国统计摘要》（2002）数据分析，1995-2001年期间，若扣除正常退休人数，全国城镇下岗职工累计在4500万人左右，约有3000-3500万人实现再就业或灵活就业，占全部下岗职工的2/3-3/4之间，目前还有1000万人下岗，应该说在这么大的下岗"洪水"面前能够解决这么多人的再就业已是很了不起的成绩。

（3）转型的转业
百年来，美国从一个以农业为主的国家转变为一工业国家，其职业结构因而产生巨变。1900年时，约有40%的人口务农；至1960年，这一比例已减为6%。农业机械化，科学土壤分析，肥料的施用及科学有种交配等，使农业合理化，减少人力即可生产大量农作。政府复提供所谓独立农人许多补助服务，如指导建药畜栏农舍，以直升机喷洒农药等。因此，农业方面已不需要大量劳工。这些劳工乃转入城市工业。但在城市工业中，亦已发生变迁。机械化使工人生产力提高，大批劳动力转向创造业以外其他部门。

（4）白领的专业
迄1965年为止，大部分美国工人是从事白领或服务方面的工作。有些社会分析家曾论及"后工业社会"（post-industrial society）的情形。高度生活水平，将使工人的所得，大部分用于各种个人及专业化服务。白领职业如银行、保健、教育、保险及政府，为成长最快速的部门，而专业人员，文职人员及服务部门人员（私人家庭佣工除外）之增长率更为快速。美国在1968年时，全国增加的总就业人数中，白领工作占80%。

（5）民众的职业
美国绝不是个机会均等的社会。贫家子弟比其他阶层青年较难谋得理想工作，尤以黑人为然。贫家子弟获取专业及管理方面职位的相对机会，在美国要比任何其他国家为大。若与其他工业国家比较，美国人民在大学中转系或毕业后再转行的机会较大。美国社会中，一般人可重回大学选修学分，或接受在职训练，从而改换行业。而其他社会人民，通常很早就需选定就读科系，从而决定未来的专业方向。美国人较能适应急剧变迁的职业需要，且并不坚持人们在某一地位水平只能准备接受一种职业。

第九章：社会观 Society Vision
第一讲：理无碍 Theory Stage（学习次第）　　3、就业问题

(6) 挑战的创业
近年来，法国不断推出鼓励创业的政策，在税收、补贴等多方面给予创业者优惠。法国企业数量因此增长迅速，但新创建的企业中绝大多数都没有雇员，创业者建立企业的目的只是为了解决自己的就业问题。新华网报导，统计显示，法国目前有290多万家企业，其中无雇员的企业占55.7%，雇员不到10人的企业占36.8%，雇员超过250人的大中型企业仅占0.2%。

(7) 新兴的企业
台经济部中小企业处近三年以"母鸡带小鸡"之姿，推行"创业圆梦计划"，成功扶植669家新创企业，创造3863个就业机会，还带动26.7亿民间资金投入。当前创业市场分析资料，其中七成有意创业者是为了实现理想，只有四成是希望透过创业变有钱，女性的创业动力比男性高出2.8%，有两成六的人，创业领域集中在设计、资讯与零售等服务业。至于创业初期最大的困扰，七成六的创业者反映，过去三年间、资金问题并不大，反而是经营管理、人才培育方面遇到的难题比较多。

(8) 民生的产业
英劳动力专家贾非（A.J.Jaffe）及佛洛姆金（J.Froomkin）曾指出，每当失业率激增时，忧心忡忡的立法人员、工会领袖、社会分析家，即将之归咎于科技的进步及创新。而劳动生产力之增加是基于科技之进步。总而言之，一国之就业水平似并不纯由货品制造过程决定，而多年随政府开支方式及消费者需要之性质而改变，如能将国家资源用于发展城市住宅及城市交通，同时重新训练人民从事新行业，或可避免严重的经济萧条。

(9) 青年的选业
据介绍，近年来湖北省高校毕业生中的新失业群体呈逐年上升趋势，"有业不就"，"有业难就"是造成"新失业群体"的主要原因，而"无业可就"是次要原因。湖北省劳动和社会保障厅厅长邵汉生说，该厅对高校毕业生就业问题进行了专题调研，并结合就业再就业政策，完善了七大政策措施，为毕业生营造良好的就业、创业环境。据了解，七大政策涉及毕业生创业、就业的各个方面，分别为：免费职业介绍、免费档案代理、职业培训补贴、创业培训补贴、小额担保贷款和贴息补贴、收费优惠、城镇特困家庭毕业生援助等。

(10) 终生的事业
美国的就业市场是很残酷的，许多人终生奉献在公司，结果有些人在临退休时被解雇，不但造成经济损失，对一个人精神的打击是很大的。企业的生存竞争越来越大。中国人云："宁为鸡首，不为牛后"，每个人对自己的事业，要有正确的认识，天下没有可以永不破灭的"金饭碗"。

第九章：社会观 Society Vision
第一讲：理无碍 Theory Stage（学习次第）　4、居住问题

(1) 联国人居会

在联合国人居议程第一章即针对其宗旨提出以下宣示："改善人类居住质与量是最根本的需要，因为它深刻地影响各国人民的生活及幸福。"但不幸地，近年来，由于工业升级、科技迅速发展，加上全球人口快速膨胀、都市化现象，引发全球性生态环境保护问题、社区发展问题、工业公害、社会问题，在影响人类的生活习惯及居住品质。人类居住的问题逐渐受到世人瞩目。

(2) 伊斯堡宣言

联合国人居中心在1996年6月第二届人类居住会议中发表"伊斯坦堡宣言"，宣言中强调"人人应享有适当住房"以及"都市化过程中人类住居的永续发展"两项全球性共同目标，务使人类有权享受与大自然和谐、健康而充实的生活。宣言中亦强调，为改善人类住居生活的质与量，首先必须解决居住条件恶化的问题，尤其是发展中国家，包括：人口过度集中、贫困加剧、失业问题、社会不稳定、基础设施及公共服不足、环境恶化等部下。应强调以"人"为关心的主要对象。为达上述目标，已有多国加入联合国人中心。

(3) 都市化趋势

在伊斯坦堡宣言第二点中写道"都市是文明的中心，带动经济发展及社会、文化、精神和科学的进步"，并在人居议程中，预测二十世纪末将有三十多亿人在都市地区工作及生活。事实上，在2000年时，全世界将近50%的人口是居住在都市地区，而未来2020年将有高达60%的人口集中于都市地区。快速都市化及工业化的结果，提供人类更多聚集都市的机会，也带来了许多社会及环境问题，例如：资金不足、缺乏就业机会、无家可归者不断增加、棚户区蔓延、贫富差距扩大、犯罪率上升、公共服务及基础设施不足及恶化、缺乏教育设施、土地使用不当、交通堵塞加剧、环境污染增加、缺乏都市公园绿地、供水及卫生设施不足、都市发展不协调等问题。东京（2600万人）、上海（1400万人）、北京（1200万人）及首尔（1200万人）

(4) 都市区扩大

虽然东亚地区郊区化现象并非如欧美地区显著，但是东亚地区各大都市人口不断聚集增加，都市面积历年来是不断往外扩充。都市蔓延的结果，将冲击整个都市景观及环境品质，进而影响基本居住的品质，其所造成的实质面冲击，如：公共部门公共设施投资成本增加、生态敏感土地（如农地）逐渐丧失、郊区基础设施及公共设施不足、旧市中心居住环境品质恶化等问题，为避免下列问题发生，各国政府应尽速研拟对策加以控制。

(5) 生活品质降

东亚地区，除了快速都市化的问题之外，许多都市因为经济发展程度未若西方社会，致使无法提供足够及符合生活品质的公共设施及服务。因此，人口大量集居于各大都市，势必影响人类居住的质与量，所衍生的相关问题，除了上述资金不足、缺乏就业机会、无家可归者不断增加、棚户区蔓延、贫富差距扩大、犯罪率上升、公共服务及基础设施不足及恶化、缺乏教育设施、土地使用不当、交通堵塞加剧、环境污染增加、缺乏都市绿地、供水及卫生设施不足、都市发展不协调等问题外，在居住方面更凸显每人居住面积狭小及公共设施及服务不足的问题，都市化所带来的冲击不得不加以重视。

(6) 交通太拥挤

汽车的发明增加人类运输的方便性及可及性。但是汽车过度仰赖石化燃料，造成了严重的空气污染及温室效应问题。此外，汽车数量的增加也造成严重的塞车问题。UNDP1994年统计资料亦指出，香港、新加坡、曼谷等地区因塞车所耽搁的时间成本大约美金300百万元。因此，基于能源消耗、空气污染及交通拥挤的原因，汽车实在不应该再增加了！

(7) 盲流的人口

盲流问题的产生，主要来自外在大环境的影响及国家内部社经结构及环境的改变。外在环境的影响在于科技发展、医药知识发达，大幅改善人类健康，死亡率急剧下降，人口激增的结果，除造成沉重的社会福利负担，亦衍生大量的就业需求，大量人口涌入新兴的工业商业城市，形成城市中不定的流动性无根人口。由于全球气候异常，自然灾害不断，干旱、洪水、火山、地震的周期越来越短，导致水土流失，农产品收获量减少；复因都市化的发展，耕地面积越来越小，农地变更压力日趋明显；若加上全球贸易整合的趋势，社经结构的转变，竞争力小的农业生产将大受影响，将导致更多农民无法继续耕作，选择迁移入都市，在工作机会有限的情况下，形成都市盲流人口。

(8) 城乡的失调

伊斯坦堡宣言中提到"都市发展与乡村发展是密不可分的"，并进一步说明除改善都市生活环境外，还必须为农村提供适当的基础设施、公共服务及就业机会，以增加农村地区的吸引力，尽量减少农村人口向城市流动。以中国大陆1998年统计资料来看，全中国人口密度平均为每平方公里129人，超过全国平均人口密度的省、市、自治区有23个（不包括香港、澳门），而低于全国平均密度的却有8个，这些省份均是属于偏远省。

(9) 住宅的简陋

虽然人类文明不断进步，但是人类居住的条件却不断的恶化。在菲律宾、泰国、中国大陆等地，国家发展的重点皆在于提升国内的经济发展，然而在追求经济发展的同时，却未能顾及居住品质的提升，导致居住品质良莠不齐，大部分民众仍居住于简陋、品质不佳的房屋内。另一方面，台湾地区因地狭人稠，导致都市地区单位地价高昂，间接影响住宅供给简陋。提供高品质的住居，乃是东亚地区当前最重要的课题。

(10) 全球的课题

依据全球发展趋势来看，全球气候异常，自然灾害发展频率增加，以及区域整合的趋势将成为未来全球都市发展必须要面临的重要课题。（转载自"东亚地区都市化及人类居住问题初探"一文）

第九章：社会观 Society Vision
第一讲：理无碍 Theory Stage（学习次第）　5、医疗问题

(1) 医疗市场化

廿世纪的现代医疗以美国为马首，许多医疗制度都是以"标准化"和"科学判断"来设计的，但是目前已经开始产生变化。纽约科学院主席Henry Greenberg在他的《逃离理性与科学》书序里，就毫不客气地指责美国医疗界的不科学。他认为现代医疗保险制度是以利润为取向，在此种巨大的影响力下，所有的医院，医师、医学研究专家和医学院，都争先恐后地陷入此种商业结构里，将原本属于科学行为的医疗，变成讨好民众和牟取自身财富的工具。

(2) 医德的衰退

1986年夏，生物医学界最具影响力的《新英格兰医学杂志》收到两篇研究报告，同时在探讨一种称为安莫西林（Amoxicillin）的抗生素对儿童中耳炎的疗效。两个研究使用的是同一套资料，但是结论却完全相反。说有效的是在过去5年间曾接受医药公司160万美元补助款的实验室；而说无效的是一位完全没有接受医疗界补助的情况下独立研究的生物工程师。拿人家的钱做研究当然要说好话，此种商业化的研究成果绝对会误导大众，也是现代化科学研究导致医德衰退的原因。

(3) 健康的误判

由于现代西方医学对人体的认识纯粹是建立在身体解剖学基础之上，包括"人体解剖"，将人体分成不同的系统和器官，以及"显微解剖"，观察细微的组织、细胞、亚细胞层次。廿世纪的分子生物医学更将细胞的分子加以解剖，探讨细胞内遗传物质染色体DNA上基因的表达调控。所以现代医学狭隘地认为身体生理机能正常，就是健康。

(4) 错误医疗史

医学院都不愿开授医学史，因为回顾不到三百年的西方医学发展，只能用"不堪回首"四字来形容，多少错误的医学理论与医疗方式，总是要在为数众多的人受到直接伤害，才会发现而觉悟。西方医学史就是不断推翻错误医疗观念的历史，没有一部现代西医书籍能够流传而不会被推翻。反观中医理论，随着历史的演变，反而历久弥新，愈能证明其价值，像是《皇帝内经》与《本草纲目》等医书。

(5) 该重视预防

2000年4月26日出刊的《Science(科学)》杂志指出"心脏病、高血压、糖尿病、癌症显然非单一基因的突变成一个简单的环境因素，而是源于多个基因、环境、不良行为等因素的联合作用。"而研究调查资料也显示不良生活与饮食方式，所导致的疾病占所有疾病的70-80%。似乎道破了现代医疗困境的原因。也就是说现代医学教育将疾病太简单化，英国爱丁堡大学Jonathan Rees教授说："把疾病分成碎片来研究，不等于在治疗上也有相应的精确度。"许多医学科学家已经清醒了，他们已经看到基因的研究发展所遇到的危机，开始呼吁医学界应该重视预防的重要。

第九章：社会观 Society Vision
第一讲：理无碍 Theory Stage（学习次第）　5、医疗问题

(6) 医学的定义
西方现代"医学(medicine)"的定义说起，按照大英百科全书所言："医学是科学领域的集合，关于疾病的预防、诊断与治疗以及保健，在医师办公室、保健组织、医院和诊所内进行。除了家庭医学、内科医学以及特定身体系统的专科，还包括医学研究、公共卫生、流行病学与药理学。"医疗的目的就是在进行"疾病的预防、诊断、治疗、保健"四个项目，但是我们用这四项来检视国内的医学教育及培养出来的医生，差距似乎相当大，我国的医疗政策与医生完全偏向"诊断"与"治疗"，对于"预防"及"保健"完全不关心。

(7) 药物中毒死
根据美国医药杂志的报导，美国每年约有18万人死于药物副作用，这个数目乍看起来不多，却是美国十大死因中排名第四到第六位；光吃药物就导致这么多人死亡，实在令人惊恐。这个"新发现"说明了美国FDA合法批准的处方药，竟成为意外杀害美国人生命的主要原因之一。在台湾，每年都有很多因药物而致死的案例，可是并未引起重视，这实在是很吊诡的现象，发明药物就是用来治疗疾病、拯救人命，可是愈来愈多药物中毒（drug poisoning）的实例显示，任何药物有治病的优点，却更有其危险的一面。一般民众也愈来愈知道不可滥用药物，知道药补不如食补，可是每天仍然有一大群人到医院排队拿药。

(8) 身体与心灵
《新闻周刊》介绍说，医学界在这方面的研究愈来愈多，越来越多的人开始认识到一个人心理（或灵魂）上的改变，与其体内细胞中的变化对身体健康的影响同样大。在过去，医生偏好于药物的发展和技术的提高。而现在，他们则开始认真地对待、并重新认识人精神领域的重要性。美国有个投资者每年出资三千万美元赞助科学实验来探索上帝的存在。美国国家卫生研究院(The National Institutes of Health,NIH)也计划提供350万美元用于"身体与心灵"的研究。最近，在哈佛医学院召开了一场题为"精神与健康"的研讨会。讨论议题是宽容别人对身体健康的益处。宾州大学（University of Pennsylvania）的神经学家Andrew Newberg介绍说："医学界人士对此领域的认可程度有了很大的提高。"

(9) 非传统医疗
时至今日，药物的使用让先进国家的人民又爱又怕，已有愈来愈多的民众因为担心药物的副作用，在自觉身体情况有所改善便停止服药，或是采用整体医疗的辅助疗法（Alternative）以避开服用西药。哈佛大学医学院教授大卫艾森柏格博士于1993年在《新英格兰医学》杂志发表《非传统医疗在美国》，成为整体医疗的典范论文。他定义"非传统医疗"是医学院和医院没有教导的医疗技术及知识，如整脊、针灸、草药、健康食品、按摩、静坐等。他的研究针对1539位成人进行电话访谈，结果显示大部分人认为慢性病比较适合用非传统医疗治疗，同时也可补足一般医疗的不足之处。统计美国人每年花在非传统医疗的金额高达137亿美金，而全年的医疗院所住院金额也不过128亿美金。

(10) 名药的下场
2004举世闻名的默克药厂于9月宣布主动撤回名牌抗关节炎药rofecoxib（美国药名为Vioxx,台湾药名叫"伟克适"），因为默克药厂发现此药会导致心脏病副作用。然而此药三、四年间，就有数百万患者服用，医生开出的处方约8千万件，光是单这一种药的一年全球销售量就高达25亿美元，销路极广。如今发现会导致心脏病，赶紧发出撤回下架的通告。当撤回的消息传出后，默克股票由一股45美元惨跌至30美元。审判律师们也开始在报纸、网站刊登广告，招徕吃过该药的关节炎病人来一起控诉默克药厂。甚至美国医药界也有人建议应由国会组成专案小组，来调查美国食品药物管理局（FDA）或默克有无失职之处。　（智中法师）

Thldl
领导力培训专家

清華大學

中华国学再造领导力
企业家高级研修班 讲义

CHAN OF CEO

第九章

第二讲 事无碍

编讲人：强梵暢
Edited by Victor Chiang
中国北京大学宗教学系 兼任研究员
Research Fellow
Department of Religious Studies
Peking University , Beijing , China

CCEO-A9-B2-01

清華大學 领导力培训项目网
Tsinghua University Training of Leadership

第九章 社会观 总纲目

第一讲
理无碍

第二讲
事无碍

第三讲
理事无碍

第四讲
事事无碍

人口问题	农业问题		
教育问题	贫富问题	精神问题	环保问题
就业问题	法治问题	药物问题	家庭问题
居住问题	犯罪问题	福利问题	种族问题
医疗问题	娼妓问题	老年问题	慈善问题
		青年问题	宗教问题

第九章 社

第二讲 事无碍

◆ *6、农业问题*
（1）世粮的冲击（2）各国的对策（3）美国农业部
（4）全球的粮缺（5）农产品暴涨（6）中国的经验
（7）新农村目标（8）三农的问题
（9）农业的保险（10）美病牛危机

◆ *7、贫富问题*
（1）经济的问题（2）贫穷的恶果（3）美国的救济
（4）问题的家庭（5）赤贫的家庭（6）全球富豪榜
（7）亚洲新富豪（8）美国的衰退
（9）富豪的财富（10）金砖四国起

◆ *8、法治问题*
（1）法治的概念（2）社会主义式（3）依法而治国
（4）法制的形式（5）法治的精神（6）法律的制度
（7）法治的要求（8）中国的标志
（9）民主与法治（10）中国法治化

◆ *9、犯罪问题*
（1）犯罪学历史（2）犯罪学理论（3）犯罪的条件
（4）治安的问题（5）为何不犯罪（6）内心的牵制
（7）人再社会化（8）修复式主义
（9）为何不犯罪（10）网络的犯罪

◆ *10、娼妓问题*
（1）娼妓的市场（2）娼妓的年岁（3）娼妓的经济
（4）娼妓的遭遇（5）雏妓的统计（6）街道的巡逻
（7）警察巡逻站（8）邻里的监视
（9）少年监护网（10）英国的监禁

第九章：社会观 Society Vision

第二讲：事无碍 Practical Stage（实践次第） 6、农业问题

（1）世粮的冲击

世界粮食计划署举行紧急会谈之时，正值该机构发现发展中国家出现一个"新的饥饿领域"，即由于食品价格不断上涨，连中产阶层城市居民都正因"价格过高而被挤出食品市场"。上述警告表明，农产品——如小麦、玉米、大米和大平——价格飚升，正带来比预想更为广泛的影响，给那些原已基本摆脱饥饿的国家带来冲击。

（2）各国的对策

为应对食品价格不断上涨，埃及政府20年来首次放宽其食品配给体系，而巴基斯坦则重新推出了上世纪80年代中期废弃的定量供应卡制度。中国和俄罗斯等国正实施价格管制，而阿根廷和越南等其它国家则实行外国销售税或出口限制。（食品）进口国则在降低进口关税。

（3）美国农业部

美国农业部多年来一直都在两个根本互不相容的价值目标中间彷徨而左右为难，一个价值是放在农业的生产力，另一个是注重"国家骨干"的"家庭农场"。前者是把乡村推向农业工业化的路线，使农业变成高度机械化，企业化的大规模营利事业。后者则在激发一种怀乡的感情，以维持低生产力的农村无产阶级。至少至最近，农村政策是在这两个不同价值之间摇摆不定，所以结果是得不到什么成果，而只浪费了大量的金钱。

（4）全球的粮缺

全球将面对粮食短缺？世界银行预计，在 2000 年至 2030 年期间，若想满足全球粮食需求，谷物产量需增加近 50%，肉类产量需增加85%。一些经济学家认为，中国和印度对粮食进口的依赖度将大幅上升。大豆产生的冲击，可能比次贷更可怕。

（5）农产品暴涨

从全球范围来看，农产品正处在一个大牛市当中。供应方面，包括中国在内的全球粮食库存已经到了比较低的水平。需求一端，高油价却令越来越多的粮食被用于可替代能源的生产。而从价格判断，虽然粮食名义价格指数已经接近历史高点，但是实际价格指数（剔除了纸币不断贬值的影响）与历史高点相比还有很大距离。按2008年1月下旬数据，美国大豆、玉米和小麦的实际价格平均距离历史高点还有120%以上的空间。

第九章：社会观 Society Vision
第二讲：事无碍 Practical Stage（实践次第）　6、农业问题

(6) 中国的经验

经济合作与发展组织早些时候一份报告的结论。这个总部设在巴黎的组织，在去年年底发表的首份中国农业综合研究报告中表示："大量劳动者从生产率较低的农业，转移至生产率较高的制造业，是中国经济增长的基本要素之一。"

(7) 新农村目标

2005年10月11日中共第十六届中央委员会第五次全体会议通过的《中共中央关于制定国民经济和社会发展第十一个五年规划的建议》提出了"建设社会主义新农村"目标，其核心内容是发展农业和建设农村，增加政府对农业和农村投入，改善基础设施包括乡村道路建设，强调以工促农、以城带乡，基本建立农村合作医疗制度，巩固九年制义务教育，对农村学生免收杂费。

(8) 三农的问题

加大行政手腕力度，控制农业生产资料的价格，采用新政策保证农民最低收入。解决城市农民工歧视现象，安排适合农民工的工作岗位。向农村地区推行农业化调整，鼓励成立乡镇企业就地解决农民就业问题。推行小城镇化，采用减少农民的数量的方法来解决农民问题。

(9) 农业的保险

再者，实施农业保险，让农民因自然灾害或意外事故所造成的经济损失可以获得保险赔偿，减少当局长期的财政负担。目前全球约有四十多个国家实行了农业保险制度，这些国家大多将农业保险从商业保险中分离出来，转而以国家为主导，建立相关的政策性农业保险经营机构，或者采取对商业保险公司给予资助、补贴等方式鼓励其发展农业保险业务，也取得相当的成果。

(10) 美病牛危机

美国农业部官员表示，农业部之所以召回这些牛肉是因为那些牲畜没有接受恰当的检查。发生食品安全问题的是加州的霍尔马克/韦斯特兰肉类公司。上周，一份关于这家公司屠宰场的录像带曝光，录像画面显示一些生病或者残疾的牛遭到虐待，工作人员不仅用铲车驱赶它们，还对它们进行踢打。两名工作人员已经因为涉嫌虐待动物被起诉。属于被召回范围的牛肉最早可以追溯到2006年2月1日。美国官方估计大约1.7万吨被召回的牛肉流向于学校。在该公司屠宰的活牛中，有一部分是"躺牛"，即由于生病或其他原因无法站立或行走的牛。按照相关规定，"躺牛"的肉不能食用，因为它们极有可能感染了大肠杆菌、沙门氏菌或得了疯牛病。

第九章：社会观 Society Vision
第二讲：事无碍 Practical Stage（实践次第）　7、贫富问题

（1）经济的问题

基本上，"贫穷"乃是一经济问题——尤以工业先进国家为然。在工业先进国家中，贫穷之根源在于社会现存之财产与所得分配制度；同时也根源于盛行的公共福利救济制度。（所谓福利救济，乃是对穷人施以些微救助，但是资本家仍可拥有驯服且勤奋的劳动力。）穷人之所以无法脱离苦境，乃是因为他们受困于其贫贱环境，无法有效突破现有之分配制度，或改变现有结构以改善其生活。

（2）贫穷的恶果

贫穷之部分社会恶果，即在于对家庭稳定性之威胁，罹病及残废之可能性，以及穷苦老人之缺乏储蓄及退休金以维持生超高频。欧香斯基（Molly Orshansky）在论及上述二种观点时，曾指出："一般印象认为，非白人家庭之所以贫穷，乃是因为维持生计的男子往往离家，同时子女人数较多。由统计数字可知，此一印象大致不错。在以男性为家长之家庭中，非白人家庭中属于贫户的比例，四倍于白人家庭。在妇女当家的家庭中，白人与非白人家庭贫穷的比例，在各类情况中均发现至少有20%的差异。"总而言之，家庭破裂、子女众多，以及老年，往往造成家庭经济状况之恶化；但即使在理想的家庭状况下，非白人仍较白人贫穷。

（3）美国的救济

美国目前有五种主要救济计划，美国这几项救济贫穷的主要方案包括："老年救济"（Old Age Assistance），"无助儿童家庭救济"（Aid to Families with Dependent Children），"伤残救济"（Aid to the Permanently Disabled or Total Disabled），"盲人救济"（Aid to the Bllnd），以及"一般救济"（General Assistance）。除最后一项方案之外，上述其他救济办法，均由联邦资助。"一般救济"则由地方资助，主要对象于那些不在上述其他办法救助之列，但仍急需救助之人士。

（4）问题的家庭

英人所采用的"问题家庭"一词，其含意有二：第一，采用"问题家庭"一词，反映英人对此现象之不合事实之看法。他们认为"贱贫穷人"在福利及管理方面，常造成麻烦，且耗费社会大量资源。第二，此一概念暗示，这类家庭常集问题之大全。这一类的人口，在接受救济之人数，犯罪及少年越轨、酗酒事件、私生子问题、离婚和遗弃方面，以及精神病患方面，所占人数甚多。

（5）赤贫的家庭

享特（Robert Hunter）曾称，"赤贫乞丐未必不快乐。他们无羞耻之感，也不急于自立；他们不觉得辛酸或不满。这些人业已超越区分贫穷与赤贫问题之界线……这二者之差别在各地均存在。在美国及其他国家之大城市中，街头巷尾都住有一批全然失去自尊与野心的人。他们几乎从不工作，往往无目的地四处游荡。这些人好酒成性，不顾子女生活，而相当满足于依赖施舍为生。几乎每个城市都有这类地区……乃是人道极端卑微之处；也就是所谓的"赤贫性"（pauperism）。这些人精神并不痛苦；他们并不认真工作，也并不恐惧。他们生活悲惨，但是并不以为意。

(6) 全球富豪榜

《福布斯》杂志的最新全球富豪榜的新鲜出炉，各国媒体开始纷纷细数榜单上的新变化。不少外媒都在惊叹一个新的富豪时代已经开启，在榜单前10名中，有4名富豪来自于印度，人数超过了包括美国在内的任何一个国家。俄罗斯则首次成为亿万富翁第二大国。而对于中国富豪，外媒在感慨中国进榜富豪人数爆炸式增长的同时，也注意到富豪榜前十名中没有一名中国人，一些外媒还分析认为中国富豪多数来自房地产行业的趋势使其富豪人数在十年内都无法赶超美国。至此，中国富豪也首次站在了国外舆论的风口浪尖之上。

(7) 亚洲新富豪

根据《福布斯》排行榜，亚洲亿万富豪的数量比去年增加了30%，而其中的主导力量是来自中国和印度的企业大亨。亚洲上榜人数从去年的160人提高到了211人，其中印度从36人增加到53人。而去年只有20个亿万富翁的中国今年就提高到了 42人。

(8) 美国的衰退

第22届全球亿万富豪榜单处处都体现着巨变，在两年前，美国占据了世界前20名富豪的半壁江山。但是现在，前4名印度富豪进入前10名的榜单，超过了其他任何国家，占据了绝对优势。除此之外，富豪榜的另一亮点是俄罗斯，俄罗斯首次成为亿万富翁人数第二大国。在富豪榜前 20名中，有3名俄罗斯人。

(9) 富豪的财富

新兴国家的富豪，普遍依靠市场价值来积累财富，但是各有差异。俄罗斯主要集中在石油、房地产等领域；印度主要依靠诸多有实力的上市新股刺激；中国则主要依靠房市和股市推动。虽然2008年度《福布斯》全球富豪榜的中国大陆富豪比2007年度大幅增加，但与 2007年11月《福布斯》发布的中国富豪榜相比，中国富豪还是减少了。这是因为最近5个月，中国股市下跌。

(10) 金砖四国起

《福布斯》杂志公布了 2008年度全球富豪排行榜，金砖四国中的俄罗斯、印度、中国表现非常抢眼，上榜人数均大幅提升。2008年全球富豪排行榜中，俄罗斯、印度、中国有很多新富上榜。中国有42人身份超过10亿美元跃居榜单，其中28位是第一次上榜；印度共有53人入围，其中有 19位新人，排名前10位的富豪人数则超过了德国，仅次于美国，达87人，其中35人是第一次上榜。

第九章：社会观 Society Vision
第二讲：事无碍 Practical Stage（实践次第） 8、法治问题

（1）法治的概念

法治包含两个部分，即形式意义的法治和实质意义的法治，是两者的统一体。形式意义的法治，强调"以法治国"、"依法办事"的治国方式、制度及其运行机制。实质意义的法治，强调"法律至上"、"法律主治"、"制约权力"、"保障权利"的价值、原则和精神。形式意义的法治应当体现法治的价值、原则和精神，实质意义的法治也必须通过法律的形式化制度和运行机制予以实现，两者均不可或缺。

（2）社会主义式

社会主义法治也包括形式意义的法治和实质意义的法治，是工人阶级及其政党领导全体人民以法治国、实行依法办事的原则、制度及其运行机制的总称。其中，"以法治国"是其外在形式；"依法办事"是其基本要素。"全国各族人民、一切国家机关和武装力量、各政党和各社会团体、组织都必须在宪法和法律范围内活动"，是其要体现的基本价值、精神和原则；而建成在高度民主基础上的"社会主义法治（法制）国家"，则是其所要达到的目标。

（3）依法而治国

1999年3月15日第九届全国人民代表大会第二次会议通过的《中华人民共和国宪法》第13条修正案，在《宪法》第5条增加一款，明确规定："中华人民共和国实行依法治国，建设社会主义法治国家。"这就以根本大法的形式把依法治国的治国方略上升为一项基本的法律原则。

（4）法制的形式

社会主义法制更偏重于法律的形式化方面，强调"以法治国"的制度、程序及其运行机制本身，它所关注的焦点是社会主义法律的有效性和社会秩序的稳定。这也正是社会主义法治的第一方面（形式意义的法治）所要求达到的目标，由此可见，社会主义法制是社会主义法治的前提条件和基础。没有社会主义法制，也就谈不上社会主义法治。

（5）法治的精神

但另一方面，仅仅强调法律的形式化方面，还并不能提示社会主义法治的更深一层的内涵。尤其是，过分强调法制，而不明确提出法治，很可能会遮蔽"法律至上"、"法律主治"、"制约权力"、"保障权利"的价值、原则和精神。而撇开这些实质的法治内容，重视法律制度的形式化建设，而忽视法治发展的内在机制和规律的研究，仍然不过是重复我们国家过去法律制度发展的老路，这就难免重犯历史上已经犯过的错误。

第九章：社会观 Society Vision
第二讲：事无碍 Practical Stage（实践次第）　8、法治问题

(6) 法律的制度

法制是指法律制度与它相对应的是政治、经济、文化等制度，而法治是相对于人治而言的。法制首先强调法作为制度化构成物所形成的统一体，而法治首先强调法作为社会控制工具在治国诸方式中的地位和功能。

(7) 法治的要求

法制的基本要求是严格依法办事，法律在各种社会调整措施中具有至上性、权威性，且法律应当是"良治"、"善治"，即基本上是适合社会生活的法，而不是当权者的任性。而法制并不必然蕴含严格依法办事的内容，从而法治总是与专制、特权、任性相对立，而法制都并不必然意味着这种对立，它可以充当专制、特权的工具。

(8) 中国的标志

在我国，社会主义法治国家实现的标志，大体上可以从这样几个方面来看：形成完备的社会主义法律体系，在国家生活以及经济、文化和社会生活的各个方面均能做到有法可依、有章可循。宪法和法律具有最高的权威，全国各族人民、一切国家机关和武装力量、各政党和各社会团体、组织都必须在宪法和法律范围内活动，不得有超越于宪法和法律之外或凌驾于宪法和法律之上的特权。

(9) 民主与法治

实现"民主的法制化"和"法制的民主化"。前者是指民主的制度、权利、结构、形式和程序均在法律制度中确定下来，使之具有法律的完备形态，后者是指国家的立法、执法和司法活动均有广大人民群众的积极参与，真正实现广泛的民主。

(10) 中国法治化

中国的法治化，属于"非西方后发展社会——国家的法制现代化"，是由外部刺激引发或外部力量直接促成的传导性的社会变迁过程。这样的法律变迁有一个很大的时代落花流水差。因此，中国的法治化过程面临着国情与理想、变革法制与守成法制、国家权力与公民权利、反腐败与经济增长、本土化与国际化、普适性与地方性等诸多因素的影响，面临着深层的文化价值的冲突、发展与代价的矛盾、总体性进步与局部性退化的困境等等难以避免的问题。(www.yfzs.gov.cn)

第九章：社会观 Society Vision

第二讲：事无碍 Practical Stage（实践次第）　9、犯罪问题

（1）犯罪学历史

犯罪学家在脱离古典学派犯罪学之后，犯罪学进入决定论determinism传统，强调，用科学研究的态度，用中立的态度，来研究犯罪问题。犯罪学同时也强调，犯罪，不是人们自由意志的结果；相反的，犯罪，是其他因素影响的。在这决定论的学术气份下，很多学者研究"人为何犯罪？"的问题，例如：Lombroso提出了生物学派的解释，芝加哥社会学系学者提出社会解组的解释，次文化学者提出社会适应挫折与挫折的反应形成的解释。

（2）犯罪学理论

在Kuhn的科学典范paradigm概念下，学术界各自争地盘，要做武林霸主，要建立自己的理论典范，学术霸权，例如：社会控制论，标签论，迷乱论，或新犯罪学（new crimiology），也因此，过去，多数犯罪学者只喜欢回答单一的问题，"为何犯罪？"或，"为何不犯罪？"。

（3）犯罪的条件

社会学者Rober Merton说，社会结构自身并非令人满意，社会结构有其缺陷，尤其是当一些社会成员，例如：贫穷者，某些少数的族群，他们从各种的媒体上学到成功与赚钱的重要性。而同时，他们却也亲身经历到要用合法方法来达到成功对他们来说，竟然是如此的困难，在这种情境下，很容易出现迷乱，也是犯罪的先决条件。

（4）治安的问题

人为何犯罪，很多原因是结构面的，往往不是个人可以左右的，因此，对于治安问题，政府自然是责无旁贷，要致力于建立一个健康的社会，尤其，政府要给民众一个生机，至少给民众基本的生活条件，这样才可以减少犯罪问题。

（5）为何不犯罪

许多犯罪学者指出，犯罪学研究的问题，不是"人为什么犯罪？"；相反的，犯罪学应该要来思索"为什么人不去犯罪？"的问题。"为什么人不去犯罪？"犯罪学差别接触论知名社会学者Edwin Sutherland告诉我们，当一个人违反法律超过了遵守法律，人就会走上犯罪的道路。同理，当一个人定义遵守法律超过了违法法律，人就可以抵挡犯罪的诱惑。

第九章：社会观 Society Vision
第二讲：事无碍 Practical Stage（实践次第）9、犯罪问题

(6) 内心的牵制

社会学者Walter Reckless，他说，内部的牵制（inner containment）是一个人，尤其是低社会地位家庭的小孩，用来拒绝犯罪最为重要的力量。内部牵制包括有：自我控制力，强的本我，发展完整的超我，高度的挫折容忍度，拒绝诱惑的能力，高度的责任感，目标导向，有发现替代满足的能力，最后，也要有减少紧张的能力。讲到"为什么人不去犯罪？"最为著名的学者是美国亚利桑纳大学的Travis Hirschi，他说青少年用"好的自我"，"好的社会键"来拒绝犯罪以及种种犯罪诱惑。

(7) 人再社会化

依据社会学的观点，社会化是持续性的，贯穿整个生命，从婴儿，直到死亡。也就是说，社会化是一辈子的事，在人生的任何阶段，都可能发生，也因此，一个人随时都有可能改变，可以从一个好孩子变成坏孩子，也可以从坏孩子变成为好孩子。一个犯罪的人，有一天，他可以立地成佛；一个公司的模范生，有一天，他可以犯罪，卷款而逃。这些的改变，往往与人"再社会化"有关。

(8) 修复式主义

犯罪学大师Dr.John Braithwaite，其所提出之"修复式正义"理念，为犯罪学界中一项新兴主张，"……报复就像狗追着自己的尾巴一样，报复是追着自己尾巴的一个意识型态，当刑法量刑变长，反应的是它还不够长，要一直到被害者的痛苦等于许多被害者痛苦的累积或总和，但报复还是不够。虐待狂的杀人犯被吊死，却被认为太便宜他，他应该被放在油锅慢慢烹煮，报复会不断地喂食自己直到和解修好、抚慰的心态取代它。"点出了报复式正义对于解决问题之无能为力，说明了原谅、修复、和解在问题解决上所提供的强大功效。

(9) 为何不犯罪

读犯罪学的都知道，Hirschi的社会控制理论（Social control theory），他要我们学犯罪学的人，不要去研究人为何犯罪的问题，他的理由很简单，因为人人都会犯罪。从上面几位犯罪学者的观点，"为什么人不去犯罪？"与行为者自己对于各种事物所赋予的意义（meanings）有关，对于事物，给予好的意义，便有了拒绝犯罪的力量。的确，人类行为是依人们对于各种事物所赋予的意义（meanings）而行动；也因此，一位行动者，他如何来看这些事物，如何赋予这些事物特有的意义，这是很重要的，会影响到他（她）的行为，以及他（她）的社会关系。（台北大学校长侯崇文）（2002）

(10) 网络的犯罪

所谓"网路犯罪"是指透过网路架构的特性，包括网际网路的跨国性、无距离限制、隐密性、无实体化及匿名性所实施的犯罪行为。是一种新兴的犯罪型态，属智慧型犯罪，网路犯罪无奇不有，在网路放假消息、做不实广告、卖假药或假钞、盗用他人拨接帐号和密码、诈骗金钱、影响股市交易、灌爆他人电子邮件信箱或主机等，都可以算是网路犯罪。

第九章：社会观 Society Vision
第二讲：事无碍 Practical Stage（实践次第） 10、娼妓问题

（1）娼妓的市场

根据国际劳工组织（International Lalor Organization）在1998出版的东南亚性市场的调查报告指出，"所有国家都有程度与数量不同的妇女从事性的交易，妓女人数在亚洲及美国的比例，大约是该国人口的0.25%-1.5%，该组织在1992年的报告更指出，"95%的泰国男人及70%住在伦敦的男人，在其一生中曾有过召妓的行为。"在1994年加拿大国家预防妇女被强暴中心指出"加拿大的妓女死亡率超过正常妇女的40倍。而在美国70%的妓女曾被多次强暴。

（2）娼妓的年岁

根据1997年Wendy Freed的研究报告指出，美国的妓女开始卖淫的年龄大约是14岁，而亚洲则低于18岁，同样的统计指出，在美国、印度、缅甸及亚买加的妓女基本上都是未成年的雏妓。2002年估计全球每年有1百万雏妓被迫卖淫，现全球有1000万名雏妓。

（3）娼妓的经济

国际劳工组织在1998年的报告说，泰国妓女每年汇回乡下老家的金额高达3亿美元（$300Million），这个卖淫总收入超过泰国的政府开发计划的经费。某个日本的妓院老板，每月可从妓女身上抽红约8万5千美元，而妓女被剥削。美国妓女每夜可赚超过500美元卖淫费，但妓女只能得到大约5%而已。

（4）娼妓的遭遇

在美国及欧洲，卖淫是违法的，警察只抓妓女，很少抓嫖客。警察为了每一个捕的社会成本是约2千美元，一些大城市，每年花在扫黄抓妓的开支超过50万美元。结果使得被抓妓女得加倍卖淫，才能弥补被罚的损失。而警察对妓女的虐待居然占妓女被虐的20%的比例。

（5）雏妓的统计

国际非政府组织之一，遏止亚洲雏妓观光（ECPAT）多年来集中精力在这两个国家，同时也在斯里兰卡、台湾和韩国推动反雏妓运动。据该组织的调查，亚洲国家有逾亿名16岁以下雏妓。联合国儿童基金会估计斯里兰卡共有3万名年龄介于6至14岁的男雏妓。另美国在2002年的估计，全球的雏妓最多是印度约有40万-57万，巴西有10万-50万人，美国有30万人，而泰国及中国则各有20万人。

第九章：社会观 Society Vision
第二讲：事无碍 Practical Stage（实践次第）　10、娼妓问题

(6) 街道的巡逻

　　美国司法部社区政策研究服务（www.cops.usdoj.gov）中心在2006年，对全美警察如何处理"阻街卖淫"（Street Prostitution）有份详尽的政策性报告，其中列举处理街头卖淫，警察应采取的方法，大致有下列（选5个）

　　1．街道的巡逻：加强街道巡逻及执法，禁止任何与卖淫有关的闲荡、叫客及徘徊。这项行动动用警力很大，而且娼妓流动不易掌握，虽可暂时取缔取得安宁，但也非一劳永逸的方法。

(7) 警察巡逻站

　　2．设立警察巡逻站：可长期担保地区的安宁，减少流妓的出没。私家的保安人员也可被安置在地区。

(8) 邻里的监视

　　3．邻里的监视：可透过社区邻里协会的合作，在邻居处张贴警告牌示，并由邻居随时监视及报警。

(9) 少年监护网

　　4．少年监护网：透过与年少犯罪预防组织、少年逃家辅导组织、少年法庭陪审员及学校、社区、家长，成为一个全面的监护网对问题少年，实施监视及预防吸毒、卖淫等行为。

(10) 英国的监禁

　　5．英国采取一种对违反社会行为秩序（Anti-Social Behavior Orders ASBO）的人，采取监禁命令，用来对付一些惯犯或引诱少女的人。这也可以达到一定的法律作用。（其他上网看全文：www.cops.usdoj.gov）

清華大学

中华国学再造领导力
企业家高级研修班 讲义

CHAN OF CEO

企 业 禅

第九章

社 会 观

第三讲 理事无碍

编讲人：强梵暢
Edited by Victor Chiang
中国北京大学宗教学系 兼任研究员
Research Fellow
Department of Religious Studies
Peking University , Beijing , China

CCEO-A9-B3-01

第九章 社会观 总纲目

第一讲 理无碍	第二讲 事无碍	第三讲 理事无碍	第四讲 事事无碍
⬇	⬇	⬇	⬇
人口问题 教育问题 就业问题 居住问题 医疗问题	农业问题 贫富问题 法治问题 犯罪问题 娼妓问题	精神问题 药物问题 福利问题 老年问题 青年问题	环保问题 家庭问题 种族问题 慈善问题 宗教问题

◆ **11、精神问题**
（1）以癫狂为乐 （2）精神病治疗 （3）精神病评价
（4）环境的影响 （5）精神病假说 （6）精神病遗传
（7）心理的因素 （8）焦虑性冲突
（9）社会安全法 （10）治疗的改革

12、药物问题
（1）依赖于药物 （2）药物的影响 （3）大麻判重刑
（4）香烟与咖啡 （5）大麻的后果 （6）精神作用药
（7）非法的药物 （8）社会的现象
（9）刑罚的失效 （10）社区的监护

13、福利问题
（1）社会的保障 （2）福利的国家 （3）政治的运作
（4）政治的角力 （5）社会的支出 （6）社会的合作
（7）工会的压力 （8）制度的压力
（9）难民的问题 （10）非法的移民

14、老年问题
（1）全球老龄化 （2）维也纳计划 （3）大会的检讨
（4）变革的推动 （5）挑战和障碍 （6）马德里大会
（7）老年人原则 （8）行动战略稿
（9）尚待商订案 （10）老年数据库

15、青年问题
（1）全球的学潮 （2）美青反越战 （3）综合性学潮
（4）校园的抗议 （5）日本的学潮 （6）学潮的起因
（7）社会性学潮 （8）心灵的空虚
（9）理想的幻灭 （10）时代的差距

第九章 社

三讲理事无碍

第九章：社会观 Society Vision

第三讲：理事无碍 Judgment Stage（证成次第） 11、精神问题

(1) 以癫狂为乐

有些专家宣称，人真能神经失常，为在癫狂的梦境中去找寻在苛烈的真实世界中所得不到的自重感。在美国医院中，患神经病的，比患其他一切别的病的合起来的人还多。实际上，约有半数的神经病，能归源于这类的生理原因，如脑部操作、醉酒，中毒，及伤害。但其他半数癫狂的人明显的并没有脑细胞机体上的毛病。"我现在有一位病人，她的婚姻是一场悲剧。她需要爱情，性欲的满足，孩子，及社会的资望；但生活打破了她所有的希望。她的丈夫不爱她，他甚至拒绝同她共餐，并强迫她服药。"她的医生对我说："如果我能伸出我的手去就能恢复她的清醒，我也不愿那样。照她现在这样她快乐得多。"（他们活在自己所创造的梦境中）

(2) 精神病治疗

多年以前，许多美国的精神病患被强迫进入精神病院，与他们的愿望相违。今日，，反而有四倍以上的人在社区内接受心理或情绪问题方面的治疗，最重要的一点是，精神病患并不需要被锁起，大多数的病人对他们自己或其他人均不会造成伤害。即使对精神异常的本质没有深入的了解，大众也是不会觉得精神病是一个很大的威胁。

(3) 精神病评价

发狂、发疯，以及精神疾病在我们的文化背景中被视为是一种无可控制的、毫无意义的，可怕的思想与行为。除了在少数的情况下，几乎所有的社会均把一个人是否能控制自己的行为加以评价。能控制者评价高，否则评价便低。社会学家Thomas Scheff曾经提出一个事实：一旦有人被认为是精神病患，即使他们事实上并没有，但是也会在许多无意识的状态下，重复性的扮演这种发狂病患的角色。

(4) 环境的影响

由于精神上的障碍并非是器质上的疾病，所以它们最初均被视为是认知过程的一种障碍，以致于人格扭曲或在人际关系上错误的运用策略。人格本身，无论在任何时刻皆是个人潜在体质之构造、脾气，以及社会文化环境的复杂互动体，受家庭以及社会化的影响。人类，不仅仅对他们所处的环境有所反应，而且依赖环境。

(5) 精神病假说

每一个研究精神分裂病的科学专业都在本身专业的范围内提出造成这个令人头痛的精神疾病的假说。社会学家假设社交隔离（social isolation）以及地位剥削（status deprivation）是主要原因。遗传学家则强调遗传的重大影响。心理分析学家则进一步发展某些理论，如因母性之缺乏造成自我之无法分化。生化学家、神经病理学家以及其他研究神经系统的科学家也常发表一些报告，表明他们在正常人群与精神分裂病患者所找到的不同点。

第九章：社会观 Society Vision

第三讲：理事无碍 Judgment Stage（证成次第） 11、精神问题

(6) 精神病遗传

目前最能支持精神分裂病病因的假设是遗传上多种结合的脆弱性（various combinations of hereditary vulnerabilty）以及环境上的压力（environmental stress），不管是儿童时代或年老才有的生活压力，都可以造成此种疾病。在家庭中如果婴儿没有得到足够的情感与情绪，而且无法从照顾他的主要人物中得到安全感，那么脆弱性的人格（vulnerable personality）便因此而产生。如果这种脆弱性加上极小程度的遗传上的脆弱性，那么精神分裂病就会因此而生。

(7) 心理的因素

目前对精神官能病的病因，一致认为心理社会因素（psychosocial factor）占着相当重要的角色（比起功能性的精神病或老年精神病）。至少，在美国，精神官能病的心理分析理论大都是由精神科医师所提出的。婴儿的奋斗受到挫折。为了要试着除去无可避免的挫折所导致的焦虑（anxiety）及害怕的经验，小孩子会发展出多种不同的心理防卫机转。这些防卫机转（defense mechanisms）每个人多少均会用到，可以让我们输通焦虑感，使它们变成不具伤害力，当此种防卫形式造成不适当的反应或是因其他因素使个体崩溃时，结果便造成了精神官能病。

(8) 焦虑性冲突

为追求成就，社会地位而竞争。所造成的结果是人际关系之间充满了敌意的紧张及不安全感。根据Horney所说的，因为害怕失败、害怕自己对他人的攻击倾向，才造成今日焦虑性精神官能病如此盛行。不管Freud所强调的因为性冲动受到挫折的说法如何，Horney强调西方文化本身存在的冲突，这些冲突皆已被人内化了；冲突包括：竞争与博爱的冲突、物质追求与人个抱负的冲突、个人自由的理想与现实团体组织的冲突……

(9) 社会安全法

事实上，工业社会对年轻人提供高度的保障，虽然今天我们的退休制度以及社会安全法案对老年人的经济安全保障均超过以往，但是退休的过度阶段却常让老年人有种"失去目标"的感受。此种放弃职业的角色并无法由其他的方式来获得补偿。

(10) 治疗的改革

Clifford Beers的精神病在他从耶鲁大学毕竟后几年开始发生（本世纪初）。他是个相当困难处理的病患，除了妄想症状以外还强烈的要求自己能得到应享的权力并接受亲切的治疗。他在公、私立医院内住了三年，其间遭受责打，被吐唾沫，而且经常被囚禁。在他病将好可以回到社会之前，他便决定要对精神疾病方面做许多改革。在他的自传——A Mind that Found Itself中，他拟定一项计划要成立国家的学会，以便进行精神疾病的改革，对公众进行精神疾病的教育，研究精神疾病之成因、本质与治疗方法，并提供预防这些疾病的服务。Beers能够争取到当时某些领导级的精神科医生之支持，于是在1909年成立了National Committee for Mental Hygiene。而自那时候起，寻求足够的公众支持便成了心理卫生服务的一个主要的角色。（当代社会问题）

第九章：社会观 Society Vision
第三讲：理事无碍 Judgment Stage（证成次第） 12、药物问题

(1) *依赖于药物*

今日社会里大多数的成员已公认某些种类的药物可以阻碍个体的自主能力或引导生活的意义，有些药物则逐渐的损坏道德的约束力，引致犯罪与暴力。也许，大家最怕的便是鸦片类之药物，因为此类药物会使患者在身体及心理上有依赖药物的现象（physiological dependence）

(2) *药物的影响*

我们才刚从"药物恶魔"（drug fiend）的概念中脱出，这也是为了促使美国人能支持麻醉药物法的实施（narcotics laws）。从一般大众来看，大多数的年青人，比起他们的父母已经较不相信这些药物的恐怖性。然而专家们一致的意见仍然认为，药物可以对使用者带来危险及负面的影像（negative features）。举例来说，用此药来逃避，追求快乐，或经验神秘感（尤其对依赖药物者而言）的影像已深刻的烙印在多数美国的社会阶层中。

(3) *大麻判重刑*

禁止大麻烟使用的法律，在目前更是造成严重的问题。上百万的美国人，其年纪大多在三十岁以下，至少偶尔会吸食大麻，因此，在任何情况下，若他们被逮捕时，其拥有物中有大麻烟的存在，便可能被判为重刑犯。许多州内，违反烟毒法者所判之罪刑要比持械抢劫或企图谋杀者更重。目前，有这么多人使用这类药物，所代表的是我们对立法不够尊重，同时也造成法律的无法实施

(4) *香烟与咖啡*

同样的，香烟和咖啡也是因其药物效果而被广泛使用（也就是尼古丁与咖啡因），此两种物质，曾经有一度被列为禁药。有段时间，在苏俄、波斯、土耳其及部分德国，对吸食烟草者判以死刑以资处罚。而英国，在比两世纪前稍早的时刻，努力根绝烟草的吸食，其最极端的刑罚便是将犯罪者的鼻子割除，或加以破坏。然而，极具讽刺的，烟草的使用变得受人敬重，最后以香烟（cigarettes）的形式普遍存在社会上。

(5) *大麻的后果*

1930年代，前任成瘾麻醉药物管理局的局长Harry J.Anslinger，指出大麻是对国家最主要的威胁。他反对此药之使用，强调使用大麻将会造成严重的后果，他说："在中毒的最初期，意志力将受摧毁，约束力消失，道德观破坏且常放荡，造成性行为之发生。接着，心智呈现不稳定，行为多趋向暴力。""在医学界似乎越来越多的人同意，大麻并非是造成犯罪行为、青少年犯罪、性亢奋或成瘾的主要成因。因此，尝试去限制大麻的使用是适当的，然而却不应该夸大其不良影响。"

第九章：社会观 Society Vision
第三讲：理事无碍 Judgment Stage（证成次第）12、药物问题

(6) 精神作用药

最近的研究显示在美国大约有四分之一的成人，于一特定年中，使用一种或多种以上的精神作用药物，其中包括联邦或州政府立法中认为可能会"滥用"(abuse)的药物。最常被用的是兴奋剂（大多是安非他命类）、催眠剂（nembual,seconal等等）、轻镇静剂(Librium,Miltown)与镇定剂（phenobarbital）。大多数的成人是因处方而获得此药。近年来，在医疗处方上使用这一类的精神作用药物已达极至。例如，1965年58万个新处方被写成，而总共有108万个处方是属于精神作用药物；在美国当年，占所有处方的14%。

(7) 非法的药物

大麻是最常被用的非法药物，而此种情形至少也持续了数十年。从1960年代开始，大麻的使用激增，特别是在中等阶层的青少年与青年人。在全国所作的有关高中与大专学院大麻服用的情形其结果显示具有有相当地方性的分布，但是却有许多年轻人（许多学院里约有1/5至1/2的学生）曾试过数次吸食大麻，而可能其中的1/3者曾规则或偶尔吸食维持一段时间。

(8) 社会的现象

年轻人用药有多种形式且有多种功能，然而药物之使用却是一相当普遍的社会现象。中年人，尤其是中等阶层者，用安非他命可能是为了要控制自己的体重或对抗忧愁，或是用巴比妥类制剂来帮忙入睡，用镇静剂来掩盖自己的焦虑，然而他们多是在私下的场合里使用的。面对他人时，也只有藉喝酒的方式得到欢乐的高潮。

(9) 刑罚的失效

在法律禁止药物使用，刑罚变得严厉时，药物的使用却大量的增加。由此可知，刑罚的结果并不能使药物的交易减轻或减少药物的使用，反而造成其他的后果。对麻醉药品犯罪者加重刑罚的一个后果是药物犯罪者在联邦与州政府的罪犯中占了相当多数的比例。如此严厉、缺乏弹性的刑罚使得陪审团的委员们也很少判此重刑。例如在Michigan，第一次贩卖药物的刑罚最少要判到20年，且无法中止或处以缓刑，因此其中只有3%被处以此刑。

(10) 社区的监护

1960年代早期，人们逐渐了解将成瘾者监禁在州或联邦监狱内并不能解决问题之根本，于是便发展所谓的"civil commitment"的计划。对抗成瘾者，他们为了药物之供给而不惜犯罪。这些成瘾者不是被送到监狱，而是送到复健计划部，在那儿他们接受治疗以及有用的训练，完成以后被送回社区并接受一段长时期的监护。针对用药者发展特别的计划，同时在社区里提供密切的监督(close supervision)，这些显示了人们已在发展更有效的复健方法。在纽约与加州的计划中，我们已经可以看到有关成瘾者回到社区中的一些有价值的消息。(John A.Clauzen：药物的使用)

第九章：社会观 Society Vision

第三讲：理事无碍 Judgment Stage（证成次第） 13、福利问题

（1）社会的保障

社会保险或社会保障，指一种社会保险或保障机制，帮助公民面对某些社会风险如：失业、疾病、事故、衰老、死亡等，或是保障基本得生存资源如：教育、医疗等。现代社会保险是由奥托·冯·俾斯麦于19世纪在德国创立的。

（2）福利的国家

二战后，欧洲发达国家经济发展迅速，在创造巨大财富基础上建立起较为完善的社会保障体系，以保障国民即使遭遇年老、疾病和失业等困境时，仍能过上温饱无忧、不失尊严的生活。这种重视社会平衡发展的欧洲模式被称为"福利国家"模式。但是，进入20世纪90年代以来，欧洲发达国家的发展却遭遇到前所未有的困难，经济增长乏力给其福利制度带来很大的压力和考验，要求进行体制改革的呼声随之日趋增强。

（3）政治的运作

工业革命与资本主义的发展，导致生产方式和经济结构的变革，同时造成资本家与劳工之间的对立。由于大量的农业人口移往城市寻找工作，劳动力过剩而衍生失业、疾病、贫穷等社会结构性问题。而一旦劳工集结起来抗争，形成大规模社会运动，生产活动就会停摆、对政府的不满与日俱增，将不利于资本家与政府的政经利益，国家于是便采取社会保险政策拉拢劳工的心。

（4）政治的角力

欧洲各国相继引进福利政策，各政党却也展开支持或批判，如英国在1990年，在社会主义联盟等组织支持下成立工党，自由党（保守党前身）为消弥社会主义不得不进行改革，代表者为劳德·乔治让"老人年金法案"通过、贝佛奇完成著名的"贝佛里奇报告书"等。瑞典在自由党社会民主党结盟下，推行老人年金、社会保险等政策；之后社会民主党和农党合作下，形成著名的"红绿联盟"，在"红绿联盟"努力下，建立失业保险、国民年金扩大实施等。

（5）社会的支出

欧与美、日模式有一个明显的不同点，那就是社会支出偏高，社会支出占国民生产总值的比重达30%以上，像北欧的瑞典等国更是超过50%。社会支出中最大的一项是社会保险支出。从微观层面来看，以德国为例，企业在支付工资之外还必须承担每个雇员社会保险费用的50%；而在美国，雇员的社会保险费用只相当于其劳动力成本的15%。因此，仅从社会保险费用来看，欧洲国家的劳动力附加成本就远远高于美国。而且，欧洲的社会保障一直是失业大军的保护屏障，一些人失业后不肯降低标准就业，专靠福利制度生存。

(6) 社会的合作

欧洲国家的社会合作机制。所谓"社会合作"，是由国家设置制度性框架以规范资本和劳动两大社会集团之间的合作，目的是保障劳工群体在牵涉自身权益、特别是工资和相关待遇问题时，拥有参与决策的权利。二战后的欧洲，工会作为广大雇员利益的代表，拥有广泛的群众基础，有着非常广泛的号召力、影响力和凝聚力。

(7) 工会的压力

由于强势工会手中掌控"罢工"王牌，工会提出的谈判方案经常能够迫使雇主协会一方就范。这种不断被抬高的工资水平因其浓重的"人为"色彩，常常被批评为已经偏离了市场的轨道，与市场机制下的劳动力价值定位不相符合。

(8) 制度的压力

自身资源的流失无疑给未来经济的发展带来不利影响，资本外移同时导致本土工作岗位的不断丢失。十多年来，法、德等欧洲主要国家的失业问题一直没有得到有效解决。如德国，总体失业率一直维持在10%。居高不下的失业率，成为困扰其经济和社会发展的最大问题。社会保障制度面临着巨大压力，经济发展也背负着沉重负担。德国社会产值的近1/3，都以直接或间接方式被社会福利和救济所吞噬。

(9) 难民的问题

美国自称是自由的国家，结果只得收容来自世界各地的难民，有的是因战争而流离失所，如越南难民；有的是政治难民，利用法律漏洞成为美国永久居留。

(10) 非法的移民

由于美国有较全的社保制度及福利，许多人就偷渡进美国，造成社会成本的增加，美国的福利养老金已面临破产边缘。

第九章：社会观 Society Vision

第三讲：理事无碍 Judgment Stage（证成次第） 14、老年问题

（1）全球老龄化

联合国在 2008 公布的一项报告中指出，估计至 2050 年时，全球 60 岁以上的老年人可能多达 20 亿，近乎目前的三倍，几乎占总人口 92 亿的全球总人口的 1/4。据介绍，中国现有老年人口 1.44 亿，老龄化水平为 11%；预计 2050 年老年人口为 4.34 亿，老龄化水平将达峰值 31%。目前北京人口的平均预期寿命已达 78 岁，未来几十年，老年人口平均每年增加约 800 万，本世纪的中国将是老年人口逐步增多的社会。世界人口趋老龄化。今后 50 年间，老年人数大概会翻两番。今天，每十人中就有一个花甲老人。到 2050 年，每五个人中就有一个年纪较大的人，到 2150 年，世界人口的三分之一预计会步入花甲之年。

（2）维也纳计划

1982 年的历史性文件，即老龄问题国际行动计划在二十世纪最后二十年中为处理老龄问题打下了基础。在国际社会开始讨论和探讨如何修订这项行动计划时，它再次成为人们关注的焦点。人们常常称之为维也纳计划，其基本内容就像一套与住房和生活环境、保健和营养、消费者保护和物质福利等问题的最高标准融合一体的老龄问题准则。不过，20 年过去了，其中老年人口持续显著增加对社会产生了巨大影响，目前它还没有减缓的迹象。我们已进入了一个新世纪，而这项计划的某些措词和政策已不符合当今人口和社会经济的现实。

（3）大会的检讨

第一次老龄问题世界大会以来，各国取得的进展既不均衡，也不相同，这反映了可用资源、优先事项及其他因素的不同。取得进展的数个领域有：建立关于老龄问题的国家基础设施、改善老年人的保健服务和住房供应以及收入保障、老年人对社会生活的参与。

（4）变革的推动

老年人正在积极参与社会，为社会作出贡献，改变了老年人仅仅是依靠者的看法。例如，在大多数非洲国家，照顾艾滋病毒、艾滋病受害者遗孤的工作大多由老年人承担。老年人还担当慈善组织或其他组织的义工。他们既是培训者，又是教育者，还是社区或国家发展计划的顾问。在大多数农业国家，老年人在农事中十分活跃或担当决策参谋。据报他们还是老有所为、老而不休的榜样，而且是家庭中财政转移的来源。除政府之外，其他行为人也有助于提高老年人的作用，其中包括非政府组织、宗教团体、学术机构、专业组织、妇女宣传团体、工会，当然还有家庭和个人。商业公司据报也起到一些有限的作用。

（5）挑战和障碍

1982 年老龄问题国际行动计划载有七个领域的行动建议：保健和营养、保护老年消费才、住房和生活环境、家庭、社会福利、收入保障和就业以及教育。下列领域看来十分难以处理：住房和生活环境、收入保障和就业以及保护老年消费者。缺少经费是执行《行动计划》建议的主要障碍。经济困难、武装冲突和自然灾害限制了用于老龄问题的经费来源。政府工作人员短缺是大多数发展中国家面临的另一个普遍问题。各机构间缺少协调、职责重叠缺少决策专家也妨碍了该计划的执行。

（6）马德里大会

马德里举行的大会将响应国际社会的呼吁，订正《行动计划》，以反映当前现实以及发展中国家、发达国家和转型经济体今后面临的挑战。。因此，以全局、公平处理为基础的政策框架必须汲取1982年以来所积累的知识、研究成果和经验。21世纪面临的挑战是，实现乐于接受老龄人口的社会，将其作为社会未来的组成部分，并将老年人视为建立不分年龄、人人共享的未来社会的重要伙伴。（2002年4月8-12日）

（7）老年人原则

联合国大会于1991年12月16日通过《联合国老年人原则》（第46/91号决议）。大会鼓励各国政府尽可能将这些原则纳入本国国家方案。原则概要如下：①独立②参与③照顾④自我充实⑤尊敬。（1992年10月通过"老龄问题"宣言）

（8）行动战略稿

2002年老年问题国际行动战略草稿见诸联合国老年问题方案的网址：使老年人生活安全无虞，这涉及重申消除老年贫穷的目标，并遵循《联合国老年人原则》；增加老年人充分和有效参与其所在社会的社会、经济和政治生活的能力；为终身及晚年的个人发展、自我实现和幸福提供各种机会；保障老年人的经济、社会和文化权利及其公民和政治权利；承诺通过消除性别歧视确保老年人的性别平等；认识到世代相互依存、团结和互惠对促进社会发展至关重要；提供老年人所需的保健和支助；促进各级政府、民间社会、私营部门和老年人自身彼此合作，将《国际战略》转变为实际行动；尤其在发展中国家内利用科学研究和专门知识集中关注老龄化涉及的个人、社会和保健问题。

（9）尚待商订案

另一半尚待商定的案文有可能在以下问题上引起热烈辩论：债务减免作为发展中国家解决人口老化问题以及消除其影响的先决条件；从着眼于人权的角度来看待老龄化和发展问题；移民流动和老龄移民的经济和社会需求；老龄劳动力的工作和需求及权力；监测、促进和执行成果文件，包括资源分配和国际合作。

（10）老年数据库

2000年2月11日在社会发展委员会正式开户数据库项目，由联合国老龄问题方案同阿姆斯特丹弗里埃大学应用老年学研究所和老人网（Senior Web）合作编制，并由荷兰政府提供资金。联合国老龄问题方案正在更新网址。网址上有些主要内容将进行合并，这包括国际老年人年网页和199年各会员国的活动、联合国系统、政府间组织和非政府组织等网页，其中增添了新材料，激发人们起而行动，同时继续保持实现不分年龄人人共享的社会的势头。网址：www.un.org/esa/socdev/ageing。

第九章：社会观 Society Vision
第三讲：理事无碍 Judgment Stage（证成次第） 15、青年问题

（1）全球的学潮

自1969年至1970年，全世界各地所爆发的学潮，实际上是由群众心理所激成的群众政治行为之典型。没有一个学潮没有政治因素，而且，这些政治行为人并针对当前青年心理的弱点，鼓励学潮，以达成其政治目的。总之，当前学潮的发展，起因虽有不同，但政治鼓励，将一切不满现实的青年心理汇为洪流，以致震荡整个社会。其中真正领导者不过百数十人而已。这些人能把握青年心理，刺激青年群众的想象，以领导青年大众。所以群众的政治行为，实际上由少数人予以领导操纵！

（2）美青反越战

自1965年美国正式介入越战后不久，其国内的反战运动即已开始；其中断断续续，愈演愈烈，至1968年曾到达高潮，迫使詹森总统，放弃竞选。1969年尼克森就职后，初期曾沉寂一时。越战是20世纪中期的大事，美国之介入越战是其成为太平洋国家、国势发展之必然的结果。虽然其参加的方式错误，特别是不求胜利，不使用所有的兵器体系，不超越一定的地区而使战争变为长期化僵持化，师老兵疲，使人民厌战，但从向具理想主义及实践冒险精神的美国人民说来，竟然掀起全国性的反战运动，实是美国的悲剧，对民主的讽刺，而使越战更变为一种丑陋的肮脏的战争！

（3）综合性学潮

1968年至69年，美国哥伦比亚大学学生占领校舍与警察打斗，其中一次曾有696名学生被拘，109人受伤，学校损失69万美元以上。事件起因于学校拟在纽约市黑人住区即哈林区建筑一座体育馆，学生认为影响哈林区的公园安静，具有种族歧视，以致爆发学潮。

（4）校园的抗议

史丹福大学学生因反对学校开除7名犯规学生，占领学校行政大楼，并捣毁海军军官训练营一处。其他西北大学、南伊利诺大学、罗斯福大学、普林斯顿等各大学，全国650万大学生，以及有38州的中等学校都受其影响，其骚动方式实行强坐、强教、罢课、游行、示威、占领校舍、破坏、暴动、校园游击等，其中最突出者，曾有学生十万人，进军美国国防部，抗议越战政策及征兵制度等。

（5）日本的学潮

日本东京大学因医学院学生反对毕业后必须在大学医院任职两年不支薪饷，开始罢课，扩及全校，再扩展到112所大专学校造成历时一年以上的学生暴动，包括街头游击战、投掷汽油弹、攻击警署，致使全国有半数以上学校陷于停顿；1969年起并发展为争取归还冲绳岛，抗议美日安保条约，威胁到佐藤政府，而变为政治性的斗争了！

第九章：社会观 Society Vision
第三讲：理事无碍 Judgment Stage（证成次第） 15、青年问题

(6) 学潮的起因

各国学潮由于起因不同，可归纳为四个类型：（一）政治性的：又可分为三种：1.反对外国侵略，如1968年捷克学生反苏俄入侵所发动的抗议示威运动；2.反对专制独裁，如波兰、巴基斯坦、西班牙学生的要求民主自由；3.反对政府的某种政策或者措施，如1969年韩国学生的反对修定，中南美洲各国学生所掀起的反美活动等。

(7) 社会性学潮

社会性的：如1968年5月法国巴黎大学拉丁区分校的学生，因不满法国教育制度罢课，不惟全国60万大学生响应，并引起八百万工人的罢工，震动世界；西德学生反对议会通过的"职业培训法"等，均属这一类型。

(8) 心灵的空虚

精神没落与心灵的空虚：由于科学技术进步的刺激，社会生活水准的提高，物质欲望远超过精神的修养，以致伦理道德观念伦丧，宗教意识消沉，青年人耳濡目染，精神上既失去依托，心灵上亦有层层暗影，他们只稍一接触到相投的事物或是比较新奇的名词、思想、观念，便会趋之若鹜，藉以找寻精神的出路，填补心灵的空虚。

(9) 理想的幻灭

现实的分歧与理想的幻灭：科学技术迅速的进展，人类获得许多空前的成就，但却无助于现实问题的解决，感到这个社会既不能提高个人价值，又不能提供有意义的生活，也不能使人获得内心的和平，眼前前途茫茫，理想幻灭，便将所有的怨恨归之于政府，陷入了反政府的歧途。

(10) 时代的差距

教育与时代的差距：科学技术一日千里，带动经济的繁荣及教育的普及，但整个社会结构，并没有作相应的配合与调整，"教育"这一环，便首先遭遇到考验。最显明的脱节是教授与学生分离，学校只是贩卖知识的市场，失去精神的陶冶与融和；学科的专门化，对于人文科学不受重视，教育的质量日趋偏颇低落；学校规模日益庞大，图书馆实验室等各种设备不能相对的扩充，行政管理落后，许多规定，相沿成习，难以改进，遂激起学生的不满，如是大学便成为青年直接冲击的起点。（转载自李正中：群众政治行为之类型）

清華大學

中华国学再造领导力
企业家高级研修班 讲义

CHAN OF CEO

企 业 禅

第九章

社 会 观

第四讲 事事无碍

编讲人：强梵暢
Edited by Victor Chiang
中国北京大学宗教学系 兼任研究员
Research Fellow
Department of Religious Studies
Peking University , Beijing , China

CCEO-A9-B4-01

清華大學 领导力培训项目网
Tsinghua University Training of Leadership

Copyrights 2008 In U.S.A/China by Victor Chiang

第九章 社会观 总纲目

第一讲 理无碍	第二讲 事无碍	第三讲 理事无碍	第四讲 事事无碍
⬇	⬇	⬇	⬇

		精神问题	
人口问题	农业问题	药物问题	环保问题
教育问题	贫富问题	福利问题	家庭问题
就业问题	法治问题	老年问题	种族问题
居住问题	犯罪问题	青年问题	慈善问题
医疗问题	娼妓问题		宗教问题

第九章 第四讲 事事无碍

◆ **16、环保问题**
（1）灾害的不断 （2）人为的污染 （3）全球的暖化
（4）城市化问题 （5）地震的威胁 （6）空气的污染
（7）废气的污染 （8）水源的污染
（9）替代新技术 （10）永续的发展

◆ **17、家庭问题**
（1）天合与人合 （2）传统大家庭 （3）中国的文化
（4）家庭的变化 （5）离婚率增高 （6）破碎的家庭
（7）形态的重组 （8）中西的不同
（9）家庭的暴力 （10）幸福的家庭

◆ **18、种族问题**
（1）美种族歧视 （2）美阶级歧视 （3）习惯性歧视
（4）美国梦阴影 （5）阶级仍存在 （6）排斥华人案
（7）排华的历史 （8）排华与抹黑
（9）经济间谍法 （10）政治牺牲品

◆ **19、慈善问题**
（1）慈善的原形 （2）伪善的历史 （3）慈善的幌子
（4）慈善的企图 （5）慈善的手法 （6）年度慈善家
（7）慈善看结果 （8）捐助的目标
（9）管理的理念 （10）宣讲己理念

◆ **20、邪教问题**
（1）刚破美邪教 （2）邪教是公害 （3）奥姆真理教
（4）美国大卫教 （5）邪教的目的 （6）邪教的残忍
（7）邪教的杀害 （8）美围攻邪教
（9）邪教的敛财 （10）邪教企业化

第九章：社会观 Society Vision

第四讲：事事无碍 Successful Stage（圆满次第） 16、环保问题

(1) 灾害的不断

全球性气候异常，自然灾害不断，干旱、洪水、火山、地震的周期越来越短，人类生命受到莫大的冲击，若不加以阻止防患，恐将引发物种灭绝的后果。很多东亚地区国家是位在容易发生大灾难的环太平洋盆地地区，这些灾难将持续发生在21世纪。台风及地震是主要危害人类生命财产的大自然灾害。

(2) 人为的污染

根据联合国委请数百位科学家所作的最新调查，人为污染加速全球暖化，而地球升温的速度将比先前的预测还要快。热带水域持续暖化、北极冰帽开始融化，而冰岛南部、欧洲最大的冰河 Breidamerkurjokull 亦逐渐消融瓦解中，未来几年之内可能就缓缓滑入大西洋中，充分显示全球温室效应的日益加剧，已对地球环境造成严重后果。

(3) 全球的暖化

而世界自然基金会（WWF）指出，全球暖化将会导致全球三分之一的动植物栖息地发生剧变。约在西元2100年时，一些动植物种类将会因天候变化而灭绝；其中将以北半球高纬度的地区受害最甚，高达70%的栖息地会因而消失，北欧、亚洲和拉丁美洲的部分地区，动植物栖息地有一半也可能消逝。基于此，气候变迁加上人为的滥垦滥伐，导致水灾、旱灾的灾情不断。包括：台湾、中国大陆、菲律宾等地水灾，皆严重影响人类居住的基本要求及生活品质。

(4) 城市化问题

城市化是人类文明发展的自然历史过程。由于全部技术落后，工业革命前城市化的过程缓慢。到1800年，世界城镇人口仅占总人口的3%。18世纪以来，城市化是继工业化之后席卷全球的大浪潮。20世纪是城市化的年代，城市化是20世纪影响人类社会经济形态最重要的力量。城市化的快速发展在给人类带来巨大经济效益的同时，也造成一系列负面貌一系列负面影响，而造成巨大的"城市问题"或称"城市病"。由于城市人口密集，工业集中，交通拥挤，各种废弃物大量排放，造成水体污染，空气污染，垃圾遍地，环境恶化，严重危害人体健康。

(5) 地震的威胁

根据资料显示，20世纪全球发生的3次毁灭性地震中，有2次发生在中国大陆，分别为1920年甘肃海原地震及河北唐山地震，死亡人数都超过20万人。另一次为日本关东、东京、横滨地区大地震，在1995年一月，日本神户大地震规模达到芮氏7.2级，死亡人数逾14万人。地震造成经济损失最严惩的国家为日本、美国及中国大陆。1995年日本阪神地震直接经济损失高达1000亿美元，创20世纪地震损失最高纪录。亚洲一直是全球地震的重灾区，大部分灾难性地震都发生在亚洲，占全球总数的70%至80%。在1999年9月，规模7.5级的台湾九二一地震，大概造成2500人死亡。而在今年一月，印度发生7.9级大地震，夺走了超过10万人的生命。总之，由于亚洲地区频发的板块内大地震、地震活跃区人口密集、房屋抗震性能差，地震灾害的防范不得不加以注意。

第九章：社会观 Society Vision
第四讲：事事无碍 Successful Stage（圆满次第）　16、环保问题

(6) 空气的污染

空气污染是大气中一种化学物质，其产生的量，或存在的期间，会造成对人类及其它生物或物质之伤害。1952年前，伦敦原是一座净化之城。后来因工业兴起，纷纷架起烟囱、建设发电厂，许多住家用烧煤取暖，以煤为蒸汽火车的动力，废气排放没做好控管措施，导致碳、硫化合物等化学烟雾，弥散于空气当中。整个城市被雾云笼罩，交通瘫痪，数千名受害者患了支气管炎、肺炎、心脏急剧恶化等呼吸疾病。五天后，烟雾渐退，估计约有四千多人死亡，其中年长者为多数。还有很多关于空气污染的实际例子：1930年比利时的谬司山谷；1948年宾夕法尼亚州的多诺拉等等。

(7) 废气的污染

工业排放的废气，使大气二氧化碳含量增加，地表产生"温室效应"，改变了地球气候，并对动、植物的分布，生态环境造成影响。科学家预估在西元2030年，气温会比目前上升1.6至4.5℃，全球暖化，两极冰山削溶，海水将淹没城市和港湾。另外，排放于空气中的二氧化硫，使地球遭受"酸雨"淋蚀，引发"酸沉降"，树木脆弱土壤酸化、湖泊产生甲基汞，水中生物也难逃魔掌。此外，人类制造的氟氯化合物，破坏了保护我们的臭氧层，大量紫外线入侵，使生物发生变异，人类也容易患有疾病与癌症。

(8) 水源的污染

保有森林与水资源上其他重要的功能——维持生命多样性与净化水质，破坏森林便是破坏生物的栖境，减少物种多样与岐异度，台湾的伐木、集材为人所诟病。以水而言，有重金属、农业、放射线等污染，减少水资源用量，还曾发生饮水集体中毒的事件：桃园县大潭村，原住着一群泰雅尔族，他们辛苦地辟出自己的农田，然而，，一家化学工厂开始生产，把废水直接排入灌水道中，废水含"镉"，导致种出的稻变成彩色米。村民们吃了毒米、毒水，造成骨骼、关节变形、全身剧痛，被称为"痛痛病"。人类为了利益自相残杀。

(9) 替代新技术

企业界另一的荣景，就是运用"替代"以进步的瓷料代替某些金属，用玻璃纤维及光电子学，提供企业开发、利用。此外，帕里发展出来的造墙技术，所消耗的能源少，造成的污染也微乎其微，对任何国家都是很好的替代技术。英国的得文郡将这一技术稍作调整，试验建造单层的房屋，生产建材时消耗的能源只有传统造屋所需的七分之一，总成本是三分之一。

(10) 永续的发展

今天，欧洲除了每户每年生产半吨垃圾之外，还有一大部分的污染和垃圾来自农、工、商、食物、饮料及其他的消耗品有关。而创造出一些庞大无比、错综复杂，既浪费的污染体系；而我们的地球，负荷也到了极限，无法再任这些体系继续扩张、肆虐了。能够促进地球"永续发展"的技术中，或许首推"生物技术"。因为化石燃料及无机矿石都藏量不丰。第二次工业革命，对再生的能源和物质依赖日深。因此，不论是人类食品、动物饲料、化学的供应、替代能源、废弃物循环再生、污染管制、微生物治矿及原油第三次回收等，生物技术必定扮演重要的角色。

第九章：社会观 Society Vision
第四讲：事事无碍 Successful Stage（圆满次第） 17、家庭问题

(1) 天合与人合

清朝学者钱大昕在其《潜研堂文集》里写道："夫父子兄弟，以天合者也。夫妇，以人合者也。以天合者，无所逃于天地之间，而以人合者，义合则留，不合则去。"因为父子手足是"天合"的血缘关系，夫妻乃"人合"，无血缘关系，所以当不合而离弃割舍，便不是罪大恶极了！如在周代，视女人离婚、改嫁为寻常之事；《论语》全书皆无妇女不能再嫁的言辞，而孔子的儿子伯鱼去世，媳妇改嫁至卫国，孔子也没表示反对。

(2) 传统大家庭

中国人重视家庭，传统观念里，往往推崇多子多孙的大家庭，将之称为"义门"，历代法律也明令规定禁民分居，《唐律•户婚》记载："诸祖父母、父母在，而子孙别籍异财者，徒三年。"《明律》、《大清律》里也有同样的规定。凡此，法律制度、舆论、习俗、伦理道德，和重视血缘关系、和谐、统一之性格，以及农业社会对劳动人口的需求、地理环境等等，都是中国传统大家庭形成的因素。

(3) 中国的文化

家庭的结构和社会背景、时代变迁有密切关系，而这一切又根源于民族性与文化性；西方是注重矛盾与独立的个体文化；中国则注重和谐与统一的整体文化。所以，西方人的性格多为个人取向、自我取向，中国人的性格多为团体取向、他人取向；如此的社会性，从家庭观念可见一斑。

(4) 家庭的变化

由于时代、环境的变迁，家庭结构产生许多变化，有单亲家庭，有由祖父母抚养孙子的隔代家庭，有父或母再婚，与继父（母）同住的家庭，有迎娶外籍新娘的家庭……。不能否认，这些不同于一般传统观念所认定的家庭，确实比较容易产生"问题儿童"。

(5) 离婚率增高

由于整个大环境政治、经济的不安定，使得人心浮动、失业率节节升高。以台湾为例，2004年，平均失业人数达四十五万四千人，高学历却找不到工作，或被裁员者比比皆是。失去了经济能力，郁闷、悲愤的情绪，直接冲向家庭，造成夫妻离婚的主因之一。离婚率不停攀升，美国是全球离婚率最高的国家，而根据台湾"主计处"的统计，台湾的离婚率也已居亚洲之冠，目前是每三•二对结婚，就有一对离婚，台北市更是每二•一对结婚，就有一对离婚。

第九章：社会观 Society Vision

第四讲：事事无碍 Successful Stage（圆满次第） 17、家庭问题

(6) 破碎的家庭

破碎的家庭，带着家庭暴力的阴影，制造许多问题儿童、问题少年；对婚姻的恐惧、对前途的不确定，越来越多青年男女倾向晚婚、不婚及不生育；于是人口失衡，提早进入"高龄社会"，引发众多老人问题……。

(7) 形态的重组

随着时代的演进，环境的变迁，家庭形态也一再跟着重组。权力中心方面，五千多年以前，原始部落以女性为主轴，是为"母权社会"，后来，封建体制和儒家思想兴起，形成"父权社会"，现在则进展到"两性平等"的社会；组织结构方面，从早期三代同堂、四代同堂，甚至五代同堂的"大家庭"，到由一对夫妻与其子女组成的"小家庭"，近几年来，更有"同居不婚家庭"、"单亲家庭"、"隔代抚养家庭"……，看来随着e时代的快速、缤纷与流转、消逝，婚姻观念、家庭结构、家庭功能，也跟着颠覆和改变了。

(8) 中西的不同

有人说："美国是儿童的天堂、青年的战场、老人的坟场。"中国的孔子对社会的期许是："老有所终，壮有所用，幼有所长，鳏寡孤独废疾者，皆有所养。"由此可看出东西方对家庭界定与观察的不同。

(9) 家庭的暴力

曾看过一项报导，在美国社会里，团体内部每天所发生的暴力，就属家庭最多；全美国有1/5的谋杀案件，来自亲属之间，其中有一半的杀人犯是自己的配偶；每年有750万以上的夫妇，经历暴力伤害；警员的执勤伤害，以处理家庭纠纷时为最多。而根据台湾内政部的统计，2004年上半年的伤害事件中，有33.6％是家暴引起的，有1/6的妇女身陷婚姻暴力中，每天接获十六名受虐儿的通报，而且平均每个月，就有十人死于家暴，社会一年要为家暴付出180亿元的代价。

(10) 幸福的家庭

夫妻来自不同家庭，个性、习惯、观念不同是难免的，但是既然结成夫妻，"背亲向疏，永离所生"，就应该"恩爱亲昵，同心异形；尊奉敬慎，无憍慢情"（《佛说玉耶女经》）。彼此好好珍惜"百年修得共枕眠"的因缘，相亲相爱，相互体谅、尊重。而孩子是自己的骨肉，怎能不疼爱怜惜呢？让孩子拥有快乐的童年，身心健康的长大，是每位父母不可推卸的责任。（星云大师：佛教对家庭的看法）

第九章：社会观 Society Vision
第四讲：事事无碍 Successful Stage（圆满次第）　18、种族问题

(1) 美种族歧视

种族歧视在美国根深蒂固，黑人、拉丁裔等少数族裔受到歧视，针对穆斯林和阿拉伯裔的歧视最为严重，特别是司法领域的种族歧视极为严重。司法领域的种族歧视极为严重。根据美国司法政策学会的调查结果，黑人仅占美国总人口的12.9％，但黑人囚犯却占美国囚犯总数的46％，大约每五个黑人中就有一个在人生某个时期坐过牢。自1980年以来，新增加的在押犯中，非洲裔和拉美裔人等少数族裔达70％。

(2) 美阶级歧视

《今日美国报》的社论标题一针见血：《飓风暴露出阶级和种族问题》。近年来，美国社会一直有"两个美国"之说，意即美国"以种族和阶级分裂为两个美国"。"卡特里娜"飓风彻底撕裂了新奥尔良的种族和阶级分野，使"两个美国"暴露无遗：一边是逃之夭夭的富足的美国人，一边是困守愁城的贫穷的美国人。新奥尔良一位黑人领袖悲愤地说："我们无法允许历史这样记录：区分飓风幸存者和死者只需凭靠财产和肤色！"越来越多的社会调查研究表明，种族与阶级仍然是美国社会生活中的重要因素，一个人所属的种族与阶级同他能否成功密切相关。

(3) 习惯性歧视

种族歧视是美国社会的老问题。尽管近几十年来美国在种族融合方面做出了不少努力，但种族歧视仍然以各种微妙的形式无所不在。根据美国广播公司和《华盛顿邮报》最近的一项民意调查，64%的黑人表示曾遭受过种族歧视，20%的黑人说经常受到歧视。虽然主流社会以"非洲裔美国人"来尊称黑人，虽然有众多"政治正确"的清规戒律，但这都不能掩盖一个事实：在美国身为黑人即意味着要付出比别人更多的努力，要克服种种偏见和障碍，否则，就会比别人更容易沦为穷人。

(4) 美国梦阴影

《纽约时报》今年公布的一项耗时一年的研究表明，过去30多年来，在美国这块"无限机遇的土地"上，阶级对命运的决定性作用更大了，而不是更小。曾几何时，"美国梦"彰显世界，从底层向高层的社会流动是"美国梦"的核心。一位大学教授的标语格外引人注目："从新奥尔良到伊拉克——停止打击穷人的战争！"他说，无论是在伊战中，还是在飓风中，"遭受苦难的永远是普通民众"。

(5) 阶级仍存在

今天的美国是历史上最强大的国家，但正如新奥尔良悲剧所揭示的，这也是一个贫富差距巨大的国家。加州大学社会学教授迈克尔·侯特无法认同"阶级时代已经结束"的观点。他说，阶级意识和阶级语言在消退，但正是在此时，阶级重组了美国社会。有关"阶级消亡"的讨论非常天真和具有讽刺意味，因为我们正处于一个不平等日益加剧和社会重构的时代。

第九章：社会观 Society Vision

第四讲：事事无碍 Successful Stage（圆满次第）　18、种族问题

(6) 排斥华人案

张纯如（Iris Chang）新作《华人在美国》（The Chinese in America）详细记录华侨在美国受歧视的遭遇。从150余年前首批来美淘金的华人谈起，直至今日获得多种诺贝尔奖的一代，其间勤劳的华人在建筑美国铁路时立下了汗马功劳。可是对华人的歧视早已于十九世纪下半叶开始，1880年国会通过的《华人排斥法案》（Chinese Exclusion Act）成为美国排除华人入籍的官方政策。这项非人道的法案于二次大战因中美成为"盟友"后才引起一部分开明议员的注意，终于在肯尼迪总统时期被正式废除。

(7) 排华的历史

排华情绪在十九世纪后期达到高峰，主要原因在失业工人阶级归咎于华人廉价劳工。开始反华宣传集中于卫生与疾病问题。美国医药学会于1875年发表一项调查报告，指华人妇女传染一种特别的性病。此项调查虽无根据，医药学报却指"华人毒草血液混入盎格罗萨克逊人之中"。加州一份日报于1879年在社论中把华人形容为"吃老鼠，不懂法律，憎恨基督文化，吸鸦片，廉价劳工的亚洲人。"另一加州报纸警告妇女不要将脏衣与被单送往不干净的华人洗衣店，因为洗了之后，只有将"疾病传给你的儿女"。

(8) 排华与抹黑

柏克莱加大族裔研究系教授王灵智说，在陈果仁事件以前，华裔民权运动组织大力鼓吹华裔民众积极参政，对美国司法抱持信心。当年的陈果仁案在经过3年诉讼过程后，两位肇事者最后没有被判过一天的囚禁。陈果仁事件与宣判结果让华裔民众对美国的公平正义大失所望。王灵智称，美国一直是个种族主义国家，尽管排华法案已经撤销，但态度仍在。我们应该从陈果仁与李文和事件学到教训，体会华裔民众必须继续勇于向美国司法和社会争取权益，若不争取，别人就继续欺负你。美国《侨报》的评论也说，二十年来，美国在消除种族与性别歧视方面的确没有多大进展。有更多人将"李文和"事件作为美国种族歧视依旧严重的例证。

(9) 经济间谍法

中新网北京2002年8月5日消息：数周以来，多位在美国实验室工作的华人科学家被控从事生化科技商业间谍行为遭拘禁，但检方发现很难将他们定罪。华人团体则指控调查人员基于"种族歧视"拿华人学者开刀。美国国会1996年虽通过"经济间谍法"，但很难具体举证将嫌犯定罪。自该法案通过后，已有47人涉嫌商业间谍案遭美司法部起诉，其中相当人士是华人和日本人的亚裔人士。亚裔团体指出，政府一连串逮捕与起诉亚裔科学家的行动如同处理李文和案，凸显美国对亚洲国家竞争的过度忧虑。这些团体表示，这些商业间谍案是基于种族歧视性的"政治迫害"，尤其是对华裔科学家。

(10) 政治牺牲品

【记者许贵英洛杉矶报导】美华协会（OCA）会长GEORGE ONG十一日发表一封公开信指出，美华协会对中国大陆十一日释放与中共军机擦撞的美国侦察机廿四名机员表示欣慰，但不幸地，在美华裔的形象问题并未因机员被释放而烟消云散。虽然华裔是美国公民或永久居民，但每当类似事件发生，华裔总是被抹黑，华裔的忠诚也一再被怀疑。为全美华裔争取平权的美华协会接到许多华裔民众反映遭人抹黑的投诉电话。GEORGE ONG举出几个实例：一个全美脱口秀声称，所有在美华裔都应被关到集中营。一家电视公司主持人宣布支持解雇所有国家实验室里的华裔员工，以报复中国大陆坚持要美国道歉的行为。四月十六日商业周刊指出，盖洛普民调发现80%的美国人相信中国是"危险的"。在伊利诺州春田市，一个地方电台主持人要大家杯葛所有中餐馆，并说所有中国人都应回到"他们的国家"。亚太法律中心律师冯志馥指出，过去十年中国大陆在世界舞台逐渐扮演重要角色，因此被一些美国人认为是"敌人"，但美中之间的外交角力，不应连累在美华裔或亚裔，在美华裔及亚裔之每次都被"连坐"就是亚裔在美国社会仍受到歧视。（2001.4.12世界日报）

第九章：社会观 Society Vision

第四讲：事事无碍 Successful Stage（圆满次第） 19、慈善问题

(1) 慈善的原形

曾经获得美国最高新闻奖——普利策新闻奖的美国学者巴格迪坎，在所著书中，就曾揭露了美国资本家怎样在教育领域散发"自我吹嘘的"、"从自己的利害出发作出的解答"的经济学教材的事。这些按资产阶级利益编写的教材，要学生认同、并遵守有利于资产阶级的现存经济秩序，不要造反。垄断资本以基金会名义资助大学，然后以基金会名义派人担任大学理事会成员，这种对大学进行人事控制也叫慈善。基金会以下属"研究机构"名义，提出有利于垄断资本利益的、引导政府政策的"科研成果"，也被称为慈善。基金会以下属"研究机构"名义，派出其"研究机构"的"专家"出任政府高官，掌握政府部门，也被美国垄断资本控判的媒体叫作慈善。

(2) 伪善的历史

在1931年至1932年间，美国工人举行过两次各100万人进军华盛顿的反饥饿，强烈要求政府提供失业救济和生活保障。而在慈善问题上沽名钓誉的资产阶级及其代理人，为了对人民上好、上足、上彻底饥寒交迫这堂"教育课"，他们不但宁可将劳动人民生产、却由资产阶级所有的"过剩"商品大量销毁，也不愿用于救济贫苦大众，他们还反对国家经济干预，反对国家用劳动人民创造的财富对饥寒交迫的人民给予救济，反对国家搞失业救济等社会福利。他们坚持，人民的贫困，也应靠市场经济来解决。（叶劲松：当代文化研究网）

(3) 慈善的幌子

"洛克菲勒渗入美国社会生活最突出的手段是以办'慈善事业'为幌子，建立形形色色的基金会……战时和战后，洛克菲勒又成立了名目繁多的新的基金会，其中最大的是1940年成立的洛克菲勒兄弟基金会。洛克菲勒就是凭借这些组织，把它的势力伸向上层建筑各个领域。"（复旦大学资本主义国家经济研究所《美国垄断财团》上海人民出版社1977.115、116）

(4) 慈善的企图

洛克菲勒兄弟基金会"自六十年代以来，它的活动重心已转向政治方面，成为洛克菲勒家族影响政府政策的一个重要据点。其主要目的之一是研讨美国政治、经济和军事状况，对美国内外政策施加影响。1955-1958年，洛克菲勒兄弟基金会成立了一个'特别研究计划委员会'，下设7个研究小组，搜罗了一批政客、资本家、'专家'、'学者'，对政府的各项政策进行研究，发表各种研究报告。劳伦斯·洛克菲勒供认这一计划的三个主要目标：'确定今后10年至15年中美国将受到挑战的重大问题和机会；阐明必须启发和指导接受这些重大挑战的举国一致的目的和目标；形成一套可以作为制定国家政策和决定的良好基础的概念和原则。"洛克菲勒财团企图控制美国政府政策的意图，跃然纸上。

(5) 慈善的手法

中国研究美国问题的著名学者陈宝森，在观察了美国垄断资本的众多基金会后，也写道，垄断资本设立"家庭基金，既能尽量少纳税，又能品尝做好事的精神慰藉，同时又使这部分财产依旧同家庭保持着除了红利以外的一切所有权关系（所以，这些资产并未捐出，还是垄断资本的资产，并未成为穷人的资产——笔者注）。基金会推行的各种重要的精神和文化计划，对形成美国社会的框架和价值观具有很大影响，因而成为美国现行制度的重要支柱。美国上层阶级还建立了各种协会、学会和研究会，它们为当权者充当智囊，提供咨讯，影响决策。企业界权贵对美国名牌大学的控制更为直接……企业界权贵对主要大学的控制和影响主要是通过家庭馈赠、个人馈赠、基金会和公司馈赠、基金会和公司馈赠等财政支持（而这些控制行为被说成慈善事业——笔者注）以及在理事会中的服务来实现的。……有大约200家大工业公司和200家金融公司在30所大学的理事会中有自己的代表。"（陈宝森《美国经济与政府政策》世界知识出版社1988.603、604）

(6) 年度慈善家

在著名的摩尔定律诞生40周年之际，摩尔夫妇突然成了慈善领域的传奇人物。2000年，摩尔拿出自己在英特尔所持股份的一半，捐赠给戈登•贝蒂•摩尔基金会（其资产总额近50亿美元），目的是向与环境关系最密切的项目提供资助。2005年，摩尔夫妇再次一鸣惊人：他们取代了多年蝉联冠军宝座的比尔•盖茨夫妇，成为《商业周刊》第四届50位最慷慨的慈善家年度排名的冠军。与越来越多的大慈善家一样，摩尔夫妇把商业管理的理念应用到了慈善事业中来。他们并没有简单地为某一个问题捐款，而是通过那些他们自认为能够产生"显著而且可衡量"结果的项目提供资助，从而努力确保他们所捐赠的每一分钱都能产生最大效果。这种责任感是2005年最慷慨的50位个人慈善家排行榜所体现的最重要的主题之一。

(7) 慈善看结果

衡量机制愈益注重结果的趋势也是逐渐在捐款公司中流行开来。坦普尔曼在追求精神目标的同时，摩尔基金会却牢牢立足于现实世界。摩尔说：'我们相当肯定地认为，你必须对你是否能够取得成果予以衡量，而基金会领域并没有自始至终地彻底贯彻这一原则。"为了确保对结果的关注不会受到弱化，摩尔的儿子肯尼思担任了评估和信息技术主管，专门负责衡量捐款的成效，肯尼思同时也是半导体行业的一位元老。

(8) 捐助的目标

洛克菲勒慈善顾问公司首席执行官梅莉莎•伯曼说："我们逐渐发现，人们越来越关心对解决方案的资助，而不是对问题本身的资助。对解决问题本身提供资助的一个例子是，当人们表示，'公共教育是个大问题时，我必须做些事情，因此我将为此捐资。'而资助解决方案则要与许多人交谈，认真思考整个问题，最后决定小型学校是解决问题的办法，或者为公共教育体系培养杰出的领导人才是解决问题的办法。"

(9) 管理的理念

Sun America和KB Home的创始人伊莱•布罗德（排名第五位）正在用与众不同的方法把商业管理的理念融入慈善世界。布罗德夫妇赞助的一个项目招聘了具有若干年实践经验的出类拔萃的MBA毕业生，并且在城市教育系统中培养他们担任高级管理职务的能力。另一个项目是培养退役的高级军官寻找第二职业的管理者，以及将要成为学校督导长的职业教育家。在布罗德督导长学院毕业的63名毕业生中，有近43%的人已经成为督导长或学校的高级管理人员，或者是已经被提升到类似的职务上来。

(10) 宣讲己理念

慈善行业另一个值得注意的趋势是，越来越多的慈善家开始走向屏幕，向大家宣讲自己的理念。eBay创始总裁杰夫•斯科尔为3部讲述各种社会问题的电影提供融资帮助。特德•特纳和沃伦•巴菲特为非盈利组织核威胁倡议（Nuclear Threat Initiative）提供支持，该组织制作了一部讲述核恐怖主义的文献记录片《最后一个绝佳机遇》（Last Best Chance）。（中国青少年发展基金会）

第九章：社会观 Society Vision

第四讲：事事无碍 Successful Stage（圆满次第） 20、邪教问题

（1）刚破美邪教

据法新社报道，美国德州警方近日根据举报搜查了当地一个邪教组织巢穴，截至当地时间4月7日，警方总共解救出534名女性和儿童，她们中很多人可能遭到虐待及性侵犯。德州警方3月31日接到了一名16岁女孩的报警电话，称自己在这座农场里受到性侵犯和虐待，并在不情愿的情况下被迫嫁给了一名50岁男子，还在8个月前生了一个孩子，当时她才年仅15岁。德州儿童保护服务机构发言人迈斯纳说，福利机构工作人员正在帮助部分少女寻找收养家庭，许多女孩甚至从来没有接触过农场以外的世界。。

（2008.4.8世界日报）

（2）邪教是公害

邪教是人类的一大公害，也是当今世界各国政府面临的严重社会问题之一。邪教的名称林林总总，光怪陆离，尽管门类不同，年代迥异，但其反科学、反人类、反社会、反政府的本性却如出一辙。邪教具有极强的欺骗性、破坏性和顽固性。他们不仅编造散布歪理邪说，制造思想混乱，而且构筑"秘密王国"，制造恐怖事件，危害群众生命和财产安全；不仅盘剥信徒钱财，非法牟取暴利，扰乱国家经济秩序，而且勾结投靠敌对政治势力，伺机乱政夺权。大量的事实充分证明，邪教严重威胁着国家社会安全。

（3）奥姆真理教

本世纪初，一个名为"耶和华见证者"的邪教组织曾宣称地球将于1914年毁灭。臭名昭著的"奥姆真理教"教主麻原彰幌恐吓说，1997年至2001年之间一定会爆发毁灭性的"世界最终战争"。"太阳圣殿教"教主吕克•茹雷宣称人类正面临巨大的灾难……麻原彰幌自称是"本世纪最后的救世主"，"奥姆真理教"已为"最终战争"作好准备，只有"入教才能得救"，战后存活下来的只有"奥姆真理教"的信徒。

（4）美国大卫教

"大卫教"教主大卫•考雷什自封"活先知"，身负拯救全人类的"神圣使命"。他鼓吹"大卫教"信徒都是人类的"最优秀分子"，世界末日就是一场同异教徒的血战，"大卫教"教徒将在这场"圣战"中献身，从而得以升天。"人民圣殿教"教主琼斯自称"耶稣基督"，极力鼓动人们入教，宣称如果没有"人民圣殿教"，他们将被三K党暗杀，被政府投入监狱，或遭到核武器的袭击。

（5）邪教的目的

邪教具有鲜明的政治目的、政治倾向和险恶的政治图谋。邪教教主并不满足于其"秘密王国"里实行"神权加教权"的统治，他们往往居心叵测，贪得无厌，妄图将信徒的愚昧盲目，衍变为自己对抗社会、制衡政府的政治资本，密谋策划将教徒的精神信仰转化为社会运动，最终夺取政权，在一个国家乃至全人类建立祭政合一的集权体制。麻原彰幌曾野心勃勃地组织"真理党"，试图通过参加选举打入国家权力核心。"人民圣殿教"曾以"人道主义关怀"的姿态，参与美国的民权民运活动，教主琼斯梦想有朝一日成为美国的最高统治者，把全美国变成像他的邪教组织一样的"信徒的国家"。"主神教"则公开叫嚣要打倒"人的国"，建立"神的国"，由"主神教"信徒"管理国家，治理国家"。

(6) 邪教的残忍

邪教的邪恶本性注定了邪教组织行为模式的狂热性、残忍性和毁灭性，注定了邪教组织的暴力恐怖活动较一般的社会暴力事件更加残忍、疯狂，性质更为恶劣。他们不惜以教徒的生命作为牺牲品和政治赌注，诱导信徒集体自杀或制造绑架、暗杀、投毒、爆炸等恐怖事件，以反社会、反人类的疯狂之举震惊世界。当邪教内幕曝光、罪行败露后，教主往往孤注一掷，策划、实施疯狂残忍的恐怖行动。邪教成了威胁人民生命财产安全和社会政治稳定的恐怖之源。

(7) 邪教的杀害

2000年3月17日，乌干达"恢复上帝十戒运动"邪教组织530多名教徒"集体自焚"。随后的调查证实，遭这一邪教杀害的教徒多达近千人。这一惨案震惊了全世界。据不完全统计，近年来全世界10人以上邪教徒集体自杀事件已超过27起。作恶多端的"奥姆真理教"1995年得知警方将就这一系列杀人事件对其据点进行大规模搜查，丧心病狂地制造了地铁沙林毒气事件，致使12人死亡，5500多人受伤，使东京陷入大混乱。"大卫教"教徒对执行搜查任务的美国司法当局进行武装对抗，双方对峙了51天后，"大卫教"教徒纵火集体自焚，86人葬身火海。"人民圣殿教"教主琼斯通过组织邪教试图实现其政治主张的丑行败露后，竟诱迫900多名信徒集体自杀。

(8) 美国攻邪教

邪教对美国人民，对美国人权的侵犯，美国政府向来一清二楚。对本土活动的邪教组织，美国政府始终持警惕和防范的态度，在打击一些已成气候的国内邪教组织时，从来都没有手软过。据报道，1985年，美警方在费城围攻"无畏"邪教组织，直升机投下C-4炸药包，包括5名儿童在内的11人被炸死，60个家庭在行动中被摧毁。1993年，美联邦调查局等部门围攻"大卫教"据点骆驼山庄，动用450名军警，数十辆坦克、装甲车和直升机。

(9) 邪教的敛财

教会"布施"个人甚至亲友的私人财产，包括房地产、现金、存款、股票、金银首饰、贵重家具等，称"布施越多，修行越深"。"大卫教"、"太阳圣殿教"等邪教同样要求信徒将财产全部交由教主处理，上交越多表示对教主"越忠诚"。其间也不乏图财害命的邪教，如乌干达的"恢复上帝十戒运动"，教主谎称世界末日即将来临，要求信徒变卖所有家产。就在信徒们交出所有财产，为"升入天国"而集体纵火自焚之际，教主却携巨款逃之夭夭。值得警惕的是，近年来，随着邪教组织职业化特征的加剧，他们聚敛钱财的手段也更加"高明"，手法更加隐晦。他们往往以商养教，举办经营企业，朝着产业化、集团化方向发展。他们把诈骗所得钱财进行再投资，以合法经营掩护非法牟取暴利，使资本积累越滚越多，以此发展壮大自身势力。同时，试图藉此绕开国家对社团的管理范围，以合法身份长期生存。

(10) 邪教企业化

"科学神教"通过举办"世界企业家学院"等方式，诱骗了许多世界知名企业家入教，自身也发展成拥有房地产、通讯、金融、保险、酒店、报社甚至武器制造等产业的庞大经济体系。号称"商业王国"的邪教组织"统一教会"在美国、韩国、日本、巴西等国家建立了庞大的企业集团，创办的公司超过300个，其中还包括枪械厂和武器公司，聚敛的财富高达26亿美元。"太阳圣殿教"秘密从事国际军火走私，以此聚敛几亿美元的财富，又以投资商的面目到欧洲和加拿大经营房地产等行业，进行肮脏、罪恶的"洗钱"活动。意大利最大的邪教组织"撒旦的孩子"，以宗教外衣作掩护从事贩毒活动，警方在搜查其据点时，一次就查获各类毒品50多公斤。（王雷鸣2000.9.27 新华社）

Thldl
领导力培训专家

清華大學

中华国学再造领导力
企业家高级研修班 讲义

CHAN OF CEO

第十章

世界观

第一讲 理无碍

编讲人：强梵暢
Edited by Victor Chiang
中国北京大学宗教学系 兼任研究员
Research Fellow
Department of Religious Studies
Peking University, Beijing, China

CCEO-A10-B1-01

清華大學 领导力培训项目网
Tsinghua University Training of Leadership

第十章 世界观 总纲目

第一讲 理无碍	第二讲 事无碍	第三讲 理事无碍	第四讲 事事无碍
⬇	⬇	⬇	⬇
国际人才 国际学术 国际科技 国际发明 国际资讯	国际经济 国际金融 国际贸易 国际企业 国际环保	国际兼并 国际互助 国际服务 国际慈善 国际卫生	国际法律 国际组织 国际外交 国际政治 国际军事

◆ *1、国际人才*
　　（1）要以夷制夷（2）联合国专家（3）协会的国协
　　（4）专家俱乐部（5）专家的网页（6）专家认证网
　　（7）专家待聘网（8）专家研究网
　　（9）自助专家网（10）专家难生存

◆ *2、国际学术*
　　（1）学术界欺骗（2）版权法对治（3）学术的自由
　　（4）学术的杯葛（5）美教世界观（6）麻省理工网
　　（7）加州远教网（8）国际教育案
　　（9）世界大学观（10）新教育方式

◆ *3、国际科技*
　　（1）科技之产业（2）科技之联线（3）新克隆科技
　　（4）新生物科技（5）科技超强国（6）世界核能会
　　（7）核能与科技（8）以氢代石油
　　（9）太阳光电能（10）移动式摇控

◆ *4、国际发明*
　　（1）国际发明数（2）中国的科技（3）国际发明展
　　（4）国际发明网（5）律师助申请（6）发明家博客
　　（7）资料图书馆（8）环保的商机
　　（9）生物的能源（10）海水换热能

◆ *5、国际资讯*
　　（1）网络圆桌会（2）域名国际化（3）网络巴尔干
　　（4）政府的干涉（5）网络的论坛（6）数据图书馆
　　（7）无线互联网（8）位置的信息
　　（9）电子摩尔律（10）新资讯科技

第十章世界观篇

第十章：世界观 World Vision
第一讲：理无碍 Theory Stage（学习次第）　　1、国际人才

（1）要以夷制夷

了解当地之文化，应用当地人才，更是企业投资成功之要诀，例如一家在泰国投资的美国公司，最近在其董事会成员中，邀请了当地军政人员成为董事（在欧美被认为是不可），该公司在当地之大小事务都能顺利完成，这家美国公司也雇用许多高级主管由泰国人担任，这种"以夷制夷"之管理方式是非常有效的方法。

（2）联合国专家

联合国环保计划署（UNEP）自2003召开过三次世界专家会议（International Expert Meeting），主要建立国际间公司和国家团体，寻求促进全球经济，环保及社会的政策，以促进全球物产的消费与生产。

（3）协会的国协

国际协会的协会（IAOA）建立了一个国际优越专家的世界资讯库，并有许多专家的选文选载可免费选用。也可以推广各行各业的世界性专家，解决您的需求及咨讯。（OXBlog).

（4）专家俱乐部

国际专家俱乐部（International HLT Experts Consortium）是国际间卫生保健技术的专家和顾问群组织，提供对政府、企业及保健组织的高级专业服务。

（5）专家的网页

国际专家网页（Expert Pages）是由精通国际政策、贸易协定、仲裁、公关的律师及专家组成，为客户解决纠纷作公正的证人或事业的法庭论证。

第十章：世界观 World Vision
第一讲：理无碍 Theory Stage（学习次第）　1、国际人才

(6) 专家认证网

全国专家认证公司（National Expert Witness Netwonk,LLC）是美国成长最快的企业之一，他主要提供最好的专家认证服务，有500以上专家的简历及2500以上专业技术的训练课程给消费者选用。

(7) 专家待聘网

威吉林精国际专家网（WIX）也是由一群精通企业政策规划及管理的顾问及专家组成，对企业提供顾问服务。

(8) 专家研究网

许多国际间的组织及基金会，提供各式专家服务、研究、评估等服务，可自己上网搜寻。

(9) 自助专家网

专家村（Expert Village）是一个世界最大的教人自己动手作事的网站（The world Largest How to Video Site），共有5千名以上专家，8万个自助学习的录影带网，全球上过网查询看带的超过1亿人次。内容包罗万象，也可把您的专长加入。

(10) 专家难生存

自从4年前英国推动引进外国专技人才计划后，已经约有2万名外籍人士透过此计划顺利在英国居留。不过，英国卫报指出，如果外籍人士日后必需找到一定薪资水平的工作，才能申请工作签证，恐怕连来自澳洲等已开发国家的专才，都将面临被迫离职的窘境。布莱恩表示这项改变"非常正确地调和了外籍工作者与英国的需求，让英国在执行鼓励外籍专才人士前来英国工作的同时，也能考量到国家利益。"

第十章：世界观 World Vision

第一讲：理无碍 Theory Stage（学习次第）　2、国际学术

（1）学术界欺骗

学术界抄袭欺骗的风气，虽不是新问题，但现在在教育界的所有阶层，包括教授及学生，均有增无减。尤其国际网络流行后，国际间无论研究报告、学术论文、学生作业等均很容易取得及抄袭。

（2）版权法对治

只有世界各国严格遵守及执行国际版权公约的规则，才能保护版权，对治学术的抄袭欺骗及出版界的盗版问题。

（3）学术的自由

美国在1960年代前，学术界是爱国主义态度，但越战却改变了学术界的态度，由于许多学生为了学位而反战，甚至学潮，使得学术界自由的风气慢慢影响各大学。

（4）学术的杯葛

学术界一般对学术道德很尊重，尤其对于学术界的罪行更是非常正义的。但近时，美国学术界对以色列学界的杯葛，拒绝以色列学者的交流访问、会议，访问是种双重标准的歧视。违背学术的自由，不应被政治影响。

（5）美教世界观

美国教育部及国务院每年均有联合国际教育周，推动美国学校重视全球事务，加强学术界对世界事务的关心。

第十章：世界观 World Vision

第一讲：理无碍 Theory Stage（学习次第）　2、国际学术

(6) 麻省理工网

美国麻省理工学院（MIT）有一个世界网站（MITworld）经常举办名教授的世界论题的研讨会。并公开学术讨论的成果在网上。

(7) 加州远教网

美国洛杉矶加州大学推广部与网上学习（Online learning.net）合作自1996年招收超过6500名学生，提供500个网上课程，全球有45个国家及美国50州的学生均上网上课，远程教育非常成功。

(8) 国际教育案

世界学习（World Learning）宣称国际文化桥梁，沟通生活。在20个国家推展国际学习计划（World Learning International Development Programs）有交换访问、社区教育等。

(9) 世界大学观

世界大学（World University）地区校区的概念，是以世界为中心，在全球各地设立自给自足的地区校园，统一招生注册，分别教学上课。

(10) 新教育方式

富兰克林•奥林工学院校长理查•米勒（Richard Miller）说："多数工学院都让学生先学习然后动手做，本校则反其道而行——先做后学，这就像是在深水中学游泳。"富兰克林•奥林工学院，其真正与众不同之处在于所立下的神圣使命："改变美国培养工程师的方式，进而帮助美国在全球经济中与来自中国、印度和其他国家那些聪明能干的工程师竞争。"

第十章：世界观 World Vision
第一讲：理无碍 Theory Stage（学习次第） 3、国际科技

(1) 科技之产业

产业形态之改变（Productivity）。美国大小型企业大量投资资讯工业，诸如电脑、网路、卫星通讯，这些高科技产品，美国不但有强大的资金来源，而且聚集了世界上第一流人才。生产成本而言，劳力支出相对减少，工资压力减低。由于高科技应用在各行各业的技术不断激增，其相关产品竞争力也就相对增高。

(2) 科技之联线

连线（network）：科技能力可以把大小企业的客户经销商、供应商紧密地连系在一起，尤其是对客户的服务，可以从电脑档案中记载各种资料，让推销员作为行销之方向。

(3) 新克隆科技

克隆时代的最新理念是在容器中培养出用以替换的器官或者组织，这些器官或组织不会受到身体的任何排异。所有长有癌细胞或者损坏的器官都可以用克隆出的新的健康细胞来取代。

(4) 新生物科技

在未来科技领域中，生物科技（biotechnology）将会对经济发展造成最大的影响，科学家们希望透过生物的"重生"，来改变世界工业及生物之形态。

(5) 科技超强国

超级媒体时代之来临，将是操纵在美国公司之手中，无论是光纤电缆，数据交换机、个人电脑、电视，美国都是全球通讯网路最先进的国家，其他诸如研究资料及科研发展，美国也傲视群伦，而这些科技之领先，将使美国继续成为"超级强国"。

(6) 世界核能会

世界核能协会（World Nuclear Association）是一个民间组织，结合世界核子专家学者与组织，交换学习核能技术，并设立大学或与美大学合作，开设有关核能的课程。

(7) 核能兴科技

1986年4月26日，人类史上最严重的核能灾变爆发于乌克兰车诺堡，在灾变20周年纪念日。弔诡的是，在扩大悼念车诺堡核灾死难者的同时，由于国际原油价格飙到天价以及温室气体排放严重破坏地球生态，全世界对核能的需求不减反增，核能的使用获得前所未有的正当性和支持度。基于安全及核废料因素的考量也没有人有绝对的把握！

(8) 以氢代石油

除了不断消耗进口石油，受石油供应商的支配外，我们可以将水转化为氢用来燃烧或者给燃料电池充电，而且，氢燃料的唯一副产品又是更多的水！然而，由于氢的密度小，因此氢的存储仍然是一个令人头痛的问题。氢将有望成为取代目前石油经济的最佳候选人。

(9) 太阳光电能

更好、更便宜的太阳电池：光电池（将太阳光转化成为电能）的成本正在逐渐降低。在不到十年的时间中，光能的成本将等同于电网发电的成本，那时光电池将成为新型住宅建设中的标准特色装置。你的房屋将可以在三分之一的时间内自己发电（除了夜晚和恶劣天气外）。

(10) 移动式摇控

最近美国国防部高级计划研究署的挑战（使用遥控车进行郊区交通）暗示了即将到来的生活。如果可以驱使爱车自动去熟食店取预订的食物，为什么还要亲自开车去呢？我们将可以看到公路上到处都是这种移动式遥控卡车车队。不可否认，这些移动式遥控装置将比人们更适合在仓库里工作，处理挑挑拣拣和拖拉牵引的繁重杂事。

第十章：世界观 World Vision

第一讲：理无碍 Theory Stage（学习次第）　4、国际发明

(1) 国际发明数

根据世界智慧财产办公室（World Intelectual Property office-WIPO）在2006发布统计在05年全球发明案申请最多的国家为：⑴美国（46,000）⑵日本（24,000）⑶德国（16,000）⑷法国（5,700）⑸英国（5,100）⑹南韩（4,600）⑺荷兰（4,500）⑻瑞士（3,200）⑼瑞典（2,800）⑽中国（2,500）⑾意大利（2,300）⑿加拿大（2,300）⒀澳洲（1,900）⒁芬兰（1,800）⒂以色列（1,400）

(2) 中国的科技

尼得汉（Joseph Needham）著"中国的天才"（The Geniue of China:3000 years of Science,Discovery of Invention）1986,Simon & Schuster,N.Y. 详细整理报导中国3000年的科学、发明及发现。

(3) 国际发明展

INPEX每年主办国际发明奖，在全球40种类明中，颁发超过100个各种发明奖，可报名参加比赛。

(4) 国际发明网

国际发明家协会联盟（IFIA）成立于1966年，为全球的发明家提供一个免费宣传的平台（www.1000inventions.com），全球发明家可以每人放上2个发明在其平台上，供投资人或买家选择，该协会不介入任何交易或提成。每年上网查询的人超过7万人次。协助发明家用13种语言，填发明申请表。

(5) 律师助申请

全球各国有许多的律师，专门为发明家申请法津的表格，当然良莠不齐，应多注意。

第十章：世界观 World Vision

第一讲：理无碍 Theory Stage（学习次第）　4、国际发明

（6）发明家博客

发明家博客网（Inventor Blog）是全球发明家们互相交流的平台，尤其是讨论如何申请各国发明许可或专利证的问题，也有律师回答问题。

（7）资料图书馆

全球发明家可以到发明家资料图书库（Access My Library）中查询各种各类，各行各业有关发明的资料。该资料库保存有超过2千9百万篇有关的11大类的文章及说明。

（8）环保的商机

费雪指出，接下来的一百年，杜邦要从消极面降低二氧化碳排放量，走向积极以环保产品抢占市场。今年六月，杜邦在美国田纳西杜邦新厂开幕，准备量产从玉米提炼的纤维sorona，费雪说，比起从传统石油提炼纤维，sorona的生产过程，比传统省下四成能源消耗，价格又比石油提炼便宜，在油价不断创新高之时，杜邦有信心让sorona取代传统化纤。韩国现代汽车更已经决定，采用sorona做内装材料。

（9）生物的能源

生活的能源（Biomass Energy）以燃烧木头、作物或动物的排泄物等，使之产生如乙烷（ethanol）的液体，用来作燃料的方法。

（10）海水换热能

利用海水加热转换成能源的方式，蒸气产生电能，（Ocean Thermal Energy Conversion）同时蒸气冷却成为饮用淡水——一举二得。

第十章：世界观 World Vision
第一讲：理无碍 Theory Stage（学习次第）　5、国际资讯

(1) 网络圆桌会

联合国成立的网路管理圆桌论坛（Internet Governance Forum）表示，不久的将来，网路不但无法拉近世界的距离，反而可能造成世界分裂。德塞表示，未来不论是网路规范，抑或国际网域名称之类的议题，都会引发许多争议与冲突。"只要网路、电讯与商业通通揽和在一起，就会需要一些规范。如果要我说，5年后，亚洲的网路使用者将会远多于欧洲与美洲的使用者。至于网页，中文网页数量则会超过英文网页。"

(2) 域名国际化

德塞指出，即使是中文网站，中国的网路使用者想打上某个网站的网址，还必须输入以英语为主的拉丁字母，这件事让中国政府十分关切。但"某些国家认为，网域名称国际化的讨论，进展速度太过缓慢"。这些赞成国际化的国家认为，网域名称就应该都使用拉丁字母，不应使用中文，否则不利于国际化，也不利于非中国的网路使用者寻找中文网站。

(3) 网络巴尔干

英国网路规范组织Ofcom的秦耶禄·昂邬菈（Chinyelu Omwurah）则表示，网路巴尔干化到底会产生什么影响，取决于消费者的选择。"如果巴尔干化意指网路孤岛，在这些孤岛与外界，没有网路联系彼此，那么显然是一件坏事，因为它限制了消费者的选择。但是，如果它意指差异，与不同层次的保护、功能与速度，让消费者得以选择，那就不是什么坏事。"

(4) 政府的干涉

今年初美国参议院一个委员会批准一项法案，该法案将独惠某些网路商，让他们向消费者提供优惠，如更大频宽、更快的速度。这项法案引发反对一方的抨击；反对者指出，所有的网路使用者都应该有平等的机会使用大频宽与快速的网路，政府应保持中立，不能独厚某些网路商。威廉斯指出，"在美国，网路的中立指官方单位不应该过度涉入网路世界发展，也预示了各种不同种类的网路欣欣向荣地发展。"

(5) 网络的论坛

面对这些争论，德赛表示，网路管理圆桌论坛提供一个机会讨论这些议题，而非做出任何决定。"没有人想弄个类似电信管理的规章在网上。这个圆桌会议就像一个许多利益关系人的演习地。圆桌会议没有固定成员，它的大门是敞开的，就像市民集会所一般，我们欢迎所有的观点，但这不是决策单位，我们没有任何权力决定任何事情。"

第十章：世界观 World Vision
第一讲：理无碍 Theory Stage（学习次第）　5、国际资讯

(6) 数据图书馆

人类成堆著作的数字化进程正在飞速加快。例如，目前，麻省理工大学的所有课程都有网络版了。如果你还没有在线学习的经历，可以马上开始使用(googel Seard)"谷歌图书搜索"。在网络上直接寻找方法解答问题的时代即将到来，不过可惜解答的问题通常都是简单的问题。

(7) 无线互联网

WiMAX、3G和4G等等无一不将目标直指无处不在的无线因特网，这样一来，人们就可以在任何时候、任何地点保持在线状态。这也就意味着，任意两个设备之间都具备顺畅的连通性。

(8) 位置的信息

不用在浏览器屏幕上点击某个图标，你可以在户外行走时，将手机指向一个真实的三维物体（假设是一个商业大楼），然后按一下电话，就可以得到你所指物体的信息（或者是跳转到环球网站上）。除了获得因特网地址外，你还可以获得地理坐标。

(9) 电子摩尔律

1965年，Intel共同创始人戈登-摩尔的定律暗示，任何电子系统的整体效率会每24个月翻一番。二十多年来，批评家曾指出摩尔定律的重点在于电池，而芯片产业的发展已经远远超过了电池的发展。如今，如果摩尔定律在未来几十年或者600年间依照正确，那么就应该从系统的节能效率上考虑整体性能上的提升。

(10) 新资讯科技

二十一世纪新经济（new economy）还是存在许多未知数，但是，可以肯定的资讯科技（information technology）是掌握世界经济的主要骨干，它的影响是无限的，这些科技透过网路将彻底改变人们对商业、金融、知识之观念，谁能掌握新知，谁就能领先群伦。

Thldl
领导力培训专家

清華大学

中华国学再造领导力
企业家高级研修班 讲义

CHAN OF CEO

企 业 禅

第十章

世 界 观

第二讲 事无碍

编讲人：强梵畅
Edited by Victor Chiang
中国北京大学宗教学系 兼任研究员
Research Fellow
Department of Religious Studies
Peking University , Beijing , China

CCEO-A10-B2-01

清華大学 领导力培训项目网
Tsinghua University Training of Leadership

Copyrights 2008 In U.S.A/China by Victor Chiang

第十章 世界观 总纲目

第一讲
理无碍

国际人才
国际学术
国际科技
国际发明
国际资讯

第二讲
事无碍

国际经济
国际金融
国际贸易
国际企业
国际环保

第三讲
理事无碍

国际兼并
国际互助
国际服务
国际慈善
国际卫生

第四讲
事事无碍

国际法律
国际组织
国际外交
国际政治
国际军事

◆ **_6、国际经济_**
（1）美次贷危机 （2）经济的地震 （3）经济的风险
（4）经济的严重 （5）经济的滞胀 （6）全面的危机
（7）经济的衰退 （8）经济的减缓
（9）经济的下滑 （10）经济的依存

◆ **_7、国际金融_**
（1）货币的错配 （2）货币的竞争 （3）货币战争说
（4）国家成受益 （5）危机的猜测 （6）货币的战争
（7）美日金融战 （8）伊斯兰基金
（9）拉美组基金 （10）改革基金会

◆ **_8、国际贸易_**
（1）关税总协定 （2）乌拉圭协议 （3）知识权协议
（4）世贸的机制 （5）世贸的制裁 （6）反倾销行动
（7）农产业保护 （8）知识权保护
（9）多哈新谈判 （10）制药也妥协

◆ **_9、国际企业_**
（1）经营新形式 （2）全球的经营 （3）国际的策略
（4）美企的影响 （5）市场的竞争 （6）国际的环境
（7）外企的问题 （8）寻求新市场
（9）市场的分享 （10）多国的控股

◆ **_10、国际环保_**
（1）气候变化多 （2）京都气候会 （3）美国的否定
（4）气候的影响 （5）德国批美国 （6）太空署探测
（7）联国气候会 （8）中国的立场
（9）环境污染病 （10）环保新生活

第十章

第二讲事无碍

第十章：世界观 World Vision

第二讲：事无碍 Practical Stage（实践次第） 6、国际经济

（1）美次贷危机

国际货币基金组织（IMF）预测，全球经济受次级房贷危机困扰，明（2008）年虽能保持增长，但步伐将会放缓，美国经济步入衰退的可能性挥之不去，中国和印度将首次成为全球经济增长的最大贡献国家。不过专家认为，中印消费不可能填补美国消费需求下跌所留下的缺口。而格林斯潘认为，美国经济已显露出滞胀的早期迹象。

（2）经济的地震

国际货币基金组织（IMF）总裁拉托22日表示，全球经济正面临不确定性，目前经济的负面风险较六个月前高得多，"我们仍不知道美国楼市下跌与次级房贷问题的全部后果。"拉托在演说一开始，便以地震比喻当前全球经济面临的信用市场危机："过去几个月，我们经历信用市场地震"、"地震后还是有余震风险，我们将随时感受到这次震荡的全部影响。"拉托表示，金融市场进一步震荡与房价进一步下跌可能会导致全球经济下滑；如果全球经济下滑，其它已显现的风险会加剧。

（3）经济的风险

他指出，目前为止汇率变动有序且符合基本面。但存在的风险是，对美元资产信心丧失可能会导致美元突然贬值，也导致对美元资产信心丧失。他也说，仰赖外部融资弥补经常帐户大笔逆差的新兴经济体可能会因出口需求减弱与金融市场环境紧缩而陷入危机，恶化低收入国家前景。另一个风险是，一些国家的央行可能会犹豫不决，无法果断处理油价飙涨与食品价格升高的通货膨胀。

（4）经济的严重

【星岛网讯】国际货币基金组织（IMF）主席Dominique Strauss-Kahn于昨（21）日表示，全球经济情况已经相当"严重"，且国际市场对美国政府推出的刺激经济计划均感到怀疑。据美联社报道，Strauss-Kahn忧心表示美国的衰退会影响到全球的经济。在Strauss-kahn与法国总统Nicolas Sarkozy会面中，他说，"情况是……严重的，全球各国都因美国成长放缓而受苦。"

（5）经济的滞胀

【星岛网讯】随着当前美国次贷危机的后续影响持续扩大，除了中国和印度等新兴经济体国家的经济增长仍能维持较快增长外，市场普遍预期美国经济及全球经济增长将显著放缓，并预期全球通胀压力也将进一步上升。尽管目前说全球经济将出现滞胀还为时过早，但全球经济滞胀的早期征兆已经初显，这一问题还是值得我们关注。

第十章：世界观 World Vision

第二讲：事无碍 Practical Stage（实践次第）　6、国际经济

(6) 全面的危机

美国有一系列的资产类别被卷入进来，不仅是银行业需要进行痛苦的资产调整，许多普通家庭也无法幸免。住房市场在2006年就开始降温，到了2007年初开始演变成一场次级抵押贷款危机，年中时更发展成银行业和信贷领域的全面危机，而目前正在股票市场蔓延。这场危机已经从美国蔓延至欧洲，一方面是因为欧洲银行业投资了美国的抵押贷款市场，另一方面则因为欧洲"本国制造"的房地产泡沫也即将破裂，尤以英国和西班牙最明显。

(7) 经济的衰退

据德意志银行（Deutsche Bank）估计，新兴市场和发展中国家对去年全球经济增长的贡献率为70%。其中，中国的贡献率是美国的两倍多，而印度的贡献与欧元区相当。即使工业化国家发生温和的经济衰退，新兴市场和发展中国家的增长仍有可能确保全球经济实现2%以上的增幅。按过去的标准，这个数字被视为界定经济增长与衰退的标志。

(8) 经济的减缓

联合国9日发布的《2008年世界经济形势与展望》报告指出，世界经济增长速度在2007年有所减缓，从2006年的3.9%降至3.7%，预计2008年世界经济增长率降至3.4%。

(9) 经济的下滑

报告说，2007年世界经济增速减缓的主要原因是美国经济增长速度下滑。报告预计，2008年，美国的经济增长率将维持在2%左右，日本和欧盟的经济增长率也将低于2007年的水平。发展中国家的经济增速也会有所减缓，但增长率仍会处于历史上的高水平。

(10) 经济的依存

报告指出，目前其他主要发达国家仍无法代替美国作为"全球经济增长引擎"的地位。尽管近几年来许多发展中国家经济发展迅速，但发展中国家作为一个整体对主要发达国家的市场需求依赖程度仍然很高。

第十章：世界观 World Vision
第二讲：事无碍 Practical Stage（实践次第） 7、国际金融

（1）货币的错配

全球经济与货币体系从来就不曾存在一种永恒和稳定的"均衡"。均衡与否，从来都是依谁的利益而言的。如果后起竞争挑战者跟随着被挑战者一起喊"失衡"，不是无知，就是愚蠢。至于当今"美元以及欧元对于人民币及亚洲货币的错配"，如果存在，更多地也不是亚洲的问题。但亚洲各国可以借此更深层次地剖析自身的问题，以求更健康更快地发展，在进一步增强竞争力的道路上更加自信地前进。

（2）货币的竞争

在全球经济已经形成不同竞争板块的形势下，各板块的货币也在加剧竞争。没有了"贵金属本位"的各板块货币在全国储备中的份额，完全取决于相应经济体的发展前景。而迫于美国压力而大幅度升值的货币对本国经济所带来的消极后果，更使得那些发展势头强劲的国家，不会再轻易屈服于美国政府的压力。

（3）货币战争说

《货币战争》在书中，美国的"南北战争"和"第二次世界大战"不是政治交恶的产物，而是一些银行家为牟取暴利的策动结果；美国历届总统的更替，本质上取决于他们是否迎合这些银行家的口味与利益；国际金融集团才是控制世界经济和政治的真正主宰者！1929年的"经济大萧条"、上世纪70年代的"石油危机"乃至1997年的亚洲金融危机，不过是那些银行家"剪羊毛"的过程。而金融市场日渐开放的中国，即将成为他们的下一个目标……

（4）国家成受益

"国家"成为市场经济的最大受益者。中国通过不断增长的税收收入推进空间技术的开发。尽管接近六成的出口商品来自外商投资企业，但中国政府却借由其创造的外汇收入成立了中投公司，以此来影响国际金融市场。利用民众对股市投资的极大热情，国有企业获得了巨额的资金。特别是国有的能源企业将这些资金作为本钱，相继在非洲、南美和中亚取得油田和天然气田的开采权。

（5）危机的猜测

涉及到上万亿美元的资产都不知所终，到底谁在赚钱？于是，按照宋鸿兵的推测，次级债危机的真相可能是另一种情形：英、美各大银行的利益关系人设立海外离岸对冲基金，利用次级债危机互相倒账，把巨额利润藏到海外不受任何监管的对冲基金帐户上；在绝大多数民众损失惨重的同时，而金融巨鳄却在大发横财。"也许很多年后，我们才发现美国的次级债危机其实是一场洗钱的骗局。"

第十章：世界观 World Vision
第二讲：事无碍 Practical Stage（实践次第）　7、国际金融

(6) 货币的战争

《货币战争》作者宋鸿兵分析说，美国目前的GDP是每年13万亿美元，GDP的增长率是3%；而债务大约是50万亿美元。以最低利息5%计算，GDP增量负担不了债务的利息，美国只能通过不断增加货币供应量，以贬值的手段赖帐。而黄金是以美元标价的，美元贬值黄金必然涨价。从长远来看，没有长盛不衰的帝国，也没有永远坚挺的货币，美国和美元也不会例外。

(7) 美日金融战

日本80年代末的日元大幅升值看成是美国整了日本的一个大阴谋，整到现在日本还趴在地上爬不起来。70年代到80年代的日本经济崛起在表面上的确是被美国整下来了。但当前美国的致命的次级债危机寻找外因，那么日本长期零利率状态恐怕是造成美国次债危机的外部主凶。日本到今天埋伏下来的机关和陷阱的威力也不小于原子弹，是经济货币原子弹，将超过当年美国对日元的施压。日本当前已经配合欧盟，不露声的攻守联盟，从明里暗里两头夹攻美国，给美国经济狠狠回击，即使多么庞然大物的美国最终很可能屈服。

(8) 伊斯兰基金

伊斯兰货币系统（Islamic Financial System）是活跃于回教世界的金融机构，全球有45个国家超过100个国际基金或财务公司参与，目前每年流动操作基金额高达700亿美元，主要是回教世界中，以石油出口国为主要控制中心。

(9) 拉美组基金

巴西总统鲁拉和厄瓜多总统柯瑞尔于4月4日讨论成立"南方银行"。在随后的记者会中，柯瑞尔表示银行将为区域内的各政府提供财政协助。根据柯瑞尔表示，该机构将负责运行"区域货币基金"，以让拉丁美洲国家不再需要依赖国际货币基金（IMF）和世界银行的援助，藉以摆脱富裕国家政府的控制。"拉丁美洲有将近2千亿美金的外汇，多数是在已开发国家。换句话说，像拉丁美洲这样穷困的地方现在其实是在为已开发国家提供资金。这很不合理。"柯利亚表示。"若能将这笔资金整合成基金，称作南方银行，来替区域本身提供资金的话，拉丁美洲就不需要依靠外部的资助了。"他表示。

(10) 改革基金会

昨天世界银行和国际货币基金的春季会议闭幕。卡士腾斯在闭幕记者会中指出，墨西哥比较倾向要求华盛顿和西欧不要再垄断这两个国际金融组织的领导分配权。自成立半世纪以来，国际货币基金的领袖照例来自欧洲国家，而世界银行总裁都是由美国人出任。卡士腾斯指出，这两个金融组织必须进行改革，就像联合国和其他许多国际组织一样，让世界上所有国家有才干的官员都能进入领导阶层。

第十章：世界观 World Vision
第二讲：事无碍 Practical Stage（实践次第）8、国际贸易

(1) 关税总协定

GATT是一个多边谈判的协定，其目标是通过消除关税、补贴、进口配额及其类似的障碍来解放贸易。从它在1947年成立伊始，直到它被WTO所取代，GATT的成员由19个国家增加到120多个国家。最近的一个回合——乌拉圭回合——是在1986年发起的，完成于1993年12月。在这些回合中，所有成员国之间协商共同的关税减让，然后他们要承担自己的义务，承诺不把进口关税提高到协商的水平之上。GATT的规则是通过共同监督机制而得到增强的。如果一个国家认为他的一个贸易伙伴违反了GATT的规则，他就可以要求位于日内瓦的GATT的管理机构进行调查。如果GATT的调查员们发现该投诉有道理，就会要求各成员国对违法的一方施加压力以令其改变政策。一般来说，这种压力足以使当事国改变其政策。如果不改变，当事国就可能会被开除出GATT。

(2) 乌拉圭协议

在保护主义压力抬头的背景下，1986年GATT的成员国又踏上了他们第8回合减低关税的谈判之路——乌拉圭回合。GATT规则本来只应用于制造业产品与商品上，在乌拉圭回合里，成员国开始尝试将GATT规则扩展到服务贸易上。他们还试图定出致力于知识产权保护、降低农业补贴以及加强GATT监督和执行机制的规则。乌拉圭回合拖了整7年，直到1993年12月15日才达成一项协议。该协定于1994年4月15日在摩洛哥的马拉喀什会议上由成员国正式签署，生效于1995年7月1日。乌拉圭回合包括下列一些条款：①工业品的关税将降低超过1/3，超过40%的制成品关税将废除；②发达国家对制成品施加的平均税率将降至低于价值的4%，这是现代史上最低的水平；③农业补贴将有实质性的降低；④GATT的公平贸易和市场准入规则将第一次被扩展到服务范围；⑤GATT规则也被扩展到提供对专利权、版权和商标（知识产权）的增强保护；⑥纺织品的贸易壁垒将在10年的期间里显著降低；⑦将创建执行GATT协定的世界贸易组织（WTO）。

(3) 知识权协议

扩展GATT规则覆盖知识产权的范围会使高科技公司在发展中国家做生意容易得多，在这些国家，知识产权规则一直是实施不力。高科技公司现在有一种机制来迫使各国禁止知识产权的盗版行为。WTO与知识产权相关的贸易协定（TRIPS）是对缩小全球知识产权保护差距并使其处于共同国际规则之下的一种尝试。

(4) 世贸的机制

WTO自成立之日起，一直活跃在促进全球自由贸易的最前沿。WTO的创造者们所表达的一个希望是：其增强了的机制会比GATT更有效地捍卫世界贸易规则。其目标是：WTO可以作为对未来贸易协议的一个有效的提倡者和提供便利者而出现，特别是在诸如服务贸易这样一些领域。

(5) 世贸的制裁

现在WTO负责仲裁贸易争端并监督成员国的贸易政策。虽然WTO仍像GATT一样依照一致同意的原则，但在解决争端方面，成员国不再能够阻碍仲裁报告的采用。仲裁小组关于成员国之间贸易争端的报告将被WTO自动采用，除非大家一致拒绝它。那些被仲裁陪审员发现违犯了GATT规则的国家可以上诉到一个常设受理上诉机构，但其裁决是必须遵守的。如果犯规者未能按照仲裁陪审员所建议的那样去做的话，那么作为最后的手段，贸易伙伴就有权惩罚它，对其施行（惩罚性的）贸易制裁。这个过程的每一步骤都服从于严格的时间限制，所以，WTO有一些GATT从未有过的强制实施手段。

（6）反倾销行动

反倾销行动在近年有激增之势。当国内厂商能证明他们受到侵害时，WTO规则允许成员国对以低于国内价格或低于生产成本销售的外国商品征收反倾销税。不幸的是，对什么构成"倾销"的定义相当含糊的证明是一个漏洞，正在被许多国家利用来实施保护主义。WTO显然担心这种趋势，指出这种趋势反应了顽固的保护主义倾向，WTO正推动成员国加强控制征收反倾销税的规章制度。

（7）农产业保护

WTO最近关注的另一焦点是许多国家对农业部门高水平的关税和高额的补贴。这意味着这些国家的消费者对从国外进口的农产品所支付的价格要大大高于所应支付的，从而使他们花在其他商品和服务上的钱就少了。高关税壁垒与大量补贴结合在一起扭曲了农产品的生产和国际贸易。最终的结果是提升消费者的价格，减少农业贸易的数量，鼓励补贴多的产品的过量生产（剩余产品通常由政府来购买）。因为近来农业的全球贸易占总商品贸易的10.5%，即每年7000亿美元，WTO认为取消关税壁垒和补贴可以显著刺激总体贸易水平的提高。

（8）知识权保护

WTO认为，在诸如药品、软件和音像领域降低版率将对世界贸易量有深远的影响，并会刺激生产商投资开发知识产品。在一个没有盗版的世界，每年将会有更多的新药、计算机软件和音像制品被生产出来。反过来，这又会刺激经济增长和社会福利以及提高全球经济增长率。因此，确保知识产权受到尊重并在成员国间强化执行符合WTO所有成员国的利益。

（9）多哈新谈判

在多哈确定的议程应该可以被看做是未来几年谈判的行动计划。它包括削减工业品和服务业关税、逐步取消对农产品的补贴、降低跨境投资（FDI）的壁垒以及限制使用反倾销法令。为了对这一议程达成共识，各方都尽力做出了让步妥协。欧盟和日本广泛使用补贴来支持政治上势力强大的农民，若他们想要继续农业补贴就必须给出有力的理由。美国在几乎是所有其他国家的压力下屈服了，愿意协商修改反倾销法规，美国一直是用这些法规来保护自己的钢铁生产商，使之不受外国竞争的。欧洲不得不打消把环境政策纳入贸易谈判的尝试，主要是由于来自发展中国家的压力，他们把环境保护政策视为另一目的贸易壁垒。

（10）制药也妥协

制药领域实力雄厚的国家在药品专利方面默认非洲、亚洲和拉丁美洲国家的要求。特别值得一提的是，在协议的措辞中宣称WTO知识产权法规"不是也不应该阻止成员国采取措施保护公众健康"。这一措辞的意思是向买不起专利药的世界上的穷国保证，他们可以制造或购买非专利的等效药用于同诸如艾滋病和疟疾之类的疾病作战。

第十章：世界观 World Vision

第二讲：事无碍 Practical Stage（实践次第）　9、国际企业

（1）经营新形式

在影响全球经营的所有趋势中，有三点最为突出，影响着未来全球经营的形式：NAFTA、EU、AFTA等区域性自由贸易区的迅速成长；地处拉丁美洲、亚洲和东欧的发展中国家接受自由市场体系的趋势；由此而形成的诸如巴西、中国、韩国和波兰等新兴大市场。

（2）全球的经营

大多数经营活动都是在全球范围内开展的。技术、投资、生产、营销、分配和通信网络都具有全球性。每一个企业都必须准备在一个相互依存度越来越高的经济环境中竞争。无论是管理一家从事出口的国内公司还是管理一家跨国集团，经营者都必须意识到这些趋势的影响作用。

（3）国际的策略

一旦公司决定走向国际，就必须在对市场潜力和公司能力的大量研究和分析基础上决定参与市场的程度和准备承担的义务。许多公司试探性地开始国际经营，不断获取经验，成长壮大，并且随着参与程度的深入改变策略。其他公司在大量研究，全面地制定长期计划，做好投资准备后从事国际营销，赢得市场地位。

（4）美企的影响

美国的企业，不论大小，在全球性国际经营中的参与程度以及受其影响程度在美国历史上都是前所未有的。随着追求效益、生产率，寻求开放而无管制的市场的运动席卷世界，现代经济史上前所未有的全球经济繁荣正在出现。强劲的经济、技术、工业、政治和人口力量共同作用，为全球经济新秩序奠定了基础，据此将形成一个全球经济和市场体系结构。

（5）市场的竞争

不管美国的公司是否愿意直接参与国际经营，都不可能回避日益增多的北美企业从事进出口或在国外制造所造成的影响，也不能忽视在美国市场上经营的外国公司的数目、区域性贸易的增多、世界市场的迅速成长和日益增多的全球市场竞争者。

第十章：世界观 World Vision
第二讲：事无碍 Practical Stage（实践次第）9、国际企业

(6) 国际的环境

重要的国际环境不可控因素包括：①政治、法律力量；②经济力量；③竞争力量；④技术水平；⑤分销结构；⑥地理和基础设施；⑦文化力量。这些构成了国际营销者在制定国际营销计划时必须应对的一些主要的不可控因素。

(7) 外企的问题

无论在国内还是在国外经营，企业都面临着政治和法律问题。而且公司的"外国公司身份"往往使这些问题更加突出，从而给恰当评估和预测国际经营动态环境增加了难度。企业的"外国公司身份"有两层含义：一是外国人控制着企业；二是管理层不熟悉东道国的文化。

(8) 寻求新市场

迄今为止从未涉足国外的公司目前正在寻求国外市场。已经在国外经营的公司意识到要战胜外国跨国公司，必须提高自己的竞争力。由于争夺新兴市场的竞争日益激烈，他们认为有必要在改善他们营销状况上投入更多的时间和资金。初次涉足国际营销的企业和业已从事国际营销的企业的要求大致相同：全面彻底地投身于国外市场，而且对于许多公司来说，还必须采取新的经营方式。

(9) 市场的分享

巨大的美国市场为经济的持续增长提供了机会，它曾经是美国企业的领地，如今却必须和各种各样的外国公司分享。仅仅拥有国内市场的企业越来越觉得难以维持通常的增长率；许多公司都在寻求国外市场，以谋求发展。在海外有经营业务的公司发现，在他们的的总利润中，境外收入占有重要份额。

(10) 多国的控股

许多大家熟知的美国公司目前都在外国人的控制之中。当你走进一家方便商店或购买火石轮胎时，你买的是日本货。一些知名品牌如今已不再属于美国公司，如Carnation、Burger King已为瑞士、英国公司所有，以及征服美国西部的Smith和Wesson美国手枪，也已归一家英国企业所有。Zenith是仅剩的生产电视机的美国公司，但是最近又被韩国的LG电子有限公司兼并了，该公司生产金星电视机和其他产品。Vision,Universal Studios以及其他许多公司目前都归外国跨国公司所有或控制。外国在美投资超过15000亿美元。英国公司在美投资占据领先地位，其余依次为荷兰、日本、德国和瑞士。

第十章：世界观 World Vision

第二讲：事无碍 Practical Stage（实践次第）10、国际环保

（1）气候变化约

联合国气候变化框架公约（United Nations Framework Convention on Climate Change,简称UNFCCC或FCCC）是一个国际公约，于1992年9月，在巴西城市里约热内卢召开的，由世界各国政府首脑参加的《联合国环境与发展大会》上制定的。目的为了控制温室气体的排放，以尽量延缓全球变暖效应。但没有对参加国规定具体要承担的义务，具体问题体现在以后的京都议定书中。公约参加国有189个，有5个国家以观察员身份出席。

（2）京都气候会

联合国1997年于日本京都召开防止全球气候暖化国际会议，与会各国政府会中提出京都议定书这项协定，希望能以1990年为标准，在2008年至2012年的5年内，降低包括二氧化碳及甲烷、氧化亚氮、氢氟碳化物、全氟化碳、六氟化硫等6种温室气体5.2%的排放量。根据联合国表示，目前已批准议定书的国家已达160个国家。

（3）美国的否定

2001年布希总统甫上任，随即以"议定书代价过于高昂，危及美国经济"、"对开发中国家不加设限，不甚公平"为由，悍然退出京都议定书。美国的二氧化碳排放量约占世界总排放量的36%，居世界第一。但废气排放量占全球21%的欧盟，则大力支持京都议定书。欧盟允诺在2010年前减少8%废气排放量（以1990年数据为基准），预计在2008年可以减少4.7%。

（4）气候的影响

世界各地区都将受到气候变化影响，受冲击最强烈的国家将是发展中国家。最早2020年，7500万至2.5亿非洲地区居民将陷入缺水困境，亚洲地区人口超百万的大城市极有可能遭遇水位和海平面上升带来的洪涝灾害，欧洲人将目睹大量物种灭绝，而北美人将经历持续时间更长、温度更高的热浪天气。

（5）德国批美国

在报告公布后，德美两国就报告内容发生分歧。德国环境部议会国务秘书穆勒批评美国在气候变化问题上采取了"不负责任"的态度。他说，美国试图否认二氧化碳减排目标和气候变化之间的关系。

第十章：世界观 World Vision
第二讲：事无碍 Practical Stage（实践次第）　10、国际环保

(6) 太空署探测

根据美国太空总署（NASA）最新的卫星探测资料，今年夏末北极的海冰量只有4年前的一半，北极的融冰速度让科学家担心，全球暖化是不是已经来到临界点。美国华盛顿大学大气科学家毕兹和国家大气研究中心的荷兰德去年才提出报告预测，全球暖化持续下去，到了2040年夏天，北极冰层将融化殆尽。本周新提出的报告，将这种情况出现时间的预测大大提前到2012年。NASA气候学家兹瓦利说，检视最新资料后，"以这种速度，到了 2012年夏末，北冰洋将几乎完全无冰，比之前预期的速度快得多。"

(7) 联国气候会

在印尼巴厘岛召开的联合国气候大会，中国在本次会议上的积极表现获得多方的好评。一向以污染大国出名的中国提出了一系列极具建设性的倡议。德国之声记者也证实说："当然，中国是环境污染大国，这一点毋庸置疑。但在此次会议上，中国极具建设性的表现令许多与会代表们感到意外。另外，中国还加大了对美国的压力：中国代表们说，如果美国作出妥协的话，那么中国愿意制定近一步的具体减排限制。中国此举使美国陷入较为孤立的被动局面。"

(8) 中国的立场

荷兰环境评估署报告说，2006年中国产生了62亿吨二氧化碳，而同期美国和英国分别为58亿吨和6亿吨。中国代表团团长解振华在北京表示，与西方国家一样，中国也享有同样的发展和增长的权利。他补充说，中国"绝不会承担与发达国家一样的责任义务"。他表示，"从表面来看，温室气体排放明显是一个环保问题，但实质上，这是一个发展问题。因此，处理此事的最佳办法就是可持续发展。"

(9) 环境污染病

法国国家科研中心（CNRS）的环境心理学家加布里埃尔做过这样一个测试。他从城市、乡村及各行各业中找来两千个法国人，要求他们对不同原因造成的紧张程度和压力分级。结果是，大部分人将环境污染造成的压力列为最高级，甚至排在造成压力的另外两个主要诱因"工作挫折感"和"犯罪感"前面。城市居民和乡下居民在因环境污染造成的紧张程度上并没有差异。也就是说，虽然居住在空气和噪音污染相对少的田园乡间，但乡下人并没有因此就减少对环境污染和地球未来的担忧程度。

(10) 环保新生活

各国环保机构也纷纷呼吁人们要用自己的行动遏制全球变暖，实践环保生活方式。他们普遍推荐的环保行为包括：少乘飞机旅行、购买绿色汽车、及时关闭家用电器、吃本地和时令食品、节约用水、放弃使用一次性尿布、慎用清洁剂、作环保项目。

清華大学

中华国学再造领导力
企业家高级研修班 讲义

CHAN OF CEO

企 业 禅

第十章

世 界 观

第三讲 理事无碍

编讲人：强梵暢
Edited by Victor Chiang
中国北京大学宗教学系 兼任研究员
Research Fellow
Department of Religious Studies
Peking University , Beijing , China

CCEO-A10-B3-01

第十章 世界观 总纲目

第一讲 理无碍	第二讲 事无碍	第三讲 理事无碍	第四讲 事事无碍
⬇	⬇	⬇	⬇
国际人才 国际学术 国际科技 国际发明 国际资讯	国际经济 国际金融 国际贸易 国际企业 国际环保	国际兼并 国际互助 国际服务 国际慈善 国际卫生	国际法律 国际组织 国际外交 国际政治 国际军事

◆ **_11、国际兼并_**

（1）兼并的趋势（2）兼并要谨慎（3）对海外并购（4）并购新记录（5）并购有风险（6）并购的陷阱（7）兼并的目的（8）并购的讯息

（9）并购的服务（10）并购与垄断

◆ **_12、国际合作_**

（1）经合作组织（2）亚太经合会（3）亚太空合组
（4）中亚合作组（5）经济合作组（6）企业永续会
（7）永续委员会（8）南亚区合作
（9）上合新组织（10）中非新合作

◆ **_13、国际服务_**

（1）难民事务处（2）人道的救援（3）粮食的援
（4）打破永贫穷（5）儿童基金会（6）无国界医
（7）药物救灾难（8）灾难急救队
（9）人道的危机（10）救灾的政治

◆ **_14、国际慈善_**

（1）慈善资本家（2）基金会隐忧（3）新兴慈善家（4）慈善家网络（5）公益金浪费（6）国募款守则（7）公益的事业（8）商业的导向

（9）公益的管理（10）整合公益力

◆ **_15、国际卫生_**

（1）国际卫生约（2）条例的目的（3）条例新概念（4）病情的信息（5）病情的管理（6）控制病威协（7）旅行和运输（8）资源的中心

（9）禽流感报告（10）WHO报告

第十章：世界观 World Vision
第三讲：理事无碍 Judgment Stage（证成次第）11、国际兼并

(1) 兼并的趋势

【星岛网讯】中国建设银行董事长郭树清22日透露，中国官方和民间至少有两万亿美元外汇资产。中国经济经过三十年高速增长以后积累了很多金融资产，可在海外投资形成的固定资产大概到去年底仅一千亿美元，这显然不成比例。此外，中国工商银行董事长姜建清还表示，海外并购将是中国企业和银行未来几十年中最常使用的词汇和面临的挑战。

(2) 兼并要谨慎

谈及银行业海外并购，郭树清说，客户需求、获取海外信息、培养人才、分散风险，以上都是"走出去"的原因。郭树清并赞成所谓在国际跨国并购中"控制"的要领他认为建行从一开始就不主张去国外直接控制或经营企业、行业，"我们都是地方化的"。但郭树清在发言中也提醒中国的公司"要更谨慎一些，更小心一些，因为在这些领域确实没有经验"。

(3) 对海外并购

汇丰集团主席葛霖对中国银行业海外并购大表欢迎：中国银行业在不断寻求海外扩展的过程中，将和汇丰银行一道变得富有竞争力。海外并购是中国经济发展不可或缺的一部分，也是中国参与经济全球化过程中不可或缺的部分。

(4) 并购新记录

据英国经济学人（Economist.com）在07年的统计中，指出在2006年全球各地并购的金额超过4兆美元($4Trillion)，在2000年时全球还只有5千万美元($500Billion)。

(5) 并购有风险

虽然得到国家支持的中信证券侥幸没有在贝尔斯登（Bear Stern）陷入危机前与之达成最终协议，但是这仍然给中国新起的海外并购活动上了一课。（摩根以$2一股，后加到10元一股成交）"现在对投资者不是个好时机，中投公司也不能平安无事，"惠誉国际（Fitch Ratings）亚洲主权评级主管James McCormack在谈及中国的主权财富基金时说道，"中投公司被委以产生高回报的重任，但是高回报伴随着高风险，这正变得很明显。"西方投资银行继续向中国投资机构推销陷入困境的金融公司（曾经50%回报，存一百万美元，银行担保）

第十章：世界观 World Vision

第三讲：理事无碍 Judgment Stage（证成次第） 11、国际兼并

（6）并购的陷阱

中投公司的成立使得中国政府直接面对国际并购市场上经验最为丰富的玩家，中投公司也的确在美国企业身上投入了大量资金，华尔街希望借此度过信贷危机。(美国玩钱，中国买单)去年春季，中国同意以30亿美元的价格购买私募基金公司黑石集团（BX.N：行情）的部分股权。该公司此后不久公开上市，发行价为每股31美元，然而现在已经跌到每股15.78美元，因为信贷危机减少了私募交易贷款额。中投公司曾同意向摩根士丹利投资50亿美元。此前摩根士丹利公布了94亿美元次贷和其他资产损失。该行的股价自当时以来已跌去了25%。

（7）兼并的目的

美P&G年营业额高达5百多亿美元，纯利润达65亿美元；吉列的营业额也有90多亿美元，纯利润近14亿美元。P&G的产品包括各式清洁用品、化妆品、药品、婴儿用品等；吉列除刮须刀外，还有许多男士用品、口腔用品甚至电池（金顶电池）。值得注意的是，两者合并主要目的并非与同业竞争，而是对抗零售业——特别是连锁百货钜子渥玛（Wal-Mat）——杀价的压力。近年来，美国一些百货公司大举进军国际市场，销售额之巨大让零售百货公司向制造商大幅度杀价；于是制造业联合起来——以大对大，力图保护他们的利润。

（8）并购的讯息

美国许多公司提供兼并的服务及资讯来源，如并购资讯（Mergerplace.com）资讯库（DatasiteDeal.com）（Vintual Dataroom）等。

（9）并购的服务

美国也有许多公司律师及贷款公司、投资银行提供各种并购服务，如提供资金的有通用集团（GE Capital）（Amesican Capital），提供兼并上市公司有（IPO-MERGE.COM）还有许多证券律师等可为客户提供服务。

（10）并购与垄断

19世纪末为减少高度垄断造成的伤害，美国国会通过反托拉斯法案。1930年代经济大萧条，使美国采用政府干预的凯因斯经济政策，企业兼并受到一定程度限制。但自从1980年代雷根新自由方义政策推行以来，大企业的兼并再度盛行，资本主义的垄断规模更上一层楼。相较少于19世纪的垄断现象，这一波垄断是在全球化新浪潮下发展；它不仅资产更加庞大，而且影响遍及全球。若说，19世纪的垄断是以民族国家为范围，今日的现象则是全球化下的垄断，影响绝不会局限于个别国家。

第十章：世界观 World Vision

第三讲：理事无碍 Judgment Stage（证成次第）　12、国际合作

(1) 经合作组织

经济合作与发展组织，简称经合组织（英语：Organisation for Economic CO-operation and Development,OECD）是全球30个市场经济国家组成的政府间国际经济合作组织，总部设在巴黎。它的前身是1947年由美国和加拿大发起，成立于1948年的欧洲经济合作组织（OEEC），该组织成立的目的是帮助执行致力于第二次世界大战以后欧洲重建的马歇尔计划。后来其成员国逐渐扩展到非欧洲国家。1961年改名为经济合作与发展组织，取代了以前功尽弃的欧洲经济合作组织。

(2) 亚太经合会

亚洲太平洋经济合作组织（英语：Asia-Pacific Economic Cooperation,APEC）是亚太区内各地区之间促进经济成长、合作、贸易、投资的论坛，始设于1989年，现有21个成员经济体。亚太经合组织是经济合作的论坛平台，其运作是通过非约束性的承诺与成员的自愿，强调开放对话及平等尊重各成员意见，不同于其他经由条约确立的政府间组织。"APEC"与"Asia-Pacific Economic Cooperation"均是亚太经合组织的商标。

(3) 亚太空合组

亚太空间合作组织（Asia-Pacific Space Cooperation Organization,缩写APSCO）是由亚太地区联合国成员国组成的政府间国际组织，总部设于中国北京。该组织的宗旨是通过推动成员国之间空间科学、技术及其应用多边合作，并通过技术研发、应用、人才培训等事务在成员国之间开展互助，提高成员国空间能力，促进人类和平利用外层空间。"亚太空间合作组织"的前身为"亚太空间技术应用多边合作会议"，2005年10月28日八个成员国签署《亚太空间合作组织公约》标志该组织正式成立，截至2006年6月止共有9个签约国。根据其公约的规定，至少必须有5个国家签署该公约，并向东道国政府交存批准书或接受书后公约即生效。

(4) 中亚合作组

中亚合作组织（CACO）为以中亚地区为主成立的国际组织。共有五个成员国，即哈萨克斯坦、吉尔吉斯斯坦、塔吉克斯坦、乌兹别克斯坦和俄罗斯；格鲁吉亚、土耳其和乌克兰为观察员身份。中亚合作组织源自1994年成立的"中亚经济联盟"（Central Asian EconomicUnion），其最初成员为哈萨克斯坦、吉尔吉斯斯坦和乌兹别克斯坦；1998年更名为"中亚经济合作组织"（Central Asian Economic Cooperation），吉尔吉斯斯坦于当年加入。2002年更为现名；俄罗斯于2004年10月18日正式加入。2005年10月6日在俄罗斯圣彼得堡举行了成员国元首会议，并通过决定将该组织并入欧亚经济共同体。

(5) 经济合作组

经济合作组织（Economic Cooperation Organization,缩写：ECO）为跨政府的亚洲国际组织。该组织由伊朗、土耳其和巴基斯坦倡导，成立于1985年，1992年新增7个成员国共计达到10个成员国；1995年成为伊斯兰会议组织观察员。该组织的目的是在改进、促进贸易发展和提供投资机会方面提供一个讨论的平台，最终的目的为货品和服务建立单一市场；总部设于伊朗德黑兰。

第十章：世界观 World Vision
第三讲：理事无碍 Judgment Stage（证成次第） 12、国际合作

(6) 企业永续会

世界企业永续发展委员会（World Business Council for Sustainable Development）(WBCSD)是一个全球性的组织，其下有200余家公司专责处理可持续发展的各项业务。世界企业永续发展委员会成立于1995年，总部设于日内瓦，为企业永续发展论坛与世界工业环境委员会（Environment）合并后的机构，同时在美国华盛顿哥伦比亚特区设有办事处。缘起于1992年于里约举办的地球高峰会，当时瑞士企业家史提芬•斯密丹尼担任联合国环境与发展会议（UNCED）的秘书长，他成立了一个企业永续发展论坛（Business Council for Sustainable Development），并在日后继续发挥写出了一本关注生态效益的书籍。Changing Course

(7) 永续委员会

委员会提供企业界一个平台一同研究可持续性发展，分享有关知识与经验以及实务经验；并在可持续发展的议题上成为企业界的代言者，主责与政府、非政府与国际组织的联络与交流。委员会关注各项可持续发展的议题，尤其是能源、气候以及企业的社会责任，同时执行一些关于建筑、运输、轮胎、化学品、水的专案。

(8) 南亚区合作

南亚区域合作联盟（South Asian Association for Regional Cooperation）是非1985年12月8日成立的旨在推动南亚人民间友谊、信任与理解的平台，由孟加拉国、不丹、印度、马尔代夫、尼泊尔、巴基斯坦和斯里兰卡七国政府发起成立。2005年11月13日，接受阿富汗为成员。中华人民共和国、日本、南韩、欧洲联盟、美国和伊朗成为观察员。

(9) 上合新组织

上海合作组织（简称上合组织：Shanghai Cooperation Organization,SCO）是中华人民共和国、俄罗斯、哈萨克斯坦、吉尔吉斯斯坦、塔吉克斯坦和乌兹别克斯坦六国组成的一个国际组织。另有观察员国：蒙古国、伊朗、巴基斯坦、印度。工作语言为汉语和俄语。上海合作组织是首个在中华人民共和国境内宣布成立、首个以中华人民共和国城市命名的国际组织。有人认为成立于2001年的上合组织可能成为与北约抗衡的地区政治中心，认为上合组织是"东方北约"。但是官方则一贯强调上海合作组织不是封闭军事政治集团，该组织防务安全始终遵循公开、开放和透明的原则，奉行不结盟、不对抗、不针对任何其他国家和组织的原则，一直倡导互信、互利、平等、协作的新安全观。

(10) 中非新合作

中非合作论坛（英语：Forum on China-Africa Cooperation,FOCAC）是中华人民共和国和一些非洲国家之间为进一步加强友好合作，促进共同发展而举行的定期对话论坛。中非合作论坛首届部长级会议于2000年10月10日在北京举行。会议通过了《亚的斯亚贝巴行动计划》，中国承诺在2004年至2006年的三年间继续增加对非洲的援助，具体措施有：为非洲培训各类人才1万人；增加民间交流；开放市场，对最不发达国家部分商品给予免关税待遇；拓展旅游合作，开放埃塞俄比亚、肯尼亚、坦桑尼亚、赞比亚、毛里求斯、塞舌尔、津巴布韦和突尼斯8个非洲国家为"中国公民自费出国旅游目的地"；举办"相约北京"国际艺术节和"中国文化非洲行"活动，促进非洲文化在中国传播。

第十章：世界观 World Vision
第三讲：理事无碍 Judgment Stage（证成次第） 13、国际服务

(1) 难民事务处

联合国难民事务高级专员办事处（Office of the UN High Commissioner for Refugees,UNHCR）成立于1950年12月14日，其宗旨是领导和协调世界范围内保护难民和解决难民问题的国际行动。

(2) 人道的救援

人道救援是基于人道主义，例如人道危机，而作出物资上或物流上的支援。人道救援的主要目的是拯救生命，舒缓不幸状况，以及维护人类尊严。它不同于针对可能带来危机或危急状况的社会经济因素，而作出的发展援助。人道救援由政府机构，非政府组织，及其他非政府人道主义机构，根据人道主义原则提供。政府及联欢会合国机构所奉行的人道主义原则列于联合国大会46/182决议案中。而非政府人道主义机构则依据《国际红十字和红新月运动及从事救灾援助的非政府组织行为准则》。

(3) 粮食的援助

世界粮食计划署呼吁国际社会提供资金和粮食援助。该机构接受现金、粮食或劳务形式的捐赠，完全依靠自愿捐助来资助自己的行动。各国政府是最大的单一资金来源。有近80个国家支援世界粮食计划署的全球行动。不管是难民逃离战争，还是干旱破坏了农田，饥饿通常是最先出现的紧急事件。饥民期待着世界粮食计划署第一个做出反应。2005年，世界粮食计划署的粮食援助惠及为全球人道主义灾难网所困的7300万人，这张网还在不断扩大。

(4) 打破永贫穷

粮食援助能够打破贫穷循环。富有创意的粮食援助项目在世界粮食计划署的救济和复原以及发展行动中发挥着不可或缺的作用，它使得弱者和穷人（包括因自然灾难而无家可归者、返回难民、艾滋病毒/艾滋病孤儿和无业母亲）不再为下一顿发愁，并且能够建设一个可持续发展的未来。对世界粮食计划署来说，重要的是，在这些项目结束之后，人们能够自食其力。饥饿不再构成威胁。

(5) 儿童基金会

联合国儿童基金会（旧称联合国国际儿童紧急救援基金会：United Nations International Children's Emergency Fund；简称UNICEF），1946年12月11日在联合国大会上成立。联合国儿童基金会的总部设在美国纽约，对发展中国家的母亲和孩子进行长期的人道主义和发展援助。作为一个志愿性的基金机构，联合国儿童基金会依靠政府和私人的捐助，他的项目着重于提高社区服务水平，以提高儿童的健康。联合国儿童基金会在1965年获得了诺贝尔和平奖。联合国儿童基金会相信抚养和关爱儿童是人类发展的基石。联合国儿童基金会就是为了实现这一目的而创立的一与其他机构协力克服贫困、暴力、疾病和歧视给儿童成长之路带来的障碍。联合国儿童基金会认为我们能够携手推于是这一人道主义事业。

第十章：世界观 World Vision
第三讲：理事无碍 Judgment Stage（证成次第）　13、国际服务

(6) 无国界医师

一群法国医师于1971年尼日利亚内战之后成立，是一个具备医疗人道救援性质的国际性非营利、非政府组织，以其在饱受战争摧残的地区和发展中国家致力协助抵抗地方病的计划闻名。12月20日在巴黎成立，最初的成员皆为"深信世界人类都有获得医疗权利"的。是全球最大的独立医疗救援组织，目前总部设于瑞士的日内瓦。此组织的目标是"不分种族、国家与宗教背景、义务的协助战火和自然灾害中受伤的人类得到医治"。无国界医生组织经常深入战乱地区，生命和义务工作等也常受到威胁。他们经常会代表受害的地区向联合国提交抗议，例如对车臣和科索沃战乱的谴责。

(7) 药物救灾难

国际灾难及人道援助药物中心 The Center for Disaster and Humanitarian Assistance Medicine(CDHAM)是一个专门对灾难地区提供医药，原为美国军方附属的战地救难机构，后渐扩大服务对象。

(8) 灾难急救队

灾难急救队（Rescue Task Force）是一个国际性非营利的民间组织，专门提供天灾或人祸的灾难急救，曾在国际灾难时提供许多的救助及服务。(www.rescuetaskforce.org)

(9) 人道的危机

David Rieff大卫来福教授在2002年出版了一本书名：夜晚的床："人道主义的危机" A Bed for the Night:Humanitarianism in Crisis Simon & Schuster.书中批评所谓的人道组织不断地把政治的议题中的人权及人权状况，混淆人道行为中，而失去了人道主义原始的中立及独立的立场。（换言之，人道组织已成为政治的工具）这是人道主义真正的危机（成为西方政客的手段，不是为人道而服务）

(10) 救灾的政治

南亚大海啸，造成十几万人死亡与各种灾难，世界各国的救灾资源汇集南亚。但是，在灾难面前，人们看到各种藉救灾之名以达政治或经济目的的现象，引起受难国家的警惕。一些受难国家，比如印度、印尼、泰国等，或表示本国自有资源，无须外来的援助；或含蓄地表示，真正需要时再请援助。当数以百万计的灾民待奥援之际，这些国家居然未抱着多多益善的态度，而拒绝了"人道援助"，这是耐人寻味的。这些国家的警惕并非没有道理。以美国为例，堂而皇之以救灾为名把第7舰队开到印尼，引起印尼不安：第7舰队会不会从此赖着不走？

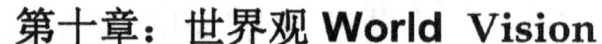
第十章：世界观 World Vision

第三讲：理事无碍 Judgment Stage（证成次第）　14、国际慈善

（1）慈善资本家

英《经济学人》杂志（The Economist）其中"The birth of philanthropcapitalism"即探讨了这些新兴慈善家，特别是那些靠着理财致富的，认定慈善公益事业就是一种追求利益导向的资本市场，并且应具备三项不可或缺的要素方能运作。首先，慈善家应该投资由社会企业家用所创造的社会事业，这部分有些类似企业创办人将成立的公司引入股市态度。第二，"慈善市场"需具备基础建设来规范及促成及运作，就如同股市里的研究部门或是管理顾问一般。最后，慈善家应扮演投资者的角色，运用他们的财务资源来达到最高的社会投资报酬率（social return on investment,SROI）。

（2）基金会隐忧

探讨中引用了Michael Porter及Mark Kramer在1999年所用的研究以及访问了任职于基金会的工作人员，因而发现，姑且不论基金会负责的任务和使命，缺乏治理实为基金会存在的一大隐忧，例如，非透明化运作、高额的管理费用、欠缺测试和评估标准。除此之外，基金会的赞助模式也是其中一个问题，这种赞助模式通常强调短期赞助个别计划，而非关心受赞助单位的永续发展问题。

（3）新兴慈善家

新兴慈善家最显著的特色就是以灵活的方式利用资源杠杆作用使其发挥最大效用。对于制式的问题或议题，他们多是以提供诱因来吸引合伙人，藉此获得赞助资金并且想办法将这些资金发展为一长期性、稳定的或者是有营收用途的层面。以拥有庞大资产（高达288亿美金）的盖兹基金会（Gates Foundation;http://www.gatesfoudation.org）为例，它致力于改善全球医疗体系，希望藉其力量促使药品供应之服务能普及给穷困人民。

（4）慈善家网络

建立网络也是另一种资源杠杆作用的方式，如文章中提到Global Philanthropists Circle (http://www.synergos.org/philanthropistscircle) 是由Peggy Rockefeller Dulany 所创立，它们透过网路的方式集结世界20个国家多达50个富有家庭，让他们能够彼此交换想法和经验共同找出解决贫困问题的方法，他们钱财资助的重要性就如同他们个人所具备的经验、社会地位和他们对解决贫困而实际做出的努力。

（5）公益金浪费

Bishop引述哈佛商业学校一名管理师Michael Porter的分析，说明问题真正的弊端在于公益事业的钱往往浪费在毫无效果的活动上，相较之下基金会的操作弊端不过是小巫见大巫；Poter认为，受到商业业思微的影响，公益事业在未来的 20年势必能有所转换而成为一个有效的事业。

第十章：世界观 World Vision
第三讲：理事无碍 Judgment Stage（证成次第） 14、国际慈善

(6) 国募款守则

2006年10月16日，24个国家一起核准通过了国际募款伦理守则。这份伦理守则的目的是为了促进全球募款社群在责任性、透明性以及效率上的成长。募款人员的五个重要准则：①诚实②尊重③廉正④选择⑤透明。这些准则的订立了解募款活动受限于许多不同的司法管辖，而且其必须遵守当地的司法。然而，我们希望，支持这些施行准则的募款人员首先应该遵行最严苛的律法解释，以及其会员协会的道德规范，不论该活动是在那个司法管辖范畴。

(7) 公益的事业

在过去近半个世纪以来，美国极为热衷于推动公益事业。Claire Gaudiani在她一本书叫做The Greater Good:How Philanthropy Drives the American Economy and Can Save Capitalism伟大的善行：公益事业如何推动美国经济以及挽救资本主义）的书中揭露慈善行为（治标）和公益行为（治本）的分别，她认为，公益事业透过投资这种治本的方式，跳脱以往"施舍济贫院的态度"，更能突显美国自由、个人价值以及企业精神。然而在实际上这两种行为的界定却是不易理清。

(8) 商业的导向

新一代的公益事业家了解到传统的公益事业缺乏商业导向的经营，因此他们便兴起死回生了利用自己所熟悉的商业模式导入公益事业的经营模式，他们现在大方谈论着"社会投资"、"公益创投"、"社会企业"和"三重底线"，公益事业的新手段成为一种"策略的"、"市场察觉的"、"知识导向的"、"高度投入的"，并且是一种关乎捐款大量混合肥市资金杠杆度的形式。

(9) 公益的管理

即使如此，Collins认为公益资金的运用仍有进步的空间。近年来许多新成立的公司和组织在适当和有效地管理之下，将能提供公益家解决有效落实公益资金的运用。这些新型态的公司包括了管理顾问研究公司和公益投资银行。

(10) 整合公益力

Bishop也说明，新公益家不仅仅只是出钱而已。引杜克大学（Duke University）的Greg Dees和全球公益团（Global Philanthropists Circle）的负责人Peggy Rockefeller Dulany的说明。由于现今的公益家不但有钱，而且有很重要的人际网络，他们投入公益方式的特色是他们能动员及整合私人资源包括金钱、时间、社会资本和专业技术的力量来改善我们的世界。而这种资源和力量的整合是可以跨国的。精英分子尝试用新的构想、最先进的商业技术、媒体、行销人才，以及政治关系来改变世界，这种理念能同时警惕并替某些地域带来希望。

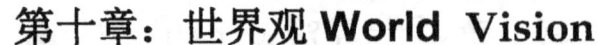

第十章：世界观 World Vision

第三讲：理事无碍 Judgment Stage（证成次第）15、国际卫生

(1) 国际卫生约

《国际卫生条例（2005）》于2007年6月15日生效是世界卫生组织及其会员国的公共卫生里程碑。全球社会从此有了新的法律框架，以更好地管理针对紧急公共卫生风险而采取的集体防御行动，而这类公共卫生风险有可能在国际间传播，对人类健康产生极其严重的影响，并对贸易和旅行带来不必要的消极干扰。在世卫组织技术支持下承诺遵守《国际卫生条例（2005）》新要求的所有国家顺利执行该条例，将大大促进国家、区域和国际公共卫生安全的加强。

(2) 条例的目的

《国际卫生条例（2005）》，它的目的和范围是以针对公共卫生风险、同时又避免对国际交通和贸易造成不必要干扰的适当方式，预防、抵御和控制疾病的国际传播，并提供公共卫生应对措施。《国际卫生条例（2005）》为世卫组织的流行预警和快速应对活动提供了框架，而为了控制国际暴发和加强国际公共卫生安全已经与各国合作开展这类活动。

(3) 条例新概念

《国际卫生条例（2005）》引进了新的实施观念，其中包括：各国监测疾病、向世卫组织通报和报告公共卫生事件和风险的具体程序；世卫组织对核实各国内部发生的公共卫生事件的要求；与各国一起并帮助各国开展快速合作风险评估；确定某个事件是否构成国际关注的突发公共卫生事件；协调国际应对措施

(4) 病情的信息

关于疾病暴发的流行病学数据和业务信息是动态的，并会迅速变化。世卫组织发展了一个综合的"事件管理系统"以管理关于疾病暴发的关键信息并确保重点国际公共卫生专业人员，包括世卫组织各区域办事处、国家办事处、合作中心和全球疫情警报和反应网络各合作伙伴之间准确和及时的交流。

(5) 病情的管理

事件管理系统的特征包括：关于流行病情报、核实工作现状、实验室调查和业务信息的综合性数据库。跟踪和纪录疾病暴发史、关键性决定、世卫组织和各伙伴的重要行动以及重点文件。管理后勤支持及专用应对设备、材料和物资。关于应对小组国际专家的技能、经验和可得性的综合数据库。全球疫情警报和反应网络中技术机构的概况，重点为支持国际疾病。

（6）控制病威协

控制或遏制已知的公共卫生威胁是改善国际公共卫生安全最有力的途径之一，因为这些威胁成为有可能引起《国际卫生条例（2005）》管辖的突发公共卫生事件的绝大多数事件。针对传染病以及食品和环境安全的现有控制规划大力促进了世卫组织的全球预警和应对体系，同时正成为支持加强各国核心公共卫生能力的动力。世卫组织针对产生严重公共卫生影响的疾病规划要求，任何单个病例，不论何种情况，均需立即报告世卫组织。

（7）旅行和运输

虽然国际旅行和贸易带来了与经济发展有关的众多健康效益，但也有可能通过人员、行李、货物、集装箱、交通工具、物品和邮包在机场、港口和陆地过境点引起国际间传播的公共卫生风险。《国际卫生条例（2005）》通过履行义务和提出长期和临时非约束性建议的形式提供公共卫生应对，同时避免对国际旅行和贸易的不必要干扰。《国际卫生条例（2005）》缔约国必须加强指定机场、港口和陆地过境点的公共卫生能力，不论是在正常情况下，还是在应对可能构成国际关注的突发公共卫生事件的事件时。

（8）资源的中心

国际卫生条例资源中心有出版物和指导准则可供查询，这些资料对各国制定和管理满足国际卫生条件附件1列举的核心能力要求的国家行动计划可能有用。文件和参考资料按字母排列分类。在分类中文件按出版年代陈列。许多文件翻译成多种语言。

（9）禽流感报告

在2003年中期开始侵袭东南亚地区家禽、野生鸟类和人类，现已传播到非洲和欧洲的高致病性H5N1型禽流通渠道感病毒在动物中的流行是有史以来最大、最严重的一次暴发。以往高致病性禽流感在家禽和野生鸟类中的暴发十分罕见。自2003年12月，在非洲、亚洲、欧洲和中东地区，大约45个国家报告了H5N1型禽流感病毒在家禽或野生鸟类中的暴发。（请阅禽流感相关知识问答2006）

（10）WHO报告

世界卫生组织（WHO）在2007年的世界卫生报告，题名"构建安全未来"——21世纪全球公共卫生安全（订购Bookorders@WHO.INT）有很详尽的介绍，非常值得推荐。

Thldl
领导力培训专案

清華大學

中华国学再造领导力
企业家高级研修班 讲义

CHAN OF CEO

企 业 禅

第十章

世 界 观

第四讲 事事无碍

编讲人：强梵暢
Edited by Victor Chiang
中国北京大学宗教学系 兼任研究员
Research Fellow
Department of Religious Studies
Peking University , Beijing , China

CCEO-A10-B4-01

清華大學 领导力培训项目网
Tsinghua University Training of Leadership

Copyrights 2008 In U.S.A/China by Victor Chiang

第十章 世界观 总纲目

第一讲 理无碍	第二讲 事无碍	第三讲 理事无碍	第四讲 事事无碍

国际人才		国际兼并	
国际学术	国际经济	国际互助	国际法律
国际科技	国际金融	国际服务	国际组织
国际发明	国际贸易	国际慈善	国际外交
国际资讯	国际企业	国际卫生	国际政治
	国际环保		国际军事

◆ *16、国际法律*
（1）国际间公法 （2）国际法原则 （3）国际人道法
（4）国际刑事法 （5）红色通辑令 （6）海洋法公约
（7）无害通过法 （8）反倾销协定
（9）国际卫生法 （10）国际法渊源

◆ *17、国际组织*
（1）联合国改变 （2）联合国功能 （3）世贸的组织
（4）联合国精神 （5）非政府组织 （6）欧洲的联盟
（7）北大公约国 （8）东南亚联盟
（9）国际红十字 （10）国际奥委会

◆ *18、国际外交*
（1）孤独的战争 （2）中国的影响 （3）胡布的会谈
（4）历史大转折 （5）美国的转变 （6）中日的冲突
（7）外交的因素 （8）非洲的地位
（9）中非更密切 （10）大东亚整合

◆ *19、国际政治*
（1）世界大变局 （2）经济陷政治 （3）霸权的衰败
（4）政济受怀疑 （5）政济受怀疑 （6）后美国时代
（7）霸权的争扎 （8）欧社会论坛
（9）拉美新社会 （10）拉美新主义

◆ *20、国际军事*
（1）全球核迷信 （2）实战新核武 （3）政治的筹码
（4）对抗用核武 （5）美国怕核武 （6）美空军演习
（7）超远程打击 （8）伽马线炸弹
（9）新激光武器 （10）网络战部队

第十章：世界观 World Vision

第四讲：事事无碍 Successful Stage（圆满次第） 16、国际法律

(1)国际间公法

国际法（International Law），旧称万国法，又称国际公法，简言之，是国家间的法律，具体来说就是指调整国家之间的相互关系的有拘束力的原则、规则、规章和制度的总体。由于国际社会中没有凌驾于国家之上的组织独立地行使立法权和司法权，因此国际法在渊源上表现为两国之间条约（或多边公约）和习惯（又叫惯例）。从实证的角度来考察，名义上国际法对国家具有约束力，但事实上国际社会缺乏有效制裁违法国家的手段。

(2)国际法原则

实质原则：国家主权平等；2.民族自决原则；3.禁止使用威胁或武力原则；4.强制法原则；5.国际合作原则；6.审判权原则；7.国家豁免原则；8.外交保护原则；9.相互尊重原则；10.诚信原则；11.不干涉内政；12.和平解决国际争端

形式原则：1.对国际社会的普遍义务原则；2.禁反言原则；3.原告承担举证责任原则；4.情况证据原则；5.耗尽当地救济办法原则；6.清白原则

(3)国际人道法

国际人道法是由日内瓦公约（1949年）与附加议定书（1977年）组成。国际人道法旨在和平及战争时期中保护平民、伤兵、战俘、医务人员、医院、文化及宗教场所等，限制战争所用的方法及手段。总之，保护没有战斗能力的人或建筑物，以及减低战争的残酷程度。

(4)国际刑事法

国际刑事法院成立于2002年，其主要功能是对犯有种族屠杀罪、危害人类罪、战争罪、侵略罪的个人进行起诉和审判。国际刑事法院成立的基础是2002年6月1日开始生效的《罗马国际刑事法院规约》，因此该法院仅对规约生效后的前述四种国际罪行有管辖权。但是实际上，国际刑事法院暂时还不能对侵略罪行使管辖权。到2006年底，已经有104个国家加入了《罗马国际刑事法院规约》，成为国际刑事法院的成员国，另外有41个国家签署了该规约，但是并未得到各自国家立法机构的批准。值得注意的是，联合国安理会的五大常任理事国的两个国家：中国和美国并未加入该规约。

(5)红色通缉令

红色通缉令是国际刑警组织成员要求他国协助侦查犯罪时发放的五种国际通报之一，因通报左上角的国际刑警徽为红色而得名，属最高级别的紧急快速通缉令。由当事国国际刑警中心局局长和国际刑警组织总秘书处秘书长共同签发，可视为一种可以进行临时拘留的国际证书。各国际刑警组织成员国中心局接到红色通报后可立即据此通缉人员实施拘捕并参照本国的相关法律进行国际引渡。红色通缉令的有效期为5年，可续期，直到缉拿归案

第十章：世界观 World Vision

□第四讲：事事无碍 Successful Stage（圆满次第）　　16、国际法律

(6)海洋法公约

联合国海洋法公约（英语：United Nations Convention on the Law of the Sea，简称：UMCLOS）指联合国召开的三次海洋法会议，以及1982年第三次会议所决议的海洋法公约（LOS）。由于英语中的"Convention"同指"会议"与"公约"，所以此一词条可以同指该公约本文，以及总称三次会议的内容。不过在中文语境中，"海洋法公约"一般是指1982年的决议条文。此公约对内水、领海、临接海域、大陆架、专属经济区（亦称"排他性经济海域"，简称：EEZ）、公海等重要概念做了界定。对当前全球各处的领海主权争端、海上天然资源管理、污染处理等具有重要的指导和裁决作用。

(7)无害通过法

外国船只依照海洋法公约，有权在某国领海进行"无害通过"。无害通过是指不损害沿海国的和平、安全和良好秩序的通过。反面而言，只要外国船舶于经过领海时，有损害沿海国和平、良好秩序和安全之事情发生，即为非无害。而当中所谓"通过"，是指为横渡领海但不进入内水、或为驶入内水或自内水驶往公海而通过领海。这种航行应继续不停地迅速进行。不经许可不得停船和下锚。但通常航行所附带发生的停泊和下锚，或者因不可抗力或遇难目的的停泊和下锚，则是容许的。

(8)反倾销协定

根据世界贸易组织《关于实施1994年关税与贸易总协定第6条的协定》（简称《反倾销协定》）第2.1条的规定，若一产品自一国出口至另一国的出口价格低于在正常贸易过程中出口国供消费的同类产品的可比价格，即以低于正常价值的价格进入另一国的商业，则该产品被视为倾销。倾销的意义有二：传统上，倾销是掠夺性定价（predatory pricing）的一种，即以蚀本价卖出货品以打击竞争对手、将对手驱离市场，并又最终提升价格作补偿为目标。

(9)国际卫生法

《国际卫生条例》（International Health Regulations，简称IHR）是一个控制传染病在全球蔓延的国际条约，目前由世界卫生组织管理，并由其193个成员国所遵守。《国际卫生条例》主要是规定遵守协议的国家，需要为严重传染病的爆发向世界卫生组织进行通报。过往的通报范围只适用于霍乱、黄热病和鼠疫等，但2007年6月15日生效的新修订，已要求扩大通报范围至任何新发现的传染病及辐射、化学引发的事件。

(10)国际法渊源

关于国际法的渊源的权威论述见于《国际法院规约》第38条之规定。

一、法院对于陈述各项争端，应依国际法裁判之，裁判时应适用：（一）不论普遍或特别国际协约，确立诉讼当事国明白承认之规条者。（二）国际习惯，作为通例之证明而经接受为法律者。（三）一般法律原则为文明各国所承认者。（四）在第59条规定之下，司法判例及各国权威最高之公法家学说，作为确定法律原则之辅助资料者。

第十章：世界观 World Vision
第四讲：事事无碍 Successful Stage（圆满次第）　17、国际组织

(1) 联合国改变

联合国的地位和作用有一个变化的过程。在联合国建立以后的最初时期，其宗旨和原则没有得到执行。它最早被美国所控制，20世纪60年代，又成为美苏争霸的场所。随着国际形势的发展，尤其是第三世界的崛起，大批亚非拉民族独立国家加入联合国，在联合国中逐渐形成了一支新兴的政治力量，从而大大改变了联合国的面貌。1971年中国在联合国合法席位的恢复，进一步改变了过去少数大国操纵联合国的局面。

(2) 联合国功能

联合国在国际事务中发挥着越来越重要的作用，主要有：第一，积极推进非殖民化运动，支持被压迫民族自决和独立；第二，维护世界和平与安全，防止和制止战争的爆发和扩大；第三，促进世界经济繁荣，特别是发展中国家的经济发展；第四，在解决人类面临的众多问题，如环境、人口、生态、资源等方面，起着重要作用。20世纪80-90年代，它在维和方面、在核军控和裁军方面，做出了积极有益的贡献；在促进经济和社会发展、保护生态环境方面，做了大量工作；联合国还是大国间调整相互关系以及发展中国家结交朋友、维护权益、交换意见、共同推动建立和平、稳定、公正、合理的国际新秩序的最重要场所。

(3) 世贸的组织

世界贸易组织（简称世贸组织或世贸；英语：World Trade Organization，简写为WTO，是负责监督成员经济体之间。各种贸易协议得到执行的一个国际组织，她的前身是1948年开始实施的关税及贸易总协定的秘书处。世贸总部位于瑞士日内瓦。截至2007年1月11日，世界贸易组织有150个成员。自1990年代后期，世界贸易组织成为反全球化运动人士的主要反对目标。

(4) 联合国精神

要共同致力于弘扬《联合国宪章》的宗旨和原则；共同维护安理会的权威；加强联合国在发展领域的作用；改革联合国机构，加强联合国决策的民主化，提高决策效率。

(5) 非政府组织

非政府间国际组织（NGOs）：任何国际组织，凡未经政府间协议而建立，均被视为是为这种安排而成立的非政府国际组织。包括独立组织，民间组织，第三部门，志愿协会。

第十章：世界观 World Vision

第四讲：事事无碍 Successful Stage（圆满次第） 17、国际组织

(6) 欧洲的联盟

欧洲联盟（简称欧盟，European Union-EU）是由欧洲共同体（European communities）发展而来的，是一个集政治实体和经济实体于一身、在世界上具有重要影响的区域一体化组织。1991年12月，欧洲共同体马斯特里赫特首脑会议通过《欧洲联盟条约》，通称《马斯特里赫特条约》（简称《马约》）。1993年11月1日，《马约》正式生效，欧盟正式诞生。总部设在比利时首都布鲁塞尔。2007年1月，罗马尼亚和保加利亚两国加入欧盟，欧盟经历了6次扩大，成为一个涵盖27个国家的组织。

(7) 北大公约国

北大西洋公约组织（英语：NATO，North Atlantic Treaty Organization），简称北约组织或北约，是一个为实现防卫协作而建立的国际组织。1949年3月18日美国和西欧国家公开组建北大西洋公约组织，于同年4月4日在美国华盛顿签署《北大西洋公约》后正式成立。为与以前苏联为首的东欧集团国成员相抗衡，使成员国一旦受到攻击时，其他成员国可以作出即时反应。但这一条条款在九一一事件之前，一直都未有动用过。及至前苏联解体以后，华沙公约组织宣告解散，北约就成为一个地区性防卫协作组织。北约的最高决策机构是北约理事会。理事会由成员国国家元首及政府高层、外长、国防部长组成。总部设在布鲁塞尔。

(8) 东南亚联盟

东协的前身是马来亚、泰国和菲律宾于1961年7月31日在曼谷成立的"东南亚联盟"。1967年8月6日，印尼、马来西亚、新加坡、菲律宾、泰国五国外长在曼谷举行会议，于8月8日发表了《曼谷宣言》，正式宣告东协成立。1976年，在塔里岛举行的东南亚国协第一次首脑会议签署了《东南亚友好合作条约》和《东协协调一致宣言》，也就是《塔里第一协约》，确定了东协的宗旨和原则，成为东协发展的重要里程碑。1984年1月8日，汶莱独立后加入东协，至此，东协有6个成员国。中华人民共和国最初视东协为反共集团，但在1972年美国总统尼克森正式访华及建交后，东协各成员国亦开始陆续与中国建交，并解除对华贸易禁令。随着东欧变天、苏联解体、冷战结束，中国于1996年成为东协全面对话伙伴，与日本、韩国一样通过东协"10+3会议"与东协成员国进行共同协商。同时并行有"中国"——东协特别对话（"10+1"对话）。中国也有国家领导人特别出席东协10国会议。

(9) 国际红十字

"红十字会"这个名词，同时代表了三个名称。一般而言，依照红十字会的"普遍"原则，几乎所有国家都有地区的红十字会或红新月会，而在"统一"原则下，一个国家只有一个红十字会。而原先由亨利杜南创立的"红十字国际委员会"，目前依旧运作，并依照日内瓦公约及相关议定书的规定，提供战俘人道协助、监察战俘待遇。"红十字会与红新月会国际联合会"则负责协调各国红十字会、红新月会，跨国救援自然灾害的难民。红十字会的"红十字"是一个国际专有标志，依照《日内瓦公约》的规定，红十字具有国际法上的效力，非战时仅有各国红十字会或国际委员会、国际联合会可以使用，战时则作为战地医疗人员的保护标志，任何武装部队均不得攻击标志红十字的车辆、人员、设施，否则则被视为当然战犯。

(10) 国际奥委会

国际奥林匹克委员会（简称"国际奥委会"：International Olympic Committee,IOC）是一个非政府性、非盈利性和永久性的国际体育组织；它依照奥林匹克宪章领导奥林匹克运动，为奥林匹克运动会及其五环会徽的专管机构，和领导奥林匹克运动和决定有关奥林匹克运动问题的最高权力机关；对每4年举办一次的奥运会拥有一切权力；它与其成员国或地区，以及国际单项体育组织相互承认。其第一负责人即国际奥林匹克委员会主席，由奥委会全体会议选出，另设副主席4人，委员6名；国际奥委会总部设在瑞士洛桑。

第十章：世界观 World Vision

第四讲：事事无碍 Successful Stage（圆满次第） 18、国际外交

（1）孤独的战争

《华盛顿邮报》报道，这本新书名为《孤独战争——一名外交官对伊战及其教训的记录》。穆尼奥斯在书中记录了美国为发动伊战对盟国施压的种种做法。例如，美国总统乔治•W•布什在开战前多次要求当时的智利总统里卡多•拉戈斯•埃斯科瓦尔和时墨西哥总统比森特•福克斯支持对伊开战，并"约束"其驻联合国代表的反美态度。书中披露，伊拉克战争前夕，美国政府威胁报复不配合的国家，强求一些国家压制反对战争的驻联合国代表，导致华盛顿与欧洲、拉美和其他地区盟国关系紧张。

（2）中国的影响

英国《卫报》近日刊登了马丁•雅克题为《超级大国》的文章。作者认为，中国的崛起就是过去十年世界上最重要的事件，其影响远远超过911。《新闻周刊》以年终特刊的形式大幅报道中国。无独有偶，美国《外交》杂志也以"中国"为2008年1月-2月号的关键词。该杂志通过一系列文章分析了中国的民主化进程、对世界秩序造成的冲击和新的外交政策，指出"美国领导的国际秩序既可以保持主导地位又可以整合进更加强大的中国，前提是华盛顿现在开始加强双边秩序"。

（3）胡布的会谈

胡锦涛与小布希的会谈，最值得注意的演变，是美国不得不承认中国的全球性角色。布胡会谈所讨论的问题已经远远超过两国的人权、贸易或其他双边问题、海峡两岸的和平等过去两国元首会谈的区域性课题，而触及到广泛的全球性论题。这表示，美国承认中国的全球性角色，而非只是亚洲的区域性强国。

（4）历史大转折

1970年代，当中国进入联合国时，在国际外交上也曾发挥全球性的影响力，但是这个影响力随着毛泽东的逝世而迅速地萎缩。邓小平的"韬光养晦"政策使得中国失去了往日纵横国际事务的作用。中国的影响力不仅从全球性的角色消退下来，甚至在中美双边关系上，中国也处在被动的地位，没有大国应有的尊严。中国若能在国际事务上发挥全球性的作用，将有助于制衡美国的鸭霸，并为受欺负弱小国家伸张正义。如果事情如此发展，将是一个历史性的大转折。

（5）美国的转变

著名评论家扎卡里亚认为美国对中国、越南和利比亚关系的处理是成功的范例，并且总结说，"利用资本主义、商业和交往，比关于邪恶的说教更能促使别国转变立场"，这是值得后任总统吸取的教训。

第十章：世界观 World Vision

第四讲：事事无碍 Successful Stage（圆满次第）　18、国际外交

(6) 中日的冲突

中日关系紧张，美国副国务卿阿米塔吉接受日本媒体访问表示："日本和中国同时支配东北亚地区，是历史上首次的情形。"新加坡内阁资政李光耀则悲观认为，日美安保条约将台湾问题列为"共同战略目标"，越过了一条警戒线；在此背景下，中日之间已无法出现和解。这两位指出当前中日冲突的主因，是全球化过程中，经济与民族国家间的矛盾与冲突。

(7) 外交的因素

全球化至今超过5百年，领土、自然资源、市场份额、社会福利等因素都曾引发社会冲突乃至战争，两次世界大战其实都和此有关。在先进国家内部，全球化造成贫富差距加大，失业率增加、社会福利削减、国家职能丧失的风险；在全球范围内，富国与穷国间差距也同样拉大，矛盾更尖锐，富国内部发生社会矛盾时，以资产阶级为主的国家机器通常发动战争，在政治上将矛盾外移（例如形塑中国威胁论），避免政权遭受威胁；经济上则以此扩大内需，使民族国家根基不致崩盘。中日冲突便明显看到这样的影子。

(8) 非洲的地位

中国重视与非洲国家的交往，非洲国家近年来经济发展十分迅速，年增长率达到5%以上，双方都在经济快速成长的时期，加强彼此的交往，将会产生加乘的效益。当世界眼光都集中在亚洲的崛起之际，一向被认为落后、贫穷、动乱的黑色非洲却悄悄地发展起来。事实上，非洲的原材料蕴藏丰富，黄金以及其他贵金属、铀、石油、水力资源等等重要矿产都位居世界前茅。

(9) 中非更密切

对中国来说，中非的密切合作，接续了早期中国外交路线，毛泽东时代，中国的"联合第三世界反霸"的外交策略曾经发挥巨大的作用，不仅成功地突破以美国为首资本主义国家对新生中国的外交封锁，保送中国进去联合国安全理事会；而且还曾经孤立了美国在联合国以及世界其他地方的作用，间接捍卫了第三世界的国家独立与民族自尊，并促进第三世界国家不受帝国主义国家控制下的经济发展。

(10) 大东亚整合

再从中国方面来看，长期以来中国受尽了西方资本主义国家的封锁、孤立、妖魔化等等不平等待遇，对于没有帝国主义式的东盟国家的交往，必将更乐于积极推进；何况这种交往还有助于北京的外交运作，有助于中国抗拒美国的打压。中国正在积极进行西部大开发，西南地区正在其中，西南地区邻近东盟国家，加强与东盟国家的来往，刚好可以配合西部大开发的政策。中国在大东亚整合的大开大合作法，不是片面追求国格、耍弄大国而已，有着务实的经济战略，广西首府南宁正建设为中国与东协自贸区的平台城市，宿雾峰会也酝酿东京、上海与首尔三地的城中机场开通空中穿梭航线。

第十章：世界观 World Vision

第四讲：事事无碍 Successful Stage（圆满次第） 19、国际政治

（1）世界大变局

中新网2008年1月17日电 香港《大公报》1月17日发表题为《世界面临三大变局》的评论文章说，全球地缘政经格局出现了重要的根本性变化：第一，随着楼市调整及金融收缩，欧美经济每况愈下；第二，美国的新保守主义正走向衰败；第三，在采西方政经体制的发展中新兴经济地区事故频仍，"华盛顿共识"所受的质疑、抗拒日大。

（2）经济陷政治

第一个大转变是经济金融方面的。美国次贷问题在年中引发金融风暴，股、债、汇、金及商品等市场全都受到冲击，并出现信用大紧缩。同时，随着楼市调整及金融收缩，欧美经济每况愈下。暴露了欧美金融体系的深层缺陷，在营运、监管、中介各环节的机构、体制及运作模式上都出了严重问题，西方一贯所宣扬的金融诚信、法治、央行独立，严格风险管理及回避道德危机等原则，均被抛诸脑后。正如有西方评论者所说，风暴已给英美的金融资本主义模式带来重大打击，今后内部的深层矛盾将会激化，磨擦将变得日益激烈，世界经济也将更动荡。在国际上全球化与保护主义、孤立主义的矛盾也会更趋尖锐。

（3）霸权的衰败

第二个重大变化是，美国的新保守主义正走向衰败。布什政府藉"九一一"事件实行单边独霸主义，以武力推广西方民主为名扩展霸权，更实行以军力震慑天下的"新帝国主义"，指望由此建立以美国为中心的世界秩序。当年一举攻下阿富汗、伊拉克两国，似势不可挡，谁知数年一过，美军陷入了阿伊泥淖，莫说建立西式民主政制，连基本的维持社会稳定及有效政府管治亦做不到。国际上则声名狼藉，一些美国保守派论者已慨叹，世界正走向"后美国时代"，意指美国主导世界的时代将告终。

（4）政经受怀疑

第三个重大变化是，在采用西方政经体制的发展中新兴经济地区事故频仍，"华盛顿共识"所受的质疑、抗拒日大。俄国在普京领导下偏离西方政经体制且渐行渐远，早与此同时，新兴国家力求摆脱欧美政经主导的意向日益明显：去年底南美六国成立的南方银行，便志在替代奉行西方模式的IMF。

（5）政经受怀疑

另一方面，西方尤其担心中俄的经济发展成绩斐然，所实行的"非自由资本主义"（illiberal capitalism）会成为吸引新兴地区跟随的另类模式，为西方体制带来根本性的威胁，西方政制的有效性亦更受怀疑。

第十章：世界观 World Vision
第四讲：事事无碍 Successful Stage（圆满次第） 19、国际政治

(6) 后美国时代

现在最能代表美国形象的已不再是自由女神像，而是关塔那摩集中营。除非小布什的接班人采取紧急措施挽回美国政治和道义上的声誉，"美国超级大国的危机将是不可挽救的"。美国前总统卡特的国家安全助理布热津斯基在他的新著《第二次机会》一书中认为，小布什施行的是"灾难性的领导"。对外关系理事会的主席理查德·赫斯指出，"中东的美国时代已是昨日黄花"。亚洲在崛起，但崛起的不仅是亚洲。拉美甚至非洲的经济活动和政治信心也在增加。非政府参与者的力量也越来越强。我们要适应这个"后美国"世界。

(7) 霸权的争扎

美国一向担忧中国力量的崛起，因为中国是少数可能妨碍美国独霸世界的国家。环顾全球，大概仅有中国、联合的欧盟等国际力量，有可能挑战美国的世界霸权地位。欧盟、中国再加上伊斯兰世界，是美国称霸全球的三大绊脚石。小布希总统在第一任内，集中对付伊斯兰世界，使得美国与欧盟以及中国的关系暂时缓和下来。如今，反恐与伊拉克的问题已暂时冷却，美国重新思考对付欧盟与中国的策略。新国务卿莱上任不久，即飞去欧洲以弥补美国侵略伊拉克时所造成的裂痕，稳定了欧洲关系，为美国集中力气对付中国提供有利的条件。

(8) 欧社会论坛

欧洲社会论坛（European Social Forum,ESF）是以目标"另类全球化"的活动者组织而成的年底研讨会，他们支持国际合作，但主张民主、环保、性别平等、经济公义，且人权价值高于纯粹商业利益。为了协调活动、分享点子，自2002年起，每年有许多社会运动组织、贸易协会、非政府组织、和平反帝国团体、反种族歧视运动者、环境保护运动及被社会忽略的声音聚首，以国际议题商讨欧洲的未来。

(9) 拉美新社会

自从2001年首届世界社会论坛在巴西左翼重镇榆港（Porto Alegre）召开以来，国际民间力量的集结开启了另类的视野，阻挡了以美国为首的新自由主义全球化的进程，也让南方国家的反对力量，得以在跨国商品市场的巨大压力下获得喘息和省思的空间。而很快的，世界社会论坛即将在拉美与委内瑞拉的革命政府交遇，莫拉雷斯等左翼领导人也极可能在会场出现，也就是说"人民国际主义"阵线的建构很快就要在国际政治上面临实际的考验。

(10) 拉美新主义

2006年的"世界社会论坛"（WSF）刚在委内瑞拉首府卡拉卡司闭幕。世界社会论坛当初从巴西愉港（Porto Alegre）发源时，即有探寻另类政经体制的实验精神。愉港的"参与式预算"制度，结合市民运动与市政规划，于今已是21世纪民主发展的一个新典范。主要的意义即凸显整个拉丁美洲社会主义化的趋势。论坛之所在，也就是抗拒新自由主义全球化的力量团结之所在。除了查维兹之外，巴西的鲁拉、甫就职的波利维亚总统莫拉雷斯，乃至古巴的卡斯楚，都是论坛的来宾。透过2006年的世界社会论坛，"21世纪的社会主义"，似乎已在拉美展现其雏型。

第十章：世界观 World Vision
第四讲：事事无碍 Successful Stage（圆满次第） 20、国际军事

(1) 全球核迷信

朝核问题、伊核问题、印核问题、巴核问题……一个"核"字，搅得世界不得安宁。除了朝鲜、伊朗的核问题，叙利亚利比亚也冒着被制裁的风险奔走在求"核"路上。许多有核和无核国家都迷信，"核"是利己克敌的王牌。国际原子能机构主席巴拉迪2004年谈及全球核扩散的危险性时表示，从技术角度来说，全球有能力制造核武器的国家超过了40个。

(2) 实战新核武

美国不仅拥有占绝对优势的核武库，拥有利用技术优势开发出的毁伤效果接近小型核武器的高端常规武器（如精确制导武器、燃料空气炸弹等），而且其核武器微型化智能化以及打击硬目标能力的提高，还表明美国随时可能将核武器投入实战。

(3) 政治的筹码

跻身核俱乐部不仅可以展现自身的科技实力水平，更可藉此表明自己有能力摆脱必须遵从大国意志和国际干涉的传统惯例，可以自由享受主权国家固有的权利，可以独立自主地决定自己的事情，可以迫使大国另眼相看。实际上，小国发展核武器更多是为了政治目的，因为从根本上来说，核武器是用来进攻的，而它们真正需要的是防御。它们之所以花费巨资打造核武器，就是期待在政治交易中提高要价，增加筹码。

(4) 对抗用核武

小国家无力与美国对等比拼，只能依靠效率最高的核武器来对抗。对小国来说，其核慑的效率明显高于大国。因为第三世界的安全观与美国不同，它们承受得起大量的人员死亡，而美国承受不起，所以如果只是为了威慑，1枚核弹头与100枚效果基本一样。它们无需与美国搞军备竞赛，但深信拥有核武器，才能得到美国的尊重。

(5) 美国怕核武

要核竞赛带来的安全困境中，显然没有胜者。被视为财富的核武器同样也是负担，这本身就是一个悖论。一个国家发展核武器的根本目的是为了获得安全，但从宏观来说核武器的存在是对整个人类的最大威胁，从微观来看拥有核武器也并非一定具有安全感。说来可笑，是美国最早试验成功了核武器，拥有最多的核弹头，唯一使用过核武器，也一直坚持核威慑战略；可又是美国，现在最害怕也最容易遭受核威胁，因而整天要搞防御系统，即使完全成功，也仍然难以脱去"核武器最大潜在受害国"的帽子。

第十章：世界观 World Vision
第四讲：事事无碍 Successful Stage（圆满次第）　20、国际军事

(6) 美空军演习

【星岛网讯】美国空军日前举行了一场为期三天、称之为"未来能力评估"（FCA）的作战演习。演习报告指出，美空军在未来的2025年应拥有四大作战能力：超远程打击能力、防御弹道导弹与巡航导弹能力、发展使用非致命性武器与非动能武器的能力、进行网络战的能力。

(7) 超远程打击

据美国《每日防务》报道，目前美空军正大力发展超远程打击，而且不仅是一种轰炸机或仅仅一种武器，它包括超音速导弹、新的远程无人轰炸系统、升级版轰炸机、F/A-22派生机种及常规型弹道导弹等。空军未来的远程打击系统至少需要具备以下3种能力：在恶劣的天气情况下，远程迅速打击有时间要求的目标；摧毁加固或深埋目标；比"战场系统"更加可靠、精确和隐形。

(8) 伽马线炸弹

在定向能武器方面，据澳大利亚《悉尼先锋晨报》消息，美国军方科学家正在研制一种伽马射线炸弹，该武器可通过瞬间释放巨量高能伽马射线，杀伤敌方人员和目标。伽马射线炸弹的破坏力不如核武器，但1克伽马弹炸药的威力相当于50公斤常规TNT炸药。《新科学家》援引国防部官员的话说："这种惊人的能源密度可能会使战争发生革命性改变。"

(9) 新激光武器

另据俄罗斯《晨报》报道，美国波音公司和美空军的一些专家已经联合研制并成功试验了全新的激光武器系统。该激光武器系统称ARMS系统，即"航空航天中继镜系统"，可以"瞬间摧毁地球上任何一点和近地空间内的目标"。系统包括超大型能陆基、海基固定式激光器、以及飞艇或无人机携带的反射镜子系统，将来还要把系统放在卫星上。

(10) 网络战部队

美国防部的重要智库兰德公司认为，信息时代的战略战主要是网络战。美空军把培养"计算机勇士"纳入训练重点，目前美空军的9个一级司令部全部设有网络战部队，并决定成立一个专职网络战的司令部，预计到2009年10月全面运营。美军网络战的作战模式尤其强调进攻优先，认为可发起在种样式的攻击：一、体系破坏模式——通过发送计算机病毒、逻辑炸弹等，破坏敌计算机与计算机网络系统体系，以造成敌国指挥控制系统的瘫痪；二、信息误导模式——向敌计算机与计算机网络系统传输假面具情报，改变敌计算机网络系统功能，可对敌决策与指挥控制产生信息误导和流程误导；三、综合模式——综合利用体系破坏和信息误导，并与其他信息战模式结合，从而造成对敌指挥控制多重杀伤功效。

强梵畅 (伟成) 介绍（主讲人）
victorchiang@yahoo.com

◆ <u>1、 出生</u>：美籍华裔，1945年9月出生于中国四川省万县，祖籍江苏常州武进人，1949年赴台，1972年由台旅美迄今。

◆ <u>2、 佛学经历</u>
（1）美国佛教大藏经基金会 创办人兼董事长（1998年迄今）
（2）北京大学宗教学系 特聘兼职研究员（2006-）
（3）中央民族大學客座教授 (2008-)
（4）上海东方研究所 兼任副所长（2006-）
（5）佛教大藏经编译中心 主任（1998-）
（6）佛教「法要大藏经「国际大藏经」「现代大藏经」 总主编

◆ <u>3、 房地产经历</u>
（1）美国加州九华地产集团 总裁（1988年迄今）
（2）美国加州九华地产学院 教授（1988年迄今）
（3）美国环球养生度假集团 创办人兼总裁（2007-2008）
（4）清华大学领导力培训 房地产总裁班 特聘教授（2004-2008）

强梵畅 (伟成) 介绍（主讲人）
victorchiang@yahoo.com

◆ <u>4、 学历</u>

（1）１９６９年毕业于台北中国文化大学政治系

（2）１９７６年肄业于美国加州州立大学洛杉矶分校政治研究所

◆ <u>5、 著作</u>

（1）美国加州房地产法规及实务（中英文版）（2004）

（2）佛学编著有《法要大藏经》：《华严选集》、《天台止观选集》、《因明选集》、《瑜伽师地论表解》、《楞伽经合编》、《法华经表解》等

◆ <u>6、 其他经历</u>

（1）曾任美洲中国时报西部业务经理，驻休士顿办事处 主任（1980）

（2）曾任美国洛杉矶世界日报 推广主任兼记者（1984）

（3）曾任美国洛杉矶华美狮子会 创会会长（1988）

（4）曾任加州长青老人中心 主席（2001）

（5）曾任中国建设部、中建、中房等单位访美团讲师（1993-2003）

（6）曾任世界最大度假村集团 MVCI-Marriott 的业务代表（1999）

入世的禅商
•梵畅•
（清华「企业禅」课讲义编后语）

◆ 一、「儒商」与「禅商」

清末知识份子经商必言儒，赚钱仍不忘儒家仁义道德的规范，甚至回馈社会，兴业利民，被尊称为「儒商」。

当今，科技文明超过精神文明，西方霸权对国家生存的威胁；西方跨国大企业对市场的垄断，对开发中国家的民族企业，造成致命的竞争打击，现代人的生活走向享乐主义，却又面对无法抗拒的生活压力，这一切的现实，冲击着整个全球的人类生命与生活。不知道，我们是否可以用中国禅宗的风格，即超越世间的纷争，看破世法的险恶，却又能立足混迹世间，作入世的事业？我且定名为「禅商」吧！

◆ 二、入世的「禅商」

中国传统「儒商」太善良，传统佛教徒太出世，传统道家淡泊名利，而西方教徒太功利，新兴宗教不稳定。看来，只有盼望现代「习禅」又经商的「禅商」，才有办法在五浊恶世中周旋；「无住」于功名，却又「生心」于世间。「禅商」的入世，不过是「自利利他」，不求供养，随缘锻炼锻炼罢了。

入世的禅商
•梵畅•
（清华「企业禅」课讲义编后语）

◆ 三、「企业禅」的缘起

　　几年前，我应邀去清华地产培训班，讲授中美房地产的比较课程，又应聘为北大宗教学系的兼职研究员，这好象是注定了我「世法」与「佛法」兼容的特征。去年清华任杰老师邀我在清华给企业高级主管讲些佛教文化的课，所以我雄心大志的综合中国儒释道的精华，从「儒家」的修齐治国平天下的思想：「佛家」华严经三界唯心，楞严经心包太虚，禅宗无住生心，唯识宗万法唯识，圆觉经一切圆成等思想，按华严十观四次第的程序，编写「企业禅」，我的想法是众生的心，均能包容太虚。为什么企业家不能在斤斤计较的企业竞争中，也能提升自己的心量呢？所以，我的定位是「企业家的禅心，应能包容太虚」。如何才能作到呢？这是我期盼新一代的企业家：要有认知的素养，看破险恶；要有高明的手段，处理危机；要有圆融的身段，周旋世间；要有佛家的「禅心」看淡成败；要有儒家的「道德」，对付功利；要有「道家」的修养，韬光养晦，更要有西方宗教的积极态度才能中西兼容。

入世的禅商
•梵畅•
（清华「企业禅」课讲义编后语）

◆ **四、「企业禅」的体系**

禅宗谈修行，就是如何「提起」与「放下」。高高山顶立时，要有「为天下立心，为生民立命，为往圣继绝学，为万世开太平」的儒家抱负，双肩扛起能扛的重任；深深海底行时，要有道家修养的功夫及佛家禅宗的素养，机缘到时，能治国平天下；机缘未到时，姜太公钓鱼，随缘自在。

所以，我编「企业禅」的课，分十个单元，即「学习观」、「修养观」、「工作观」、「创业观」、「人际观」、「策略观」、「名利观」、「福德观」、「社会观」、「世界观」，每个单元又依华严经分成四个次第，即理无碍（学习）、事无碍（实践）、理事无碍（证成）、事事无碍（圆满）。儒家孔夫子也说「三十而立，四十而不惑，五十而知天命，六十而耳顺，七十而从心所欲不逾矩」。可见「闻」、「思」、「修」、「成」都还是有功力深浅的。这个体系符合儒家的体系，佛家的次第。也综合古往今来，中西合璧的全球化趋势，与现代化的现实环境。为的是「取法乎上」，端看读者，能「得乎其几」。

入世的禅商
•梵畅•
（清华「企业禅」课讲义编后语）

◆ <u>**五、「企业禅」的期盼**</u>

　　中国「儒家」修齐治国平天下，「内圣外王」的理想，在这霸权至上的时代，好象很难实现；「道家」与世无争，无为而治的思想，在这动乱纷扰的世界，显得被动无奈；「佛家」出世的观念与来生的福德，在这物欲功利的社会中，显得无力自保。那么，我们这一代人，这一代中国人，该怎么办？西方的强权势力，仍然在「船坚炮利」的思维里，「航母核弹」放在您家门口，这与满清被屈辱的历史，又有什么不同呢？古语说：「无敌国外患者，国恒亡。」中国改革开放，突飞猛进，惊坏了西方的强权势力，正以各种形式，压制中国，就差没打仗了。而中国官民却又自满于现有经济成长的业绩里，无法自拔。我编「企业禅」费尽心力，说明企业家的社会责任、国家责任，期盼新一代的企业家，要把心量放大，把目光放远，把实力作强，把功夫作足，手段圆融，企业宏伟，富国利民……，才能应付任何可能的世界变局及外国侵略。

入世的禅商
•梵畅•
（清华「企业禅」课讲义编后语）

◆ 六、「企业禅」的申明

  我编「企业禅」是在上述的心情下，按个人的思路，去找寻相关的材料来编写的。在搜寻查阅的过程中，发现天下还有那么多忧国忧民的有识之士及有良知良能良心的学者，与我有相同的观点与感受，内心很振奋。所以就引用了不少古今中外前辈们的心得，来支持我塑造一个「入世的禅商」或企业家的新形象。引文无法一一引述来源出处，有违原则，在此向作者及读者深表遗憾。

◆ 七、「企业禅」的未来

  佛教本来就说：「一切因缘生，一切因缘灭。」「即无所来，也无所去。」我编完讲完「企业禅」，本来诸事已办，就该结束了。「企业禅」的架构是我的期盼，「企业禅」的内容是我的思想，「企业禅」的精神是我的灵魂，但这都是应缘而生的；虽然「企业禅」对听过课、看过讲义的人，会产生多大的反应及影响，谁也无法评估，这也不是我的目的。不过，如能对社会民心，有些助益，我是乐观其成的。「十方来，十方去」，我也愿在现有「企业禅」的基础上，继续努力充实，思想上继续力求圆满，也愿与有相同期盼的前辈讨教，与相同期盼的年青人，企业家共同深入探讨或讲述。

强梵畅 随笔 2008.4.15.于洛杉矶 赐教：victorchiang@yahoo.com

内容下载http://picasaweb.google.com/cceo55

Other Album : http://picasaweb.google.com/TripitakaCenter ;

http://picasaweb.google.com/HomeTimesRealty

清华工业开发研究院培训部

•

中华国学再造企业家领导力高级研修班
招生简章

- 中华文明作为唯一流传下来的人类四大古文明，以其博大精深、底蕴十足而焕发出强大的生命力，其影响力已经不仅仅体现在东半球，世界发达国家也在吸取中国的传统智慧以求发展。

- 国学，不仅是中华人文知识之大成，更是中华文明的承载者和推动者。"自强不息，厚德载物"，是整个民族精神的象征，"为天地立心，为生民立命，为往圣继绝学，为万世开太平"，是优秀中国人伟大心灵的体现。国学不是书斋里发霉的书本，不是博物馆里的古董，更不是竹简上难懂的文字，她更象是孟子说的混混原泉，一朝掬饮，终身受用，我们要做的，是用心志去汲取这永不枯竭的甘泉。

企业的领导

在世界变平的今天，企业首先应该是民族的，然后才能更好走向世界；作为企业的领导者，不仅仅要长袖善舞，熟谙企业经营管理之道，同时还应寻根溯源，增厚自己的人文修养，不断汲取国学精髓，承担更多的社会责任实现报国之志。管理培训西风东渐，清华领导力一如既往地关注企业家真正领导力的养成，特邀请国学专家、人文学者与企业家面对面，谈经论道、博古通今，引领学员进入精修门径，吸纳国学智慧，成就非凡业绩！

主办单位

- <u>北京清华工业开发研究院培训部举办的"清华大学领导力系列培训"项目</u>，依托清华大学及在京高校和政府机构强大的知识资源和人才资源，积极整合中外优秀的管理大师、专家学者、咨询顾问等，以向社会各界提供真正具有国际水准的管理教育为己任，帮助企业家们成就有效之领导能力，协助中国企业迎接经济信息化、全球化的挑战。领导力培训项目旗下的总裁领导力再造研修班、女性管理者领导力再造研修班、经理人领导力脱产班与房地产业领导力再造研修班等班型，受到企业家与经理人的广泛欢迎，<u>其中的总裁领导力再造研修班，更是被《经理人》杂志评为"2005年中国六大推荐管理培训课程"之首！</u>

清华领导力培训

- 清华的土壤成长起无数集崇高思想和积极行动之大成的国学大师和优秀人才，他们在各自的岗位上践履报国理想，推动着国家和社会的进步。"清华领导力培训"将与时俱进，以"修身兴业，新民报国"为组织宗旨和社会责任宣言，助力企业，与国共命！

- 清华领导力培训"修身兴业，新民报国"理念诠释——"格物、致知、诚意、正心、修身、齐家、治国、平天下"，是实现"明明德、亲民、至善"的八步骤，中心环节为"修身"，"自天子以至于庶人，壹是皆以修身为本"。惟有"修身"方可"亲民"，惟有"修身"方可达到"至善"的境界。"以眇然之身，赞天地化育"，修己是治人的前提，修己的目的是为了治国平天下，治国平天下和个人道德修养相辅相成并道而驰。

- "大学之道，在明明德，在亲民，在止于至善。"即《大学》之三纲领。所谓"明明德"，就是将人所固有的天赋中的光明道德发扬光大；"在亲民"中的"亲"通"新"，意思就是亲近人们的同时传播自己的道和德，使人能够弃旧图新。所谓"止于至善"，就是要求达到儒家伦理道德的至善境界。

授课对象

- 本课程招生对象主要针对已接受过比较系统的管理教育或培训(如MBA、EMBA等)，所在企业年营业收入千万元以上，具有丰富管理实践经验的企业家和高层决策者（董事长，总裁，总经理），同时欢迎招商局局长等政府处级以上干部参加。他们希望通过国学提高人生境界，获取管理灵感、进一步更新理念、拓宽视野、从全新的视角看待领导问题，希望承担更多的社会和民族复兴的责任。

师资阵容

- 课程特聘清华大学、北京大学等国内知名大学重量级国学专家、教授，包括国家智库在内的专业研究机构的权威专家、政治局讲课学者、人文素养深厚的管理专家等。他们将分享在国学与领导力方面的体验，使企业家在感悟国学真谛的同时，实现领导能力与个人修为的全面升华。部分师资阵容：

- 张岂之　清华大学教授，博导，国学大师，西北大学名誉校长，全国政协委员
- 彭 林　清华大学经学研究中心主任，教授，博导
- 孙立平　清华大学教授，博导，社会学家
- 楼宇烈　北京大学哲学系教授，博导，佛学专家
- 张立文　中国人民大学教授、博士生导师，孔子研究院院长
- 何茂春　清华大学国际问题研究所教授、经济外交研究中心主任，著名WTO问题专家
- 阎学通　清华大学国际问题研究所所长、教授，国际问题专家
- 张应航　浙江大学法教授，人文学院副院长
- 强梵畅　佛学研究专家，美国加州九华地产集团总裁
- 任继愈　中国著名哲学家，原国家图书馆馆长
- 余敦康　著名学者，中国哲学史专家，中国社会科学院宗教所研究员，博士生导师，中国易学研究会副会长
- 洪 兵　中国孙子兵法研究会副会长，战略学博士生导师，大校
- 郎立君　清华大学副教授，博士，商道研究专家
- 王天有　北京大学教授，博导，史学家
- 曲黎敏　北京中医药大学副教授，中医文化专家

课程安排

- **60** 天的超长课时，集儒家、道家、佛家、兵家、易学、历史等国学内容之大成，使参与者系统领略中国传统文化精髓，去芜存菁，古为今用，从企业经营与再造领导能力的需要出发，实现个人、企业与社会三者的和谐发展。课程共分为四大主题模块，内容设置如下：

修身之道"诚无不动者，修身则身正，治事则事理，临人则人化，无往而不得志之正也。"

- ●国学略说:易、儒、道、释三句真言
- ●《大学》《中庸》精义
- ●周易思维与智慧
- ●儒学的思维模式与管理方略
- ●中华传统礼仪概论
- ●佛家思想与人生哲学
- ●道学智慧与人本管理
- ●中国传统文化与企业家修养
- ●禅宗与人生体悟
- ●汉字的再认识
- ●向《黄帝内经学养生之道》
- ●易学与建筑文化
- ●礼乐文化与和谐社会
- ●孔孟之道及其现代价值

兴业之道

"究天人之际，察古今之变，明存亡之道，晓兴衰之理"

- ●中国企业社会环境分析
- ●周易精神与管理创新
- ●孙子兵法在现代企业管理中的应用
- ●影响企业风水的相关结构及作用
- ●千年儒学话商道
- ●宏观经济分析与财政货币政策解读
- ●历史上十大商帮的经营智慧
- ●中国式组织历代政治制度得失与借鉴
- ●经济全球化趋势与当前国际贸易发展的新特点

领导力之道

"大方无隅，大器晚成，大音希声，大象无形"

- ●儒道禅与人格魅力塑造
- ●朱元璋：从乞丐到皇帝
- ●曾国藩：中兴名臣还是历史罪人
- ●红楼梦与管理
- ●易学与企业管理法则
- ●中国古代管理哲学思想
- ●中西方文化冲突与融合
- ●道法自然—老庄哲学在管理中的应用
- ●汉武帝：守成与创新
- ●毛泽东思想与企业家领导
- ●禅学与企业家人生境界
- ●中庸与无为的领导艺术

谋势之道

"不谋万世者，不足谋一时；
   不谋全局者，不足谋一隅"

- ●孙子兵法与企业战略思维
- ●《鬼谷子》与企业谋略
- ●《资治通鉴》对企业用人的启示
- ●世界新军事变革的发展态势
- ●台海局势与内地企业机遇
- ●企业国际化战略与经济外交

辅助教学

- 1、"国学与资本的对话"沙龙活动，学员与专家 学者面对面交流；

- 2、著名企业观摩、学习；

- 3、国学经典晨读；

- 4、清华领导力培训总裁校友录

- 5 《清华领导力评论》校友内刊，作为学习之余互动交流、获取新知的有效渠道。

联系方式

- 地址：北京清华大学华业大厦2502室
- 联系人：招生办公室 周老师 李老师
- 电话：(010)6279-8843 6277-3297
- 传真：(010)62798843--20
- E-mail：unitraining@tsinghua.edu.cn
- 网址：www.thldl.org.cn